JN044743

ヒロシマの空白

被爆75年

「空白」を埋めていく

本書は2019年11月28日付から中国新聞朝刊に連載し、20年の新聞協会賞を受賞した「ヒロシマの空白　被爆75年」を再構成したものである。

米軍が投下した広島原爆の犠牲者は「14万人±1万人」と言われるものの推計値に過ぎず、いまだ把握されていない死者が大勢いる。平和記念公園内の原爆供養塔に引き取り手がないまま安置された遺骨の人数や身元、被爆者を苦しめる放射線の健康影響―。原爆被害について分かっていないことは、あまりに多い。

取材班はそれらを「ヒロシマの空白」と呼び、取材を進めた。あの日から75年、という時間の壁に幾度となく直面しながら、埋もれたままの死者の「名前」を掘り起こした。遺骨と遺族を結びつけようとした。原爆被害の実態が未解明となっている背景を、さまざまに探った。

この連載は、本編とともに写真特集「街並み再現」を両輪に展開している。

読者に呼び掛け、個人宅で保管されている壊滅前の広島市内を捉えた写真を収集。公的機関の所蔵資料と合わせ、すでに千枚以上を集めた。全焼、全壊して失われた爆心地から約2キロ圏を中心に、撮影場所を特定してグーグルマップ上に配置した。懐かしさを誘うプリントの数々だが、被写体は後に残酷なまでに焼き尽くされた。本当は「再現」などかなわない、人と暮らしである。

取材や写真収集を通じて「空白」を埋めようとする記者たちの努力に通底しているのは、原爆が強いた悲惨を「仕方のない過去」と見なすことへのあらがいであり、一人一人の生きた証しを刻むことへのこだわりだ。それは、中国新聞社自体が原爆被害の当事者であることとも関係しているだろう。

社員の約3分の1に当たる114人が死亡し、爆心地から約900㍍にあった当時の社屋は全焼。その後、焦土から立ち上がっていった。現在の中国新聞の原爆平和報道は、まさに歴代の先輩記者、被爆地の研究者、被爆者と市民の営みの積み重ねの上にある。

被爆者の悲願である核兵器禁止条約が21年1月22日に発効し、核兵器の開発、保有など一切が国際法上違法となった。現実には、1万発を超える核兵器が世界を脅かしている。被爆国日本は、米国の核抑止力に頼る政策を堅持する。ヒロシマとナガサキの人間的悲惨を決して繰り返させない、という私たちの決意は実現に遠い。だからこそ被爆76年が巡り来る今年以降も、「空白」を埋める努力は終わらない。

キャップの水川恭輔記者を中心に取り組んだ日々の取材は、素手で地面を掘り起こすような地道な作業だ。取材に応じてくれたり、被爆前の写真を快く提供してくれたりした全ての人たちの協力なしには続かなかったろう。記事に対する読者からの反響が、取材班にとって何よりの支えになっている。感謝申し上げたい。

2021年5月
中国新聞社報道センター
ヒロシマ平和メディアセンター長　金崎由美

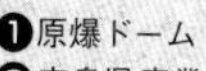

❶原爆ドーム
❷広島県産業奨励館当時の内部（松本若次さん撮影、川本静枝さん提供）
❸被爆前の中国新聞社（戦前に勤めた故増井竹代さん提供）
❹1945年末ごろの中国新聞社（川本俊雄さん撮影、川本祥雄さん提供）
❺原爆資料館
❻広島に投下された原爆のきのこ雲（米軍撮影、原爆資料館提供）
❼現在の原爆資料館本館辺りにあった無得幼稚園の運動会風景（渡辺智子さん提供）
❽原爆慰霊碑
❾被爆前は現在の原爆慰霊碑付近に映画館があった（広島市公文書館所蔵）

目次

【第3部】「さまよう資料」編

【第4部】「国の責任を問う」編

【第5部】「朝鮮半島の原爆被害者」編

【第6部】「つなぐ責務」編

【第7部】「75年後の夏」編

ヒロシマの空白　街並み再現

ヒロシマの空白

原爆慰霊碑に納めてある原爆死没者名簿の風通しをする広島市の職員（2020年5月20日）【P78つなぐ責務 特集】

2019年11月28日〜20年8月7日掲載

ヒロシマの空白

富山県出身の軍人で広島市に配属されていた青木信芳さん㊧と妻の富美さん。夫妻と妹、子ども2人の家族5人が被爆死したが、信芳さんを除く4人の名前は原爆犠牲者の実数を探る広島市の動態調査から長年漏れていた【P16埋もれた名前①】

青木さんの長女の芳美さん。4歳で被爆死した【P16埋もれた名前①】

被爆前、発掘現場近くの旧天神町66番地の2に住んでいた掛井千幸さん㊨。原爆に両親を奪われた（掛井さん提供）【P29NEWS壊滅の悲惨さ浮き彫り】

「西警察署」が作成した検視調書の謄本（広島大原爆放射線医科学研究所所蔵）。原本は見つかっていない【P24埋もれた名前⑨】

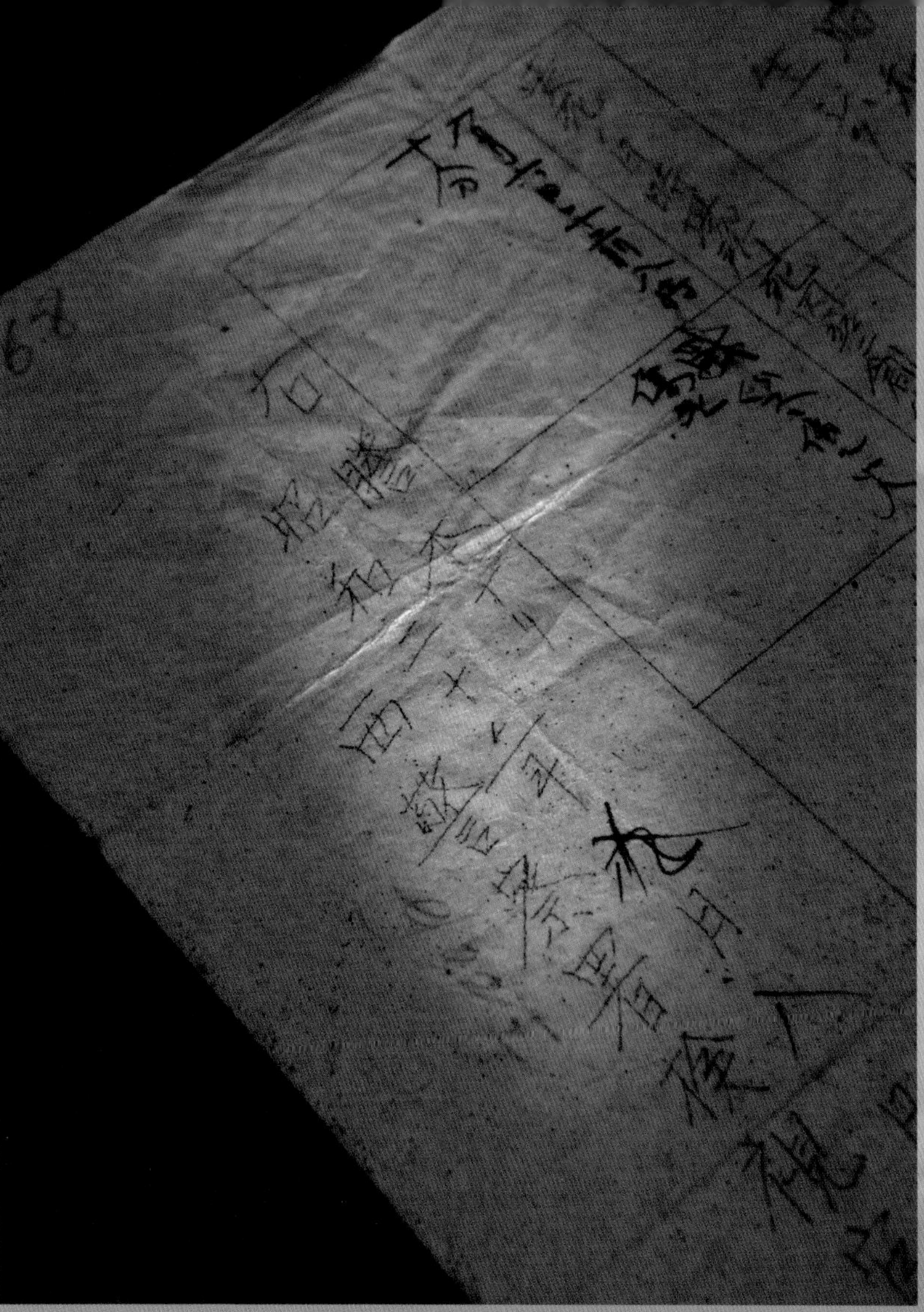

1952年に広島県坂町で発掘された原爆犠牲者の遺骨【P32帰れぬ遺骨特集】

広島市が、原爆で壊滅した旧天神町の「被爆遺構」を発掘した現場。現在の平和記念公園内で、焼けて黒く炭化した畳や板材、崩れた壁土が見つかった（2019年7月）【P28NEWS消された命の証しあった】

1937年ごろに撮影された広島市大手町（現中区）の大手町国民学校。45年8月6日、爆心地から1.1㌔となった木造校舎は全壊全焼、多くの児童が犠牲となり、廃校を余儀なくされた（掛井千幸さん提供）【P53さまよう資料④】

㊧原爆供養塔の納骨名簿にある「鍛治山はる」さんの名前。同じ「皆実町三丁目」に住み、原爆で犠牲となった梶山ハルさんの遺骨ではないか―。取材で浮かび上がった。㊦国立広島原爆死没者追悼平和祈念館のモニター画面に映し出された梶山ハルさんの遺影を前に、遺骨返還に向けた思いを話すひ孫の修治さん【いずれもP34帰れぬ遺骨①】

占領下で米軍に接収され、1973年に日本に返還された原爆犠牲者の病理標本。広島大原爆放射線医科学研究所（原医研）が保管してきたが、劣化が進んでいる【P48さまよう資料特集】

1945年11月20日ごろ、上流川町（現中区）の中国新聞社から撮影したとみられる八丁堀と周辺。右手前の建物は現在の福屋八丁堀店。撮影したダニエル・アカーソンさんは「せっけんと鏡を使って現像した」という（ダナカ・アカーソンさん寄贈、原爆資料館提供）【P54さまよう資料⑤】

広島市内で核兵器禁止条約の署名、批准を迫る「ヒバクシャ国際署名」の街頭活動に参加する日本被団協の岩佐幹三顧問（左から2人目）たち（2017年8月）【P72国の責任を問う⑨】

「お帰りなさい」。理研から引き渡され、平和記念公園の原爆供養塔に納められていた道原菊間さんの遺骨を受け取る妹の岩田キヨ子さん㊨（2020年12月）【P45帰れぬ遺骨番外編】

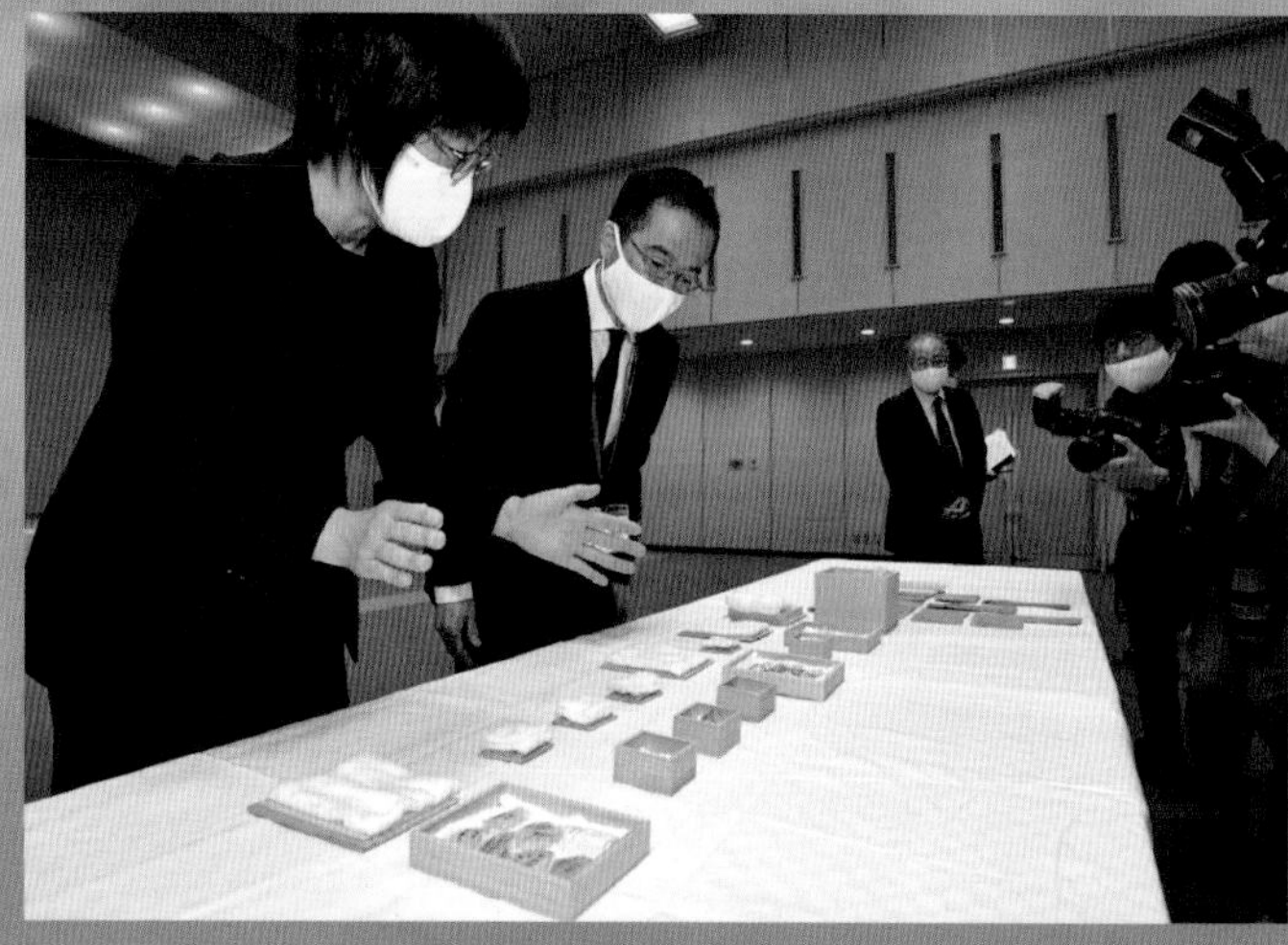

東京都内の旧理化学研究所（理研）の建物で見つかり、広島市に引き渡された原爆犠牲者の遺骨（2020年11月）【P45帰れぬ遺骨番外編】

被爆者が多く暮らしていることから「韓国のヒロシマ」と呼ばれる韓国南東部・陜川（ハプチョン）にある慰霊閣。死没者の位牌が並ぶ【P74朝鮮半島の原爆被害者特集】

炭化した中身が残る山根秀雄さんの弁当箱と母初恵さんの日記【P92 75年後の夏⑤】

第1部

「埋もれた名前」編

NEWS
中国新聞
2019.11.28付

原爆犠牲者 8万9025人把握

広島市 推計14万人と開き

被害実態の解明遠く

米軍が広島に原爆を投下した1945年8月6日から同年末までの原爆犠牲者として広島市が名前を把握しているのは、2019年3月末時点で8万9025人であることが分かった。広島市が一般的に示している推計値の「14万人±1万人」と大きな開きがあり、被爆から75年近くがたっても相当数の死亡者が特定できていない実態が浮き彫りとなった。

広島市が把握する死亡者数は「原爆被爆者動態調査」に基づく。市は動態調査と「14万人±1万人」の推計値を照らし合わせながら犠牲者数の実態を探っているが、一家全滅の家族や朝鮮半島出身者、軍人などの犠牲者がつかみきれていないとみる。

動態調査は被爆から34年後の79年度、原爆被害の把握へと動くよう政府に求める機運が高まっていた中で始まり、現在も続く。52年に建立した原爆慰霊碑の石室に納める市原爆死没者名簿のほか、国や県などの複数の関連資料を手掛かりに、生存被爆者と死亡者の名前を集めている。

8万9025人のうち、被爆当日の8月6日に亡くなっていたのは5万4327人で、翌7日～12月31日の死亡者は3万4698人。広島大原爆放射線医科学研究所（原医研、広島市南区）が協力して、名前の重複などを整理する作業を続けている。

市は12年度までに7期に分けて報告書を作成。最新の7期（99～12年度）で、45年末までの死亡者の確認数を8万8978人とした。8期目の調査途中で、47人増えた。

市原爆被害対策部は「第7期報告書をまとめた際、45年末までの死亡者の新たな確認は難しいとの見方もあったが、今回の集計でまだ判明の余地はあると受け止めた」と説明。8期の報告書作りへ調査を続ける。

2019年11月28日～12月13日掲載

〈特集〉埋もれた犠牲者名 どう把握

約14万人―。原爆が投下された1945年8月6日からその年末までの犠牲者数として、広島市が示すデータである。当然のように引用されているが、推計値にすぎない。被爆75年の節目となる2020年現在も、犠牲者数すら未解明なのが現実だ。どんな名前を持ち、どんな人生を送った人たちが犠牲になったのだろう。資料を探り当て、「あの日」を知る生存者の記憶に耳を傾けながら「空白」を埋める作業は、時間との闘いでもある。公的な調査からこぼれ落ちている、確かに存在した命をどう記録するか。課題を探る。

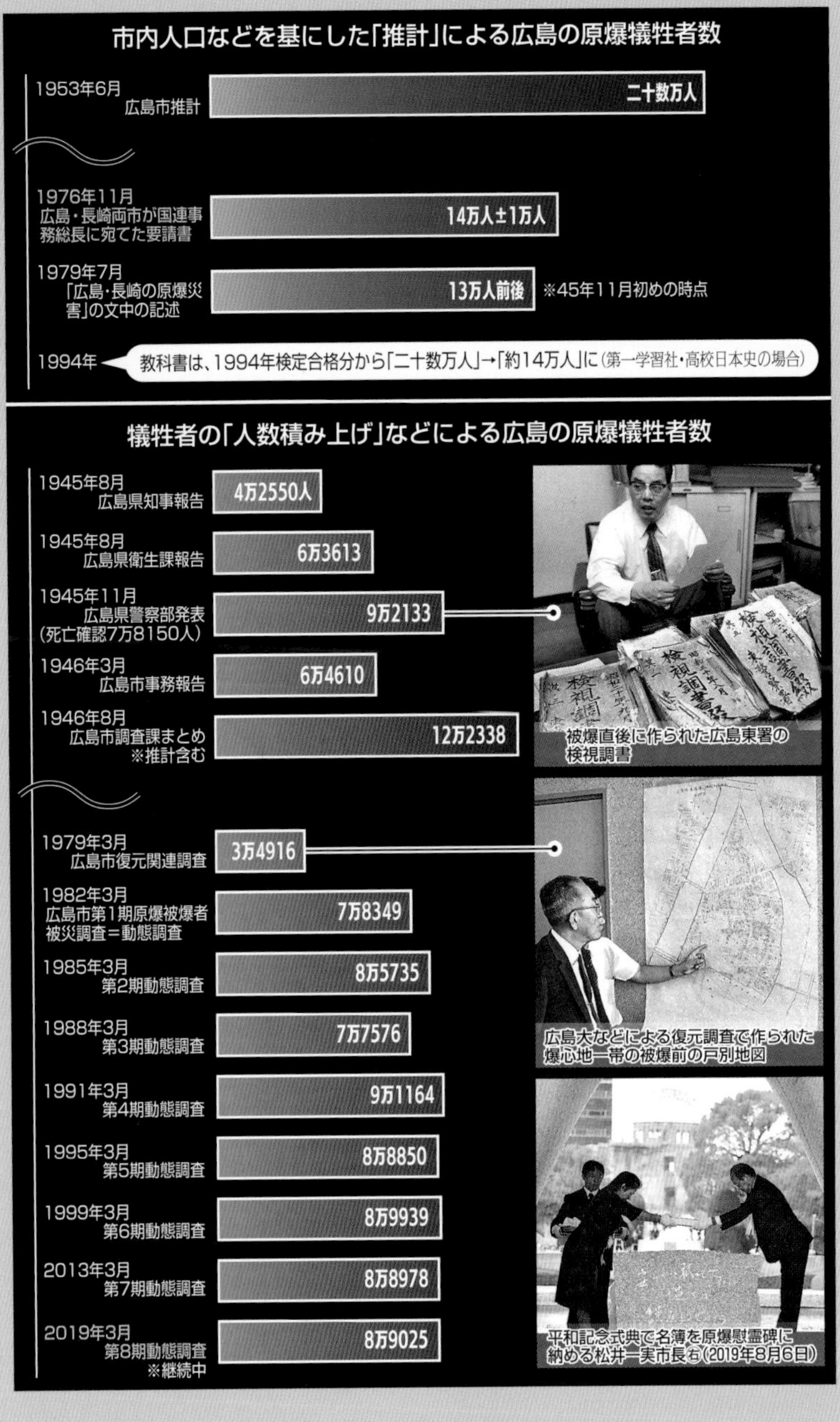

被爆直後に作られた広島東署の検視調書

広島大などによる復元調査で作られた爆心地一帯の被爆前の戸別地図

平和記念式典で名簿を原爆慰霊碑に納める松井一実市長㊨(2019年8月6日)

広島の原爆犠牲者数 1945年末まで

1945年8月時点の広島市の被爆前人口を推定

市民32万7千人+軍人4万人以上

直接被爆した人を推計

36万～37万人

45年 11月1日の政府の人口調査結果と比較

3カ月間で市民11万人死亡

軍人の数はあいまい／一時滞在の来広者
徴用された朝鮮半島出身者／
45年12月末までにさらなる死者…などを考慮

推計 広島・長崎両市が国連事務総長に宛てた要請書に記載(1976年11月) **14万人 ±1万人**

▲14万人

実数 原爆被爆者動態調査(2019年3月) **8万9025人** ？

広島市が名前を一人一人積み上げリスト化

現在の主な情報源
- 遺族からの原爆死没者名簿への登載希望
- 被爆者健康手帳の申請書類から親族の被害判明

「14万人」推計の域を出ず

上空から見下ろした広島の街を、路面電車と車が行き交う。突然、目の前で投下された原爆がさく裂した。廃虚となった街に、解説の文字が浮かび上がる。「死者約14万人　1945年の終わりまで」

広島市中区の原爆資料館で2017年4月から流れているコンピューターグラフィックス（CG）の展示映像だ。見学者に忘れ得ぬ印象を与えている。

この展示を「推計値が独り歩きしていないか」と苦い表情で見つめる人がいる。広島の戦後史に詳しく、同館の展示内容に助言する有識者会議の委員を務めた宇吹暁・広島女学院大元教授（73）＝呉市＝だ。

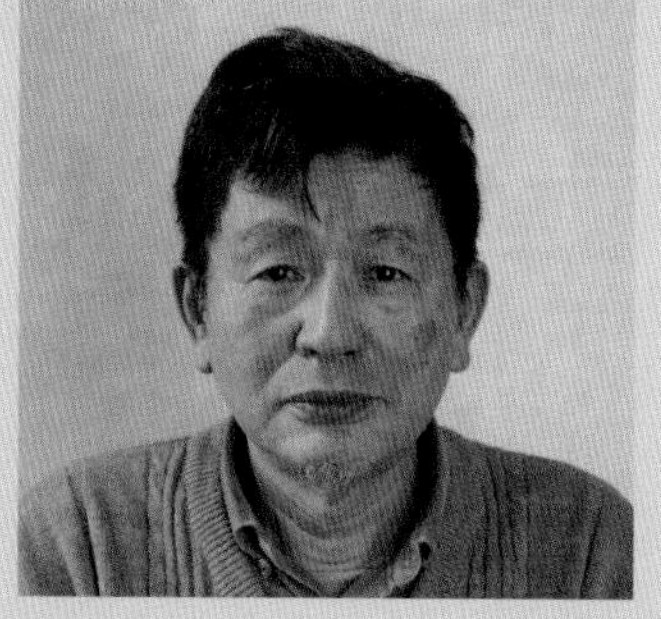

宇吹暁さん

「約14万人」は、76年に広島、長崎の両市が国連事務総長に提出した要請書の中で「14万人（誤差±1万人）」と報告したことに端を発する。広島市の被爆前の人口推計と、被爆後の政府の人口調査を比較するなどして算出された。要請書の作成を担ったのは、広島大助教授だった故湯崎稔氏たち広島と長崎の研究者。当時広島大助手だった宇吹さんも関わった。

その宇吹さんが明かすのは、研究が途上であっても具体的な数字の提示に迫られた、当時の時代状況だ。

先立つ67年、国連作成の「核兵器白書」は被爆直後に広島県警察部が報告した死者数に沿う「7万8千人」を採用。しかし被爆地では、市が53年に示した「二十数万人」が一般化していた。「海外から『広島の死亡者数に関する主張は大げさだ』という反応があった。国連でアピールする好機を得て、ある程度納得してもらえるデータを一刻も早く示そうとした」

原爆資料館の展示映像に表示された死者約14万人の文字

とはいえ「14万人±1万人」も推計の域を出ない。湯崎氏自身「より正確なデータが得られれば、この数は改めなければならない」（76年11月13日付中国新聞）と念を押しており、その後出版された「広島・長崎の原爆災害」（岩波書店刊）では「45年11月はじめまでに13万人前後」との推計値を示した。

一方で市は79年、「原爆被爆者被災調査」（現「原爆被爆者動態調査」）に乗り出した。こちらは、死没者の名前を集めては地道にたしていく手法だ。「45年末までの死亡者の確認数」は、2019年3月末時点で8万9025人。

「8万9025人」と「14万人±1万人」の間に横たわる空白―。埋もれたままの名前はまだまだ多いとみられる。宇吹さんは原爆資料館の有識者会議で、動態調査の現時点の数字も展示するよう提案したが「単純明快な方がいい」「世界的に公認されている数字を」などの声が大勢だった。

市は、最近1年間に死亡が確認された被爆者の名前を原爆死没者名簿に書き加え、毎年8月6日の平和記念式典で原爆慰霊碑に納めている。その名簿には「氏名不詳者多数」と記してある。米国が人類史上初めて市民の頭上で使用した原爆は、街と市民の命をもろとも破壊し、被害を把握する役割の行政機能を壊滅させた。一家全滅という例も少なくない。敗戦後に日本政府が被害調査の努力を怠ったことも、時間の壁をさらに高く、厚くしている。

一人一人を突き止め、生きていた証しを刻む努力は困難極まる作業である。だが、諦めてはいけない。「70年以上たっても調べ続けている。それこそが重要だと伝えるべきではないか」。宇吹さんは問う。

一人一人の名前　動態調査　広島市

広島市の「原爆被爆者動態調査」は、生存被爆者も含めて一人一人の名前を把握する調査。全体のデータから「1945年末までの死亡者」を抜き出し数えている。名前は分かっていながら遺骨は不明の人も含む。

市は69～76年度に「原爆被災全体像調査」を行った。爆心地から2キロ以内がほぼ全壊・全焼した広島の街並みを、戸別地図として「復元」。地図上の1軒ごとについて被害情報を集めた。広島大とNHK広島放送局が爆心地500メートル以内で先んじて実施したのを受け、市が予算を投じて対象地域を広げた。

この全体像調査をベースに始まったのが、動態調査だ。90年度末時点で確認死者数は9万人を超えた。同時に、名前の重複が判明したため修正も加えている。

現在、市の「情報源」は主に二つ。原爆死没者名簿への新規登載を望む遺族がいれば、申請内容を動態調査にも反映させている。新たに被爆者健康手帳の交付申請がなされた際、申請書の記入内容から親族の被爆死が判明することもある。とはいえ調査の手詰まり感は否めない。

犠牲者の名前は、国立広島原爆死没者追悼平和祈念館（中区）にも、遺族らの届け出で登録されている。2019年3月末現在、46年以降の死者を含め2万3020人。ただ、同館が持つ情報は動態調査に活用されていない。連携が問われる。

①「一家全滅」

70年余 公的記録なし

遺族申請で名簿登載

北陸を目指して広島を出発し、新幹線と特急を乗り継いだ。到着したＪＲ富山駅（富山市）から、さらに車で約15分。夕暮れ時の閑静な住宅街を訪ねると、民家の敷地に慰霊碑が立っていた。「廣島原爆ニ妻男女二児爆死」―。この地で育ち、32歳で被爆死した青木信芳さんと妻子の名前が彫られている。

本人以外「漏れ」

記者が富山を訪ねたのは、信芳さん家族5人が原爆により全滅し、しかも信芳さん以外の4人の名前が広島市の「原爆被爆者動態調査」からこの春まで漏れていたことが取材で分かったからだ。一家はどんな人たちだったのだろうか。

「広島にも家族そろって名前が刻まれ、供養になったと思います」。青木信芳さん家族の慰霊碑に手を添えるおいの久之さん

信芳さんのおいの青木久之さん（73）が出迎えてくれた。慰霊碑は約40年前、父の故勝治さんが弟一家を悼んで建てた。勝治さんの遺志を継いで慰霊碑を長年守ってきた久之さんは、戦後生まれ。悲痛な記憶を封じ込めていた亡き父から、信芳さん家族について詳しく聞かされたことはない。

「叔父のことは『優秀で自慢の弟だった』ということ以外、ほとんど話しませんでした。この碑が父の思いそのものでしょう。せめて名前を残してやりたい、と」。慰霊碑をなでるように手を添えた。

信芳さんは富山市の農家で生まれ育ち、地元の旧制中学を経て軍人の道を進んだ。東京の陸軍大学校専科を1944年3月に卒業後、広島に配属され妻子と広島市大手町3丁目（現中区大手町2丁目）に移り住んだ。

自宅一帯は壊滅

45年8月6日は、妻の富美さん＝当時（28）＝の妹の枝本玉枝さん＝同（26）＝も訪ねてきていた。朝、信芳さんは広島城（現中区）内の中国軍管区司令部へ。枝本さんは自宅で洗濯をしていたという。

青木信芳さん㊧と妻富美さん

そこへ米軍は原爆をさく裂させた。爆心地から約300メートルの自宅一帯は壊滅し、長女芳美さん＝同（4）＝と長男信美さん＝同9カ月＝との計4人が亡くなった。

同じく中国軍管区司令部に配属され、被爆後を信芳さんと一時共にした故松村秀逸さんの手記などによると、信芳さんは自宅跡で妻と枝本さん、長女の遺骨を自ら拾ったが、乳飲み子だった長男の遺骨は見つからなかった。水が張られた洗濯用の「たらい」から愛児の着物を拾い上げて、形見にしたという。

久之さんは、信芳さんの遺品の黒い「昭和二十年手帳」を大事にしまっている。45年8月6日の欄に、鉛筆で薄く走り書きがある。「負傷ス　一家全滅」

その信芳さんも、けがは比較的軽かったものの被爆による急性症状に襲われた。「（信芳さんは）青い顔色をして歯茎から出た血が仲々とまらない」（松村さんの手記）。24日後の8月30日、市内で死去した。

それから70年余り後。信芳さんのめい金井町子さん（66）＝富山市＝は、平和記念公園の原爆慰霊碑に納められている原爆死没者名簿に一家の名前があるかどうか、「念のため」調べてみた。2016年に観光で初めて広島を訪れたのがきっかけだった。

遺族として広島市に確認を申請すると、信芳さんを除く4人の名前が入っていないことが分かった。命を一瞬で奪われた広島で、記録に残されることすらなかった死者の無念を思った。「同じように原爆で亡くなったのに…。供養したい」。市に登載を申請し、18年夏に書き加えられた。この春、動態調査の死亡者データにも情報が反映された。

市、県、国など、ほかのどの被害調査にも記されておらず、公的機関が名前をつかむことはできなかった4人。戦後の市の取り組みや国の調査は、十分だったのだろうか。

②全国調査の壁

全容把握 消極的な国

戦争責任や補償懸念か

壊滅した大手町一帯。青木さん家族は広島瓦斯本社（奥中央）があった旧3丁目に暮らしていた（1945年11月、米軍撮影。原爆資料館提供）

青木信芳さんと妻富美さんの一家は、5人のうち4人が今年春まで、広島市の原爆被爆者動態調査のデータから漏れていた。「何らかの記録に名前が載っている、と思い込んでいたんです」。信芳さんのおい青木久之さん（73）はそう語りながら、富山市内の自宅に立つ慰霊碑を見つめた。

広島市に原爆死没者名簿を調べてもらおうと、信芳さんのめい金井町子さん（66）が申請したのが「発覚」のきっかけだった。「3年前に広島に観光で訪れたのを機に、ふと思い付いていなかったら…」

犠牲者名を積み上げる市の作業は、遺族からの申し出に頼っているのが現状だ。とはいえ原爆被害調査の歴史を振り返れば、市が手をこまぬいていたわけでは決してない。

被爆翌年の1946年、町内会長などの協力を得て市が被害を調べた。地域が壊滅した中で、名前を確認できたのは死者・生死不明者2万6116人。原爆慰霊碑の建設計画が進んでいた51年には、原爆死没者名簿の作成に向けた情報提供を呼び掛けた。碑が完成した52年、最初に納めた名簿は5万7902人分だった。市にとって、取り組みを全国規模で周知することは難しかった。

官民挙げ「復元」

官民挙げての一大調査もなされた。60年代後半、広島大などが「復元調査」に動きだす。壊滅した爆心直下のかつての街並みを、戸別地図に再現。1軒単位で被害を詳細に記録する試みだった。元住民が集まり、記憶の糸を懸命に手繰り寄せては互いに突き合わせた。市もこの機運に押され、半径2キロ圏に対象を広げての調査に乗り出した。

青木さん一家が暮らした旧大手町3丁目は、爆心地から近いため調査対象に入っていたものの、終戦間際に転入してきた一家を詳しく知る元住民はいなかったようだ。

8年間で半径500メートル以内の95%以上を地図として「復元」し、対象世帯の約8割に当たる約2400世帯の被害を確認した。市民参加のたまものだが、全滅した一家や、多くの家族を失った末に広島市を去った世帯はなおも「消息不明」として残った。

「国家的規模の調査が早急に実施されるよう切に望む…政府当局の絶大な理解と、被爆者のみならず一般国民の十分な協力を得ることによってはじめて成功するものであることを強調しておきたい」。復元調査を率いた広島大の故志水清教授らによる78年刊行の報告書を読むと、その文面から悔しさが伝わってくる。

「補完」との説明

一方の国は、死没者調査に一貫して消極的だった。敗戦後、原爆を使用した米軍が率いる連合国軍総司令部（GHQ）に占領統治されたという事情はあった。しかし52年に独立を回復して以降も、政府が自ら腰を上げようとはしなかった。

広島、長崎両市の度重なる要望の末、全国の被爆者健康手帳所持者（当時約36万人）を対象に調査したのは、被爆から40年後の85年だった。家族や知人に死没者がいるかどうか、生きている被爆者に問う内容。全滅一家の遺族の久之さんに調査票は届かなかった。

国は当時、これをあくまで広島市などによる調査の「補完」だと説明した。国が主体的に被害を明らかにするほど、戦争責任の追及と被害補償の要求が高まりかねない―。被爆地発のうねりが起きて各地の空襲被害者などに波及することを恐れた、ともいわれる。

「国家的規模」には遠く及ばない調査ではあったが、5551人の広島原爆の死亡者が新たに判明し、うち2520人が「45年末まで」の犠牲者だった。90年、原爆死没者名簿に加えられた。

金井さんが市に問い合わせた際、すでに信芳さんの名前だけ記録されていたのは、元の軍関係者がこの時の調査に答えていたからかもしれない。

広島市が把握した原爆犠牲者数

年	調査	45年末までの原爆犠牲者数
1946	広島市の被害調査	2万6116人
52	原爆死没者名簿	5万7902
79	復元調査を母体に動態調査開始	
88	第3期	7万7576
91	第4期	9万1164（85年の国の死没者調査の判明分 2520）
2019年	第8期（継続中）	8万9025（→名前の重複を整理→）

③幼い犠牲

生後数時間　名なき命

生きた証し　残す遺族

原爆で全滅した青木信芳さん一家の被爆時について、おいの青木久之さん（73）＝富山市＝が亡き父勝治さんから唯一聞いた言葉がある。「生まれたばかりの子は母親と一緒にいたはずなのに、どうしても骨が見つからなかったらしい」

生後9カ月だった長男信美さんのことだ。長女芳美さんも、4歳で未来を断たれた。

資料残らぬ死者

広島市は、原爆死没者名簿や過去の公的調査のデータだけでなく、学校や事業所で作成された死没者名簿なども集めてきた。だが、青木さんの2人の子どもがつい最近まで記録になかったように、生まれたばかりの子や未就学児は、資料に残りにくい。

生まれた当日に被爆死した新生児がいたという。広島市南区に遺族を訪ねた。

「その子には、名前がないんです」。前田八重子さん（69）は、父沖野実さん（1991年に80歳で死去）から亡きわが子たちへの思いを幾度となく聞いた。

旧姓「久保田」だった実さんは、米ハワイの移民家庭に生まれた日系2世。祖父母が住む広島市で家庭を築いた。45年8月6日、早朝に妻ツヤ子さん＝当時（25）＝が西観音町（現西区）の自宅で次女を出産した。実さんが産湯やおむつを用意して立ち会った。

実さんが玄関を出て助産師を見送った直後、広島上空で原爆がさく裂した。ツヤ子さんと次女、長女寿美恵さん＝同（2）＝は自宅の下敷きになった。

何とか助けようとした実さんは手記に、こう書き残している。「手を血まみれにしてやりましたが駄目でした」。火が迫り、近所にいた長男とその場を離れるしかなかったという。寿美恵さんは「おとうちゃん熱いよー　火がちたよー　ててが焼けるよー…最後の絶叫を残して声はしなくなった」。

後に実さんは再婚し、長男と戦後生まれの前田さんたち娘2人を育て上げた。毎月のように一緒に墓に参った。数時間だけこの世を生き、名もないまま命を絶たれた次女は墓石に「昭和二十年八月六日原爆死　享年　当才」と刻まれた。

「あまりにふびんで…。生きた証しを残せないかと」。父が生涯背負った悲しみを胸に、前田さんは2018年、犠牲者の名前の登録・公開を受け付ける国立広島原爆死没者追悼平和祈念館（中区）を訪ねた。祈念館は前田さんの思いをくみ取り、次女を登録してくれた。名前の欄は空白のまま、当時の実さんの姓である「久保田」さんとして。

妊婦でも「1人」

一方、平和記念公園の原爆慰霊碑に納められている原爆死没者名簿については「名前がないので無理だろうな」と登載を申請していない。市の原爆被爆者動態調査は「名前」の積み上げが前提。同調査で把握する死者「8万9025人」から「久保田」さんがこぼれ落ちていることは、ほぼ間違いない。

原爆は「久保田」さんのような生まれたばかりの命だけでなく、生まれようとする命まで奪った。

原爆資料館は、焼けた頭蓋骨と腹巻きが残る臨月の妊婦を描いた「原爆の絵」を所蔵する。故三好茂さんが被爆翌日、現在の平和記念公園内にあった自宅跡で見つけた妻のヨシ子さん＝当時（37）＝を絵に残した。

「こんな悲しいことは二度と起きてほしくない」。三好さんの長女の土井美代子さん（90）＝安佐北区＝は取材に声を詰まらせた。市によるとヨシ子さんのようなケースは動態調査の上で犠牲者「1人」である。

名前のない次女が「当才」と刻まれた久保田家の墓

久保田寿美恵さん

④「軍都」広島

各地から応召 犠牲に

名簿未登載 確認し驚き

1945年末までの原爆犠牲者数として、広島市が原爆被爆者動態調査を通して名前を把握しているのは2019年3月末時点で8万9025人。原爆死没者名簿に新たに登載されたことにより、20年3月末には動態調査にも名前が加わる犠牲者がいる。その遺族に会うため、京都市に向かった。

待ち合わせ場所に現れた鎌田納（おさむ）さん（74）は、父弥一郎さんの遺影を携えていた。「何も知らずにずっと原爆慰霊碑に手を合わせていたんやと、びっくりして」。19年7月、広島市の原爆死没者名簿へ登載申請した経緯について、驚き冷めやらぬ口調で話した。

父弥一郎さんの実家は京都市内の呉服店。将来は店を継ぐ予定で、結婚翌年の1945年1月に納さんが生まれた。だが、応召して単身で広島の陸軍部隊に。亡き母久さんによると、父と納さんが一緒に過ごした時間はわずかだった。終戦後、軍関係者が遺骨を届けてくれた。27歳だった。

「何かあると『おやじならどうするやろな』と考えて生きてきました。名簿登載できて感激です」。父弥一郎さんの遺影を手に話す鎌田さん

「自動と思った」

生後7カ月で失った父。納さんは近年、友人が住む縁で広島を毎年のように訪れている。原爆慰霊碑に手を合わせるたび、被爆場所も分からない父の「あの日」を知りたい思いに駆られた。

そこで、父に関する軍の記録などを求めて京都府庁へ。府を通して広島市に相談すると、遺族は原爆死没者名簿の確認申請ができると初めて知った。

父の名前は、なかった。

市から連絡を受け、電話口で「ええっ」と声を上げた。「国や府が死没者を自動的に登録しているもんやと思ってた」。母は2010年に亡くなるまで、毎年8月6日は平和記念式典のテレビ中継を見ながら、画面に映る原爆慰霊碑に手を合わせていた。

市が一般的に示す1945年末までの原爆犠牲者「14万人±1万人」という推計値の中で、軍人の死亡は約2万人と推定された。「軍都」ゆえに、全国各地から軍人が集まっていたのだ。したがって非定住者も多く、市はホームページで、45年末までの犠牲者数の実態がはっきりしない理由の一つを「軍関係者の情報が不明」だからと説明する。

ただ、宇吹暁・広島女学院大元教授は「軍人の情報は民間人よりむしろ多い」と指摘する。国は戦後、旧軍人を優先して援護を進め、その関連資料があるからだ。広島大は70年代、厚生省（現厚生労働省）の旧軍人の援護担当部署から資料約1万7千ページ分の複写を入手。市の動態調査にもデータとして反映された。

それでも、弥一郎さんの名前はなかった。複写資料は、広島が拠点の中国軍管区の部隊に関する情報が中心だ。弥一郎さんの所属は大本営第2陸軍通信隊。元隊員の手記によると、県外出身者を多く集めて編成された。大本営関係の情報は乏しかった可能性がある。

調査で蚊帳の外

国は被爆40年の85年、被爆者健康手帳を持つ人に限った死没者調査を実施した。しかし鎌田家のように、家族に生存する被爆者がいない遺族は結果的に蚊帳の外に置かれた。単身で広島にいた軍関係者の遺族はもとより、学童疎開している間に家族を失った子どもなど、自らは被爆していない遺族が持つ情報は、掘り起こし切れていない。

その空白を1人分、納さんは埋めた。名簿登載を「自動的」と思っている遺族は全国にいるとみる。「広島市の窓口が親身に対応してくれ、ありがたかった。ならば自分も問い合わせようか、という気持ちになる人が一人でも増えてほしい」と願う。

⑤学徒出陣

大学の調査 最近から

戦後60年で 京都大など

軍に召集され、全国から広島に単身で滞在していて被爆死した人たち。これまでの国の原爆死没者調査では、各地に散らばる遺族から十分情報を得ておらず、全容は分からないままだ。

　手掛かりを求め、原爆被爆者動態調査の報告書を何度も繰った。原爆死没者名簿や数々の関連資料を取り込みながら、広島市が40年間地道に続けている調査である。素朴な疑問が湧いてきた。「軍都」広島には全国の大学からの出陣学徒も多くいたのに、県外の大学関係では、30人が死亡したという早稲田大の名簿を反映した形跡しかない。

　ほかの大学は、どうなっているのだろうか。

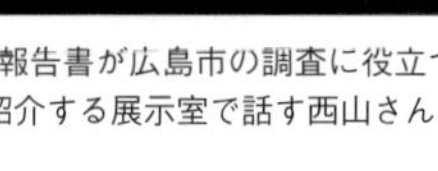
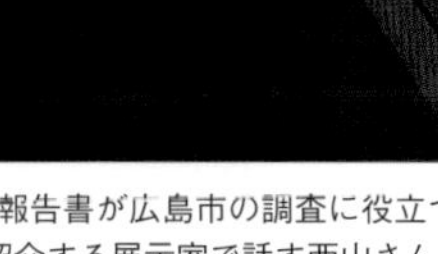
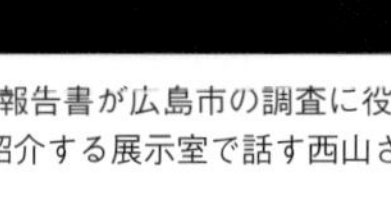
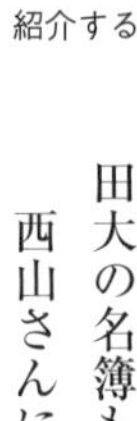

「報告書が広島市の調査に役立つならば、協力したい」。戦時下の京都大を紹介する展示室で話す西山さん

「2006年、完成しました。それまでは広島で何人亡くなったかも分からなかったんです」。京都市の京都大で、文書館の西山伸教授（56）が分厚い冊子を机に置いた。「京都大学における『学徒出陣』調査研究報告書」だ。

少なくとも10人

京都大は戦後60年を控えた04年に太平洋戦争の戦没者調査を始めた。大学の学籍簿などを洗い出し、死没者495人を確認。うち広島原爆の犠牲者は少なくとも10人いたことが明らかになった。「経済　ルソン島　山中　戦病死」「法・政治学　沖縄　特攻」などと記された死没者一覧に「医・医学　広島　原爆死」の文字が見える。

　京都大といえば被爆から1カ月余り後の1945年9月、原爆被害調査団が広島滞在中に枕崎台風の犠牲になったことが知られている。「原爆による死者もこれだけいたとは。歴史に埋もれていた」と西山さん。

　「学徒出陣」は一般に、戦争末期に大学生の徴兵猶予を停止して入隊させたことを指す。広島市は80年代に学校や会社の原爆死没者名簿を集中的に集めており、その時期に早稲田大の名簿も取り込んだ。

　西山さんによると、早稲田大のような早い時期からの調査は例外的という。欧米に比べ「大学」自体の研究者が少なく、資料収集や保存を担う文書館などの研究主体もなかなか整わなかったことを理由に挙げる。

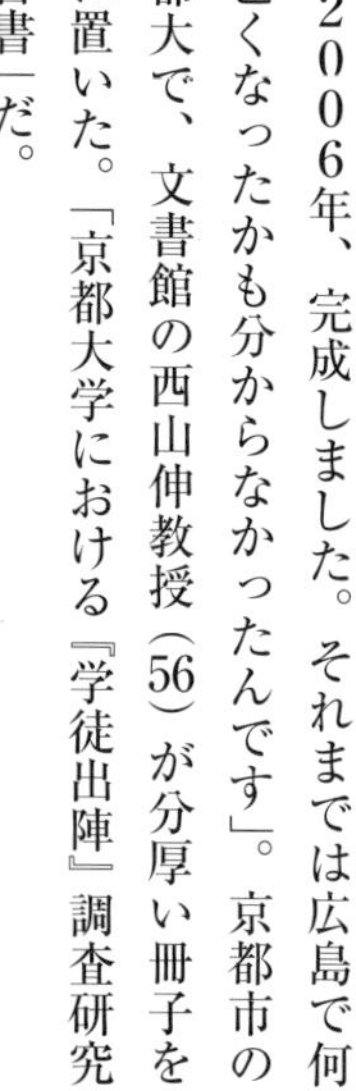

目崎一三さん

情報には漏れも

各大学が動き始めたのは、戦後50年の節目に大学と戦争の関わりに向き合う機運が高まった95年ごろからだった。慶応大は2007年に戦没者名簿を刊行。九州大、東京大なども調査資料に広島で被爆死した人の名前を記した。

　苦労してまとめられた京都大の報告書だが、情報には漏れもある。

　たとえば「八月一二日　原爆死」と記された目崎一三さんの戦没場所は広島か長崎か「不明」。しかし取材を進めると、広島で亡くなっており、既に市の原爆死没者名簿にも登載されていることが分かった。

　目崎さんは現在の福山市出身。旧制広島高（現広島大）在学時は優れた詩作で知られた。卒業を控えた45年1月に広島の陸軍部隊に入営したが、社会学を学ぶという希望を胸に、学籍上は旧京都帝大に進んだ。

　おいの目崎包孝さん（62）＝福山市＝によると「入隊後に一度帰省し、『戦争は嫌だ』とこぼしたといいます。祖父母が生前、そう語っていました」。

　目崎さんを加えると、京都大の広島原爆の犠牲者は11人。この中に、動態調査に基づく死者数「8万9025人」からこぼれている人がいるかもしれない。各地の大学と被爆地が手を結べば、命と学びの意思を絶たれた犠牲者の名前を見つけ出し、互いの資料の「空白」を少しでも埋めることができるのではないか。

⑥朝鮮半島出身者

多数犠牲 解明には壁

徴用・徴兵 資料乏しく

「どこかにもっと資料があれば…」。広島市東区にある在日本大韓民国民団（民団）広島県地方本部で、被爆2世の権俊五（クォンジュノ）さん（70）が深いため息をついた。韓国原爆被害者対策特別委員会の副委員長を務めている。

1945年8月6日のあの日、日本統治下の朝鮮半島から貧困の中で、あるいは徴用・徴兵されて広島に渡ってきていた多くの朝鮮半島出身者と家族が被爆した。権さんたちは毎夏、平和記念公園（中区）の韓国人原爆犠牲者慰霊碑の前に集い同胞を追悼している。

ただ、韓国・朝鮮人の原爆被害の実態は不明な点が多い。広島、長崎両市が76年に国連に提出した「核兵器廃絶」を求める要請書は、45年中の犠牲者を全体で「14万人±1万人」と推計したが、朝鮮半島出身者について「きわめて明らかでない」と指摘した。

食い違う推計値

44年末の内務省警保局調査によると、広島県全域に8万1863人の朝鮮人がいた。79年に広島、長崎両市が刊行した「広島・長崎の原爆災害」（岩波書店）は、広島市で2万5千～2万8千人が被爆し、5千～8千人の範囲で死亡したと推測。一方ソウルで結成された韓国原爆被害者協会は72年、広島で5万人が被爆してうち3万人が死亡したとの推定を発表している。

「犠牲者が多かったのは間違いないが、どれも確固とした根拠に基づく数字とまでは言えない」と原爆資料館。2019年4月に館内展示の更新を完了したが、具体的な推計値は示していない。

日韓両政府が全容を調査したことはなく、特に徴用・徴兵に関する原爆被害の公的資料は乏しい。ならば市の情報を、と権さんは市原爆被害対策部に相談した。戦後、被爆した両親の苦労を見てきた自分は「限りなく在日韓国人被爆者の1世に近い立場」。2世として次世代に記憶をつなぐことへの思いは強い。

しかし市の原爆死没者名簿も、原爆被爆者動態調査も、国籍や出身地などの細かい分類はされていない。朝鮮半島出身者の名前を抜き出そうとしても、古い関連資料には「創氏改名」で強いられた日本名が記されている場合がある。日本の植民地支配という歴史の重しが「空白」の解明に影を落とす。

市民が現地調査

そもそも、市がつかんでいない原爆犠牲者も相当いるはずだ。

被爆後も日本で生き続けた人がいた一方で、祖国に渡った被爆者も多い。1950年に始まった朝鮮戦争や、日本からの帰還者への差別に直面し、戦後に辛酸をなめた人もいる。さらに「被爆者健康手帳は海外で失効する」とした旧厚生省通達を日本政府が2003年に廃止するまで、在外被爆者は援護の枠外に置かれた。

被爆者が提出する手帳交付の申請書は市にとって、原爆の犠牲になった家族の名前を把握する「情報源」にもなるはずだった。しかし、手帳がないまま死去した人は数知れない。

「市が調べていないのなら、市民にできることはないかと」。「韓国の原爆被害者を救援する市民の会」広島支部の中谷悦子支部長（70）は今春、被爆者が多く暮らすことから「韓国のヒロシマ」といわれる慶尚南道陜川（ハプチョン）郡を訪ねた。地元に住んでいた被爆者の故郷基璋（チャンギチャン）さんは78年、郡内を訪ね歩いて調査結果をまとめている。

被爆したのは5001人で、約96％が広島だった。153人が日本で45年8月末までに亡くなり、268人が1年以内に死亡していた。「当時の調査票などの一次資料も残っていないか」。確認のため再訪するつもりだ。

平和記念公園の韓国人原爆犠牲者慰霊碑。毎年８月には碑前で慰霊祭が開かれる

⑦北朝鮮の被爆者

国交なく援護対象外

「人道支援 一刻争う」

広島市の原爆死没者名簿には、新たに死亡が確認された被爆者の名前が毎年書き加えられる。最近になるほど死没者の把握はたやすいと思われるが、なおも記録に刻まれていない人たちがいる。その最たるが日本と外交関係のない北朝鮮に住む被爆者だ。

日本政府に憤り

朴栄祥（パクヨンサン）さん（76）が安佐南区の自宅で、弟の故万祥（マンサン）さんについて語ってくれた。北朝鮮の清津（チョンジン）に住んでいた。「援護から置き去りでした。原爆死没者名簿にも当然、名前はありませんよ」。日本政府への憤りを吐露した。

父は現在の韓国慶尚南道陜川（ハプチョン）郡生まれ。植民地支配下の生活苦から広島に渡った。

1945年8月6日の早朝、市郊外の自宅で母が万祥さんを出産した。1歳だった朴さんは、父に連れられて府中町の母の実家へ食料を受け取りに向かう途中、広島駅近くで被爆。万祥さんも後に母と入市被爆した。

N
北朝鮮
清津市
平壌
ソウル
韓国
陜川郡
広島市

戦後、父は闇市に米を流したり金属回収をしたりして妻子を養った。「弟はよく勉強ができたが、大学に進学させるだけのお金はなくて」。万祥さんは高校3年生だった63年、北朝鮮に渡った。懸命に学び、医師になった。広島で焼き肉店を営んだ朴さんと両親は、日本から医学書などを届け万祥さんを支え続けた。

家族の往来が決して自由とはいえなかった中、万祥さんは97年に北朝鮮の被爆者代表団として古里広島を訪れた。当時は旧厚生省が「日本国外では被爆者健康手帳が失効する」という通達を運用していたことから、あえて被爆者健康手帳は申請しなかった。その2年後、肝臓を患い50代半ばで亡くなった。

1997年、北朝鮮の被爆者代表団として広島市を訪れ、原爆ドーム（奥）前で記念写真に納まる朴万祥さん（左から2人目）。市の原爆死没者名簿に名前はない（金子哲夫さん提供）

在外被爆者が「被爆者はどこにいても被爆者」と日本政府を訴えた裁判を経て、2003年に通達は廃止された。しかし日本と国交のない北朝鮮の被爆者の現状は変わらない。政府は被爆者援護法に基づく援護を棚上げしたままだ。

半数近くが死亡

現地の朝鮮被爆者協会は08年、戦後に北朝鮮へ渡った被爆者が計1911人で、うち382人の生存を確認したとする調査結果を明らかにした。18年に追跡調査できたのは111人で、半数近い51人がすでに死亡していた。被爆者健康手帳を持っていたのは1人だけだったという。

朴さんは、両親の名前を市の原爆死没者名簿に載せている。被爆者の死亡に伴い遺族が市に手帳を返還する際、登載を希望するか聞かれるからだ。しかし弟については諦めてきた。

実際には手帳を持たない被爆者の名前も登載可能であることを、つい最近知って驚いた。とはいえ申請に踏み出す気はない。「日本政府が在朝被爆者をほかの被爆者と同等に扱おうとしないまま、名前だけ載っても…」。悔しさをにじませる。

在朝被爆者は、自分たちが日本の植民地支配と戦争の被害者であり、政府が謝罪と賠償をすべきだと訴える。同時に、一刻を争う課題として「医療を必要とする被爆者への人道支援」から取り組むよう求めている。日朝関係は好転せず、その取り組みへの一歩は見えない。

「こんな時こそ現状を知り、日本に伝えたい」と原水禁国民会議の訪問団は昨年、北朝鮮で被爆者から聞き取りをした。広島県朝鮮人被爆者協議会の金鎮湖（キムジノ）理事長（73）は「被爆者は老い、時間がない」と訴える。援護の空白地域を放置している限り、死没者の名前という「空白」は埋まらない。

朝鮮被爆者協会が発表した被爆者数

生存者（うち被爆者健康手帳所持者1人）
2008年調査　382人　死亡者 1529　1911
追跡調査
2018年調査　確認中
死亡者51
生存者60人（うち手帳所持者1人）

⑧白系ロシア人

亡命一家をほんろう
店の写真に5人の姿

人と車が行き交う広島市の中心、中区の紙屋町交差点。この近くにかつてあった研屋町の一角に、被爆前まで「純欧風式　ロバノフ洋服店」が店を構えていた。経営は、パーベル・ロバノフさん。1917年のロシア革命に抗して亡命してきた「白系ロシア人」だった。

「わが家の物干し台から、ロバノフ家の2階にあるシャンデリアが見えました」と隅田正二さん（93）＝西区＝が懐かしんだ。被爆の前年まで斜め隣に住んでいたご近所さんだ。

白系ロシア人たちがロバノフ家に集い、食事を囲む姿を時折見た。「民謡でしょうか。合唱もしていました。斉唱しか知らない私たちには新鮮で、美しい歌声に聞き入ったものです」。姉川本君子さん（2018年97歳で死去）は生前「回覧板を届けに行くと、ドアの向こうからバターの香りがした」と語っていたという。

ロバノフ洋服店があった場所に立ち「2階にあるシャンデリアが見えました」と振り返る隅田さん

店頭で写真に納まるロバノフさん一家とみられる5人
（松本若次さん撮影、川本静枝さん提供）

住民9割が即死

1945年8月6日、爆心地から約300メートルの研屋町は一瞬で壊滅した。住民の9割近くが即死だったと言われている。

親類がロバノフ家の家主で、自身も近所に住んでいた城坂和子さん（84）＝中区＝は学童疎開していたため助かった。父三村昇一さん（80年に84歳で死去）も外出しており至近での直爆は免れたが、妻と次女を失った。研屋町住民で「原爆犠牲者名簿」を作成し、慰霊祭を行った際、三村さんは「白系露人　ロマ（バ）ノフ　外四名」となど記された原本を寺に託した。

5人とみられるロバノフ家でかろうじて記録が残るのは、袋町尋常高等小（同区、現袋町小）の36年卒業名簿に「セリギ（セルゲイ）ロバノフ」、保護者欄に「パーベルロバノフ」とある2人だけ。一家がどのように広島にたどり着いたのか、本当に5人とも被爆死したのか、全員の名前すらも、明らかでない。

原爆ドーム
紙屋町交差点
爆心地
ロバノフ洋服店があった場所
平和記念公園
原爆慰霊碑
袋町小
本通り商店街

しかし、セルゲイさんだけ生き残ったという有力情報がある。袋町小で同級生だった福井健二さん（2018年94歳で死去）は、戦後に本通り（同区）でセルゲイさんとばったり会ったという。09年の中国新聞の取材に「（中国東北部の旧満州）ハルビンにいたと言われた」と答えている。城坂さんは「戦後はニューヨークに渡った、と元住民から20年ほど前に聞きました」と証言する。

移住の可能性も

真偽を確かめるため、白系ロシア人の歴史に詳しい青山学院大のピョートル・ポダルコ教授を訪ねた。

亡命者の多くは戦後、米国やオーストラリアなどの第三国へ移住したという。「生き残っていたならニューヨークへ向かっても不思議はない」とみる。「ただ、白系ロシア人被爆者の資料は絶対的に少ない」。

冷戦期、白系ロシア人は共産主義の旧ソ連で「反革命で国民の敵」とされた。祖国を去り、異国の地広島で被災したのは6家族計13人で、うち5人が1945年秋までに死亡したと言われるが、ロシア市民の間でほとんど知られていない。

広島原爆戦災誌に「白いヒゲのパン屋」と記されているポール・ボルゼンスキーさんは、親交があった住民の手で市の原爆死没者名簿に登載された。広島女学院の音楽教師だったセルゲイ・パルチコフさんは、69年の死去後に遺族が広島を訪れて登載を申請した。

記録があまりに乏しいロバノフ家にも、死を悼んで名簿に載せようとした遺族や友人はいたのだろうか—。取材を通して一家全員の名前や行方を突き止めることはできなかった。原爆資料館は2019年から、ロバノフ洋服店の店頭に5人が並ぶ写真を常設展示している。その一枚が、確かに生きていた証しを伝えている。

⑨検視調書

5万人余の記録不明

最有力資料　原本どこに

1945年末までの広島原爆の犠牲者数として、一般的に言われるのは「14万人±1万人」という推計値。一方、広島市が原爆被爆者動態調査でつかんでいる名前の「実数」は8万9025人だ。二つの数字の間の「空白」を埋めるのに役立ちそうな最有力資料が、実は行方不明のままになっている。

かつての西署（現広島中央署）が作成した、検視調書である。

被爆直後から、警察はおびただしい数の遺体を検視した。広島県警察部（現広島県警）は、検視調書を基に県内27署が寄せた情報をまとめ、「1945年11月末までに死者7万8150人」とする報告書を作成。うち約7割の5万4320人が西署管内の分で、8327人分が東署（現広島東署）管内の分だった。

1945年11月末までの原爆犠牲者数
（旧広島県警察部発表）

計7万8150
西署 5万4320人
東署 8327
その他の署

この報告書の「元資料」の存在に光が当たったのは68年。45年当時の数字とずれがある理由は不明だが、8341人分の名前や死亡した場所を記した東署分の検視調書が発見された。広島市内で公開されると、肉親を捜し続ける遺族が望みをつないで押しかけた。

「大捜索」実らず

西署の分もあるはずだ、と期待の声が上がり、ちょうど同じ年に着手された「広島県警察百年史」の編さん作業の中で「大捜索」が始まった。

71年に百年史は刊行された。調書に死亡場所や死因、住所・名前を書き入れると火葬し「来る日も来る日も生臭い火焔（かえん）は、夜を徹（てつ）して燃え盛った」と当時の状況を記す。県警察部自体も、計354人の職員を失っていた。しかし結局、調書は発見できなかった。

編さん委員だった元広島東署長、木原昭さん（2016年に88歳で死去）は生前、妻恭子さん（87）＝東区＝によると「あれ（検視調書）があればのお」とこぼしていたという。中国新聞の取材にも「どれほどの死没者の名前が明らかになることか」と語っていた。

検視調書のありかを突き止めたところで、一部の犠牲者は他の資料によってすでに把握されている可能性はある。それでも貴重な新資料となるのは確実だ。

やはり見つからないのか。県警本部（中区）を訪ねた。

文書管理室長を兼務する井本憲吾・総務課企画官（46）が、当時の西署を引き継ぐ広島中央署、県警捜査1課、県警本部の書庫を調査。歴史資料を保管する県警察学校でも資料を捜してくれていた。しかし「発見に至りませんでした」。

西署は爆心地から約150メートルの直下で壊滅し、被爆後の1年間に3カ所の仮庁舎を転々とした。61年にまた移転し、現在の広島中央署の場所に移ったのは73年。その間に資料が散逸した可能性はある。

西署の謄本展示

しかし、意外な場所で西署の検視調書を見ることができた。広島大医学部医学資料館（南区）に、色あせた謄本が1枚展示されている。「昭和二十年八月六日午前八時十分空襲ニヨリ生ジタル管内ノ死者ニ対シ検視スルコト左ノ如シ」。住所や名前とともに「戦災ニ係ル火傷死」とある。

原爆資料館（中区）も遺族から寄贈された西署の検視調書の謄本を数枚所蔵する。「写し」があるということは、原本が少なくとも一時期存在していたことは間違いない。

「不屈の警察精神の表現」―。木原さんが編さんに携わった「百年史」は当時の検視活動に、こう「敬意」を表す。2018年に西日本豪雨を経験した井本さんは、西署の検視調書を捜す中で大先輩たちの苦闘を想像した。「ご遺族のためにも、継続して捜したい」

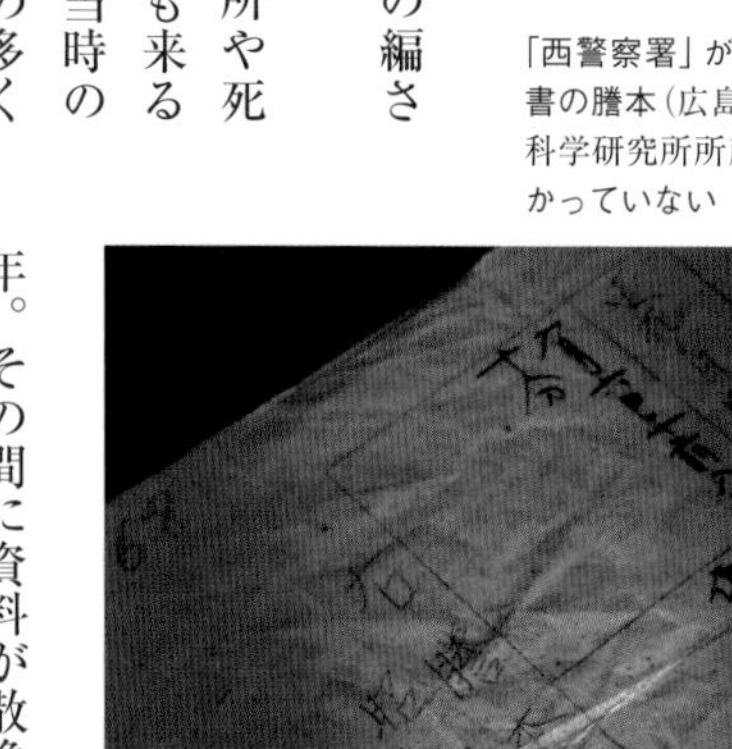

「西警察署」が作成した検視調書の謄本（広島大原爆放射線医科学研究所所蔵）。原本は見つかっていない

⑩新資料

宙に浮く事業所名簿

収集や活用 連携課題

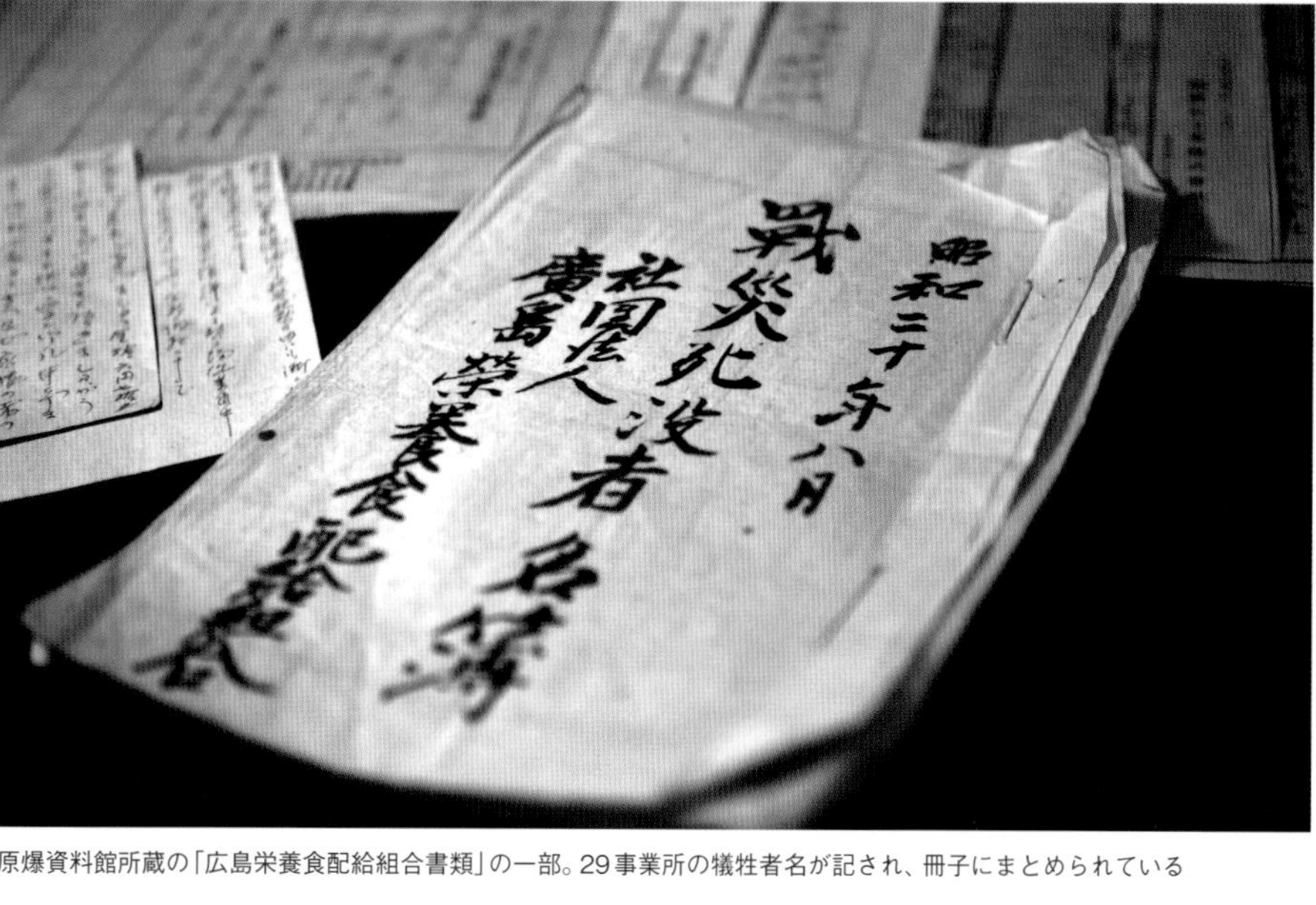

原爆資料館所蔵の「広島栄養食配給組合書類」の一部。29事業所の犠牲者名が記され、冊子にまとめられている

原爆資料館（広島市中区）が所蔵する資料「広島栄養食配給組合書類」の中に、鉄工所やねじ工場、木工所など市内計29事業所の原爆死没者を取りまとめた名簿がある。計323人分。2005年、組合常務理事だった故神原敬太郎さんの遺族によって寄贈された。

貴重な「情報源」

この組合は、出資者の事業所や組合員に給食を配達していた。1945年8月6日の原爆被害により再起不能となる。解散し、残余金の一部は犠牲者の永代供養に充てることを決めた。出資者と組合員に宛てた46年1月24日付中国新聞の広告は、神原さんら2人の連名で、永代供養のため家族や関係先も含めて犠牲者を知らせるよう呼び掛ける。

「同一の釜の御飯を戴いて参った縁故と情誼に依て、不幸死去せられた方々に對しても永遠に冥福を…」

広島市が原爆死没者の名前を集めては積み上げていた原爆被爆者動態調査の報告書を手繰ると、広島銀行や百貨店の福屋などが刊行した社史から犠牲者名を拾い上げ、データとして反映させていることが分かる。事業所の死没者名簿は、まさに貴重な「情報源」だ。

ところが90年度を最後に、そのような名簿類が動態調査の参考にされた形跡はない。その後も、たとえば広島県立文書館（中区）に2019年3月、広島信用金庫（旧広島市信用組合）の犠牲者名簿が寄託されている。48人が犠牲になっており、1996年に刊行した社史にも載せている名簿だ。

市によると、古い原爆死没者名簿が寄贈されたり見つかったりすると、罹災者名簿類の保管を担当する平和推進部が原則対応し、動態調査を行っている原爆被害対策部と情報が共有される。原爆資料館などのほかの窓口に資料が提供された場合でも、同じようにして動態調査に生かすことが求められるが、具体的なルールはないという。

市は動態調査を始めた79年以降、広島大など関係機関と情報交換する会議を開いていた。だが、少なくとも99年度以降は開かれていない。入手資料が増えるにつれ、さらなる掘り起こし以上に、名前の重複を点検することに追われたのが一因のようだ。

宇吹暁・広島女学院大元教授は、さらなる収集だけでなく、すでに使った資料の散逸を防ぐためにも、関係機関の連携が急務と訴える。「市だけでは限界がある。国や県、ほかの自治体などにどう協力を求めるかが鍵となる」

原爆資料館の加藤秀一副館長は「寄贈された名簿類が動態調査に生かせるかどうか、資料館では判断がつかない」と話す一方、「栄養食配給組合書類」については、その記録性の高さに期待を寄せる。市原爆被害対策部や調査に協力する広島大原爆放射線医科学研究所（原医研、南区）と情報交換を進めたいという。

「祖父喜ぶはず」

「八月六日戦災死」「工場ニテ」…。神原さんたちの呼び掛けに応じた組合員らから送られてきた便箋やはがきには、死没者の名前のほかに死亡の日付や場所、年齢なども記されている。新聞広告で「誠に遺恨に堪えません」と事業継続の断念を告げた神原さん自身、爆心地から約2キロにあった組合事務所の下敷きになり、大けがを負いながら名簿を取りまとめた。

「犠牲者の把握に生かされるなら、祖父も喜ぶはずです」。資料の閲覧を快諾してくれた孫の佐千代さん（62）＝福山市＝は、力を込めた。

⑪級友の消息

「個人情報保護」壁に

行政の積極協力必要

「人間は二度死ぬと言われる。肉体的な死を迎えた時と、人々の記憶から消えた時。あの世で亡き級友たちに『ずっと忘れず、捜し続けたよ』と伝えられるようにしておきたい」

名簿を「復元」へ

本川国民学校（現本川小、広島市中区）は爆心地から最も近い学校だ。1945年のあの日、一瞬で焼き尽くされた。その4カ月余り前に卒業した山崎恭弘さん（86）＝兵庫県川西市＝は、級友の消息をたどり同級生名簿を「復元」する作業を続けている。

「復元」途中の同級生名簿を手に「わずかな情報でも欲しい」と話す山崎さん

卒業生は旧制中学や国民学校高等科に進んだが、戦争末期で授業はほとんどなく、市内外の軍需工場や畑などに学徒動員されていた。特に、市中心部の民家を壊して防火帯の空き地を造る「建物疎開」の作業に出ていた生徒は多くが被爆死した。爆心地から至近の本川地区も壊滅した。

原爆ドーム
爆心地
本川小
原爆慰霊碑
広島市
中区
山崎さんの自宅があった場所

広島高等師範学校付属中（現広島大付属中・高）1年だった山崎さん自身は、体調を崩して8月4日から両親と末の弟と一緒に能美島（現江田島市）の知人宅で体を休めていた。6日朝、北の方角に突然「巨大な火の玉」が上がった。「広島が大ごとじゃ」。翌朝、火災の熱がこもる塚本町（現同区土橋町）の自宅に戻った。

爆心地から約500メートル。焼け跡の客間付近に、姉迪子（みちこ）さん＝当時（13）＝と弟公資（こうじ）さん＝同（7）＝の黒焦げの遺体が横たわっていた。来る日も来る日も、弟功四郎さん＝同（5）＝を捜した。崩れ落ちた隣家の土蔵のがれきを掘ると、小さな骨のかけらがあった。同居していた伯母夫妻の遺体は見つからない。親族16人を失った。

30人以上が不明

その後山崎さんは京都大に学び、光学技術の専門家として旧通産省の研究所に勤めた。名簿作成に踏み出したのは、73歳だった2006年。戦後に連絡が取れなくなった友人を捜す、広島高等師範学校付属中の同級生の姿に心を動かされた。

自分がすべきことは—。母校の本川小に問い合わせると、被爆当時の資料は焼失していると言われた。ならば、と心に決めた。

国立広島原爆死没者追悼平和祈念館（同区）に登録された死没者情報や遺影、中学・高校の同窓会名簿、県動員学徒犠牲者の会が1968年に発行した「動員学徒誌」などを徹底的に調べた。居所をつかんだ同級生に連絡し、情報を募った。

同級生の間で共感の輪が広がり、2011年には同窓会も開いた。これまでに生存者32人、被爆死を含む物故者107人の計139人の消息をつかんだ。しかし、少なくとも30人以上はいまだに生死不明という。

「個人情報」の壁にもぶつかっている。同級生たちが進学した広島市内の中学・高校の同窓会に相談しても、同窓会名簿の閲覧は年々難しくなっている。

決め手はもうないのか。記者が山崎さんの意をくんで本川小に照会すると、本川国民学校高等科の犠牲者名簿があったとの返答を得た。しかし閲覧は「犠牲者の名前と住所などの個人情報が記されており、不可と市教委が判断した」。

目を患う山崎さんは、すでに視力をほとんど失った。妻英子さん（82）が夫の「目」となり、ささいな情報でも逃すまいと、今日も原爆に関する情報にアンテナを張り巡らせる。「全員が分かるまで、これは未完の名簿です」と、なおも友の消息を追う。

行政が、このような草の根の取り組みにもっと協力する手だてはないのだろうか。死没者の名前を調査・収集し続ける広島市にとっても、山崎さんが集めた情報は新たな手掛かりになるはずだ。

⑫原爆孤児

「推定」79歳　わが名は

家族不明　記憶も薄く

猿猴川の岸辺で、被爆後に助けられた時の記憶を描いた絵を持つ田中さん（広島市南区段原4丁目）

広島市南区に住む被爆者の田中正夫さんは、耳の不自由な人たちが働くアイラブ作業所（中区）に通い、仲間と過ごすのを楽しんでいる。絵が得意で明るい人柄。しかし、行き場のない思いを胸に抱えている。自分の本当の名前を知らない。年齢は「推定」79歳。4、5歳ぐらいだったとみられる1945年の「あの日」から、家族とはぐれたままだ。

平屋に家族5人

「両親に会いたい」。作業所で田中さんに面会すると、切なる願いを手話で訴えてきた。かすかな記憶を懸命にひもといてくれた。

被爆前は、母ときょうだいとの5人ほどで木造平屋に住んでいた。近くに山が見えた。家に父はいなかったように思う。「戦地に赴いていたのかもしれない」。聞こえず、話せなかったため、近所の子どもと遊んだ思い出はない。

8月6日朝、自宅で母が作ったおにぎりを食べ終えた時だった。急に畳が盛り上がった。床下から光が差す方へ腹ばいになって進むと、川に落ちた。溺れまいと必死に顔を水面から出し、大声を出した。するといかだに乗った若い男性に抱き上げられた。体を横たえた人が周りにいた。

記憶はここで途切れる。被爆の2日後に設置された比治山国民学校（現南区の比治山小）の迷子収容所へ運ばれたようだ。「広島原爆戦災誌」に収録された教員の手記に、耳の聞こえない子が「田中正夫という名をつけられた」とある。

翌年から原爆孤児を受け入れる五日市町（現佐伯区）の広島戦災児育成所で育った。育成所の記録では「（昭和）15・10・10」と「推定生年月日」。広島県立広島ろう学校へ進み、成人した60年に「田中正夫」として戸籍を作った。ふすま店や製材所などで働き、懸命に生きた。両親はどこに。自分の名前は―。常に探し求める人生でもあった。

9年前に通い始めたアイラブ作業所で、その思いと親身になって向き合ってくれる人との出会いに恵まれた。施設長の沖本浩美さん（57）だ。

沖本さんはある日、田中さんから1枚の絵を見せられた。いかだの上で兵士に抱きかかえられた幼児を色鉛筆で描き、「名前　？」などと書き添えてある。田中さんの心の淵に横たわる、深い悲しみに触れた。

猿猴川に見覚え

それ以来、記憶を引き出そうと2人で市内を歩いている。「見覚えがある」と田中さんが立ち止まった場所もある。南区段原4丁目の猿猴川に沿った一角。「家が川べりまで立ち並んでいた。その川をいかだで下った」。あとは思い出せない。

田中さんは平和記念式典が開かれる毎年8月6日、平和記念公園（中区）に足を運ぶ。「顔が似ている」と参列者の人混みの中から肉親に見つけてもらいたい一心で。

広島の街角を何げなく行き来するだけでは決して気付かないが、被爆地には今なお、原爆に奪われた自分自身の「空白」を埋める手掛かりを求め、歩いている人がいる。体験者が持つ被爆時の記憶や、その記憶に耳を傾ける若い世代の情報を皆で持ち寄って、空白の一片でも埋める努力を続けなければならない。

私たちは、原爆犠牲者数の「14万人±1万人」という大きな数字について聞いたり語ったりする時、名前や存在が埋もれたままの一人一人をどれだけ思っているだろうか。決して「過去」ではない、という意識をどれだけ共有しているだろうか。戦後は終わっていない。そして、実態解明のためにできることは、まだまだやり尽くされていない。

NEWS
中国新聞
2020.1.1付

旧天神町3世帯6人の被爆死確認

消された命の証しあった
広島市「遺構展示の参考に」

被爆遺構の展示に向けた発掘調査で見つかった「天神町筋」の路面。峠三吉詩碑の近く。現在は埋め戻されている（2019年9月）

現在の平和記念公園（広島市中区）内にあり、原爆で壊滅した旧「天神町北組」の住民3世帯計6人の被爆死と、どこに住んでいたかなどの情報を、中国新聞が新たに確認した。遺族への取材で分かった。市は天神町北組の一角の遺構を展示施設として公開することを目指しており、整備計画づくりの参考にする。

坂井岩三さん＝当時（60）＝、大草三五郎さん＝同（67）＝と五反田寿男さん＝同（54）＝の世帯。それぞれ、家族が全滅したり、1人だけ助かった後広島市外に移ったりしていた。

天神町北組については、遺族や元住民の協力を得ながら爆心地一帯にいた一人一人の存在を掘り起こした1997～2000年の本紙連載記事「遺影は語る」の中で45年末までに被爆死していた163人を確認した。連載のまとめとして地図「平和記念公園（爆心地）街並み復元図」も作成し、市が平和記念公園を発掘調査する際の参考資料となっている。ただ一部の世帯に関しては、原爆投下時の状況が確認できず「空白」になった。

爆心地から至近距離にあった現在の平和記念公園一帯は、1945年8月6日に壊滅的な被害を受けた。戦後、焼け跡の上に土が盛られ、公園として整備された。被爆75年の節目に向けて、天神町北組の一部だった住居や通りの遺構の展示整備が進んでいるのを踏まえ、未確認の犠牲者の遺族を本紙があらためて追跡した。近年刊行の証言集などを手掛かりに、うち3世帯の遺族の所在が分かった。

原爆を生き延びた天神町北組の元住民の中には、広島大などが60年代後半から70年代にかけて実施した「爆心地復元調査」に携わり、被害実態や遺族の所在に関する情報を集めた人もいた。しかし、全滅などを強いられた3世帯については詳しい情報を得られないままだったとみられる。

2世帯の遺族は、遺影に加えてかつての住まいが写った写真も保管している。現在は平和記念公園となった旧中島地区一帯の暮らしと、被爆による壊滅を伝える遺構の展示を進める市平和推進課は「被爆前の街に関する証言や写真は重要。整備計画作りの参考にしたい」としている。

※中国新聞の「街並み復元図」を基に作成

クリック

本紙連載「遺影は語る」

平和記念公園（広島市中区）になった爆心地一帯の旧6町の住民や勤務者、建物疎開に出ていた少年少女らの原爆死を遺族の協力を得て掘り起こした。1997年から2000年にかけて2369人を確かめ、85％の「8月6日」死去が判明。提供された遺影1882人のうち1655人は、国立広島原爆死没者追悼平和祈念館が遺族の了解を基に02年の開館から保存・公開している。

壊滅の悲惨さ 浮き彫り

旧天神町3世帯6人の被爆死確認

証言・資料 掘り起こしを

後に平和記念公園（広島市中区）となった旧「天神町北組」の住民で、被爆死や居住地を確認できた3世帯の6人。遺族の証言や写真から、地域壊滅の悲惨さがあらためて浮かび上がった。市が公開を目指す遺構の周りになお残る「空白」を埋めるための、証言や資料の掘り起こしはまだできる。

坂井家

3世帯はいずれも、市が通りのアスファルトの一部や炭化した畳などの住居跡を展示する予定の「天神町筋」沿い。展示場所となる峠三吉詩碑の東側に近かった天神町13番地では坂井岩三さん＝当時（60）＝と妻アサヨさん＝同（54）＝が自宅で被爆死した。子どもはおらず、2人暮らしだった。

天神町13番地の自宅で「生花の会」の記念写真に納まる坂井岩三さん（左から2人目）。1935年ごろ撮影（坂井和子さん提供）

五反田寿男さん

五反田イシ子さん

坂井アサヨさん

おいの故坂井敏彦さんの妻和子さん（83）＝安佐南区＝は「骨董店をしながらお花を教えていたそうです。夫は生前『大きい犬がいて、遊びに行くのが楽しみだった』と懐かしんでいました」。親類の手記によると、自宅跡でベッドの鉄枠が無残な姿をさらし、2人は白骨になっていた。

和子さんは、岩三さんが生前に自宅で開いた「生花の会」の記念写真を保管している。「供養になれば」と国立広島原爆死没者追悼平和祈念館に夫婦の名前と遺影を登録した。それが取材の手掛かりになった。

大草家

坂井さん宅から5軒ほど南の向かいに当たる66番地に住んでいた大草三五郎さん＝同（67）＝と妻タメさん＝同（58）＝も、夫婦2人の全滅だった。現在の原爆資料館東館付近。2018年刊の「被爆者の人生を支えたもの」に収録された孫の節郎さん（13年に81歳で死去）の証言に、「天神町で即死」の記述があった。

節郎さん自身は旧大手町7丁目の大草薬局で育ち、原爆に両親と兄までも奪われた。旧制広陵中2年で、建物疎開の作業現場で手足に大やけどを負った。薬局は再起できず、節郎さんは市内で電気店を営みながら子ども3人を育て上げた。

長男靖久さん（60）＝西区＝によると、曽祖父母である大草さん夫婦の遺影はない。ただ「8月6日朝の墓参りが家族の『しきたり』でした」。父の他界後も、家族で墓参を続ける。

五反田家

大草さん宅の南隣だった66番地の2では、五反田寿男さん＝同（54）＝と妻イシ子さん＝同（50）＝が被爆死していた。同居していた長女の掛井千幸さん（90）＝東広島市＝は当時市立第一高等女学校（市女、現舟入高）4年。8月6日は休暇で県北の祖父母宅にいた。翌日市内に入り、8月下旬に自宅跡で両親の遺骨を見つけた。戦後は親類が住んでいた現在の三原市に移った。

掛井千幸さん

広島市内であった市女の同窓会で掛井さんを取材した際、遺族としての証言を得た。「くじけそうになると『両親が生きていたら何て言ってくれるだろう』と考えてきました」。自宅前で撮った写真も保管する。

遺構の展示を推進する市民団体の多賀俊介世話人代表（69）＝西区＝は、整備に向けさらに証言や写真が集まることを期待する。「どんな人たちが暮らしていて、被害に遭ったのか。市は単に遺構を見せるだけではなく、さまざまな証言や写真を生かして伝えてほしい」と話す。

COLUMN ①

空白 被爆翌年以降にも

「1945年12月末」までの原爆犠牲者数（広島市の示す推計では14万人±1万人）は、原爆が短期間でどれほど多くの命を奪ったのかをつかみ、伝えていく上で重要な被害実態を示している。被爆当日にやけどや外傷などによる即死は免れても、放射線のため発熱や吐血などの症状が出て亡くなる人が相次いだ。このような「急性障害」が一応収まったのが、45年12月末ごろとされているのだ。

だが実際には、それ以降も「後障害」と呼ばれる症状に襲われた人が少なくなかった。46年初めごろから、やけどの痕が盛り上がるケロイドが発生。白血病による死亡の増加は被爆5〜10年後にピークを迎えた。その後に甲状腺がん、乳がん、肺がんなども増加していった。

広島市が続けている原爆被爆者動態調査は、45年12月末以降の死者の名前も積み上げ、実数を調べている。ただ、被爆後10年ほどの間に亡くなった人についての情報は少ないと指摘されてきた。国が旧原爆医療法に基づいて被爆者健康手帳の交付を始め、関連の記録が増えていくのは57年4月以降だからだ。

新聞連載に当たり、取材班は、45年12月末までの埋もれた犠牲者を中心に調べた。しかし資料を集める中で、国の被爆者援護がなかった「空白の10年」ともいわれる時期の死者の悲惨な実態にも、記者たちは幾度となく胸を締め付けられた。

ある女児は、赤ちゃんのときに熱線で足にやけどを負ったため一度も歩くことができず、寝たきりのまま50年にわずか5歳で亡くなっていた。工業専門学校に通っていたある男子学生は爆風でガラス片が全身に突き刺さり、48カ所を摘出手術。復学を願って9年間療養を続けたが、かなわぬまま54年に死去していた。

市の調査では、46年1月から57年3月末までの死者は2万1920人が確認されている（2012年度時点）。45年末までと同様、「空白」が残るのは間違いないだろう。「名前が分かっていない死没者をつかむため、今後も調査に努める」と市原爆被害対策部。私たち被爆地の記者にも、取材を通じて一人一人の名前を掘り起こし、苦難を記録する務めがあると考えている。

広島市の原爆被害対策部に保管されている動態調査の関連ファイル。さまざまな資料を集め、1945年末以降の死者についても実態を調べている

第 2 部

「帰れぬ遺骨」編

NEWS
中国新聞
2020.2.3 付

供養塔の遺骨 1体返還調査

広島市 2010年度以降2例遺族へ

引き取り手のない遺骨として平和記念公園(広島市中区)の原爆供養塔の納骨名簿に記載されている「鍛治山はる」さんについて、「被爆死した曽祖母ではないか」と市に相談が寄せられ、遺骨返還に向けた調査が始まったことが分かった。名字の漢字などが違うが、住所は一致。実現すれば原爆供養塔の遺骨返還は2017年秋以来となる。

市原爆被害対策部調査課に連絡したのは広島県府中町の会社員梶山修治さん(54)で、本紙取材がきっかけ。曽祖母の梶山ハルさんは、1945年8月6日当時は61歳。広島市皆実町3丁目(現南区)に住んでいた。被爆後、遺骨は見つからないままだった。

納骨名簿には、「鍛治山はる」さんの名前とともに「皆実町三丁目」との記述もある。調査課は「住所の一致は大きい。名前は漢字の誤記かもしれない」とみる。市内の旧町名に「鍛冶屋町」(現中区)があり、被爆直後の混乱の中で「梶」を「鍛治」と混同された可能性も考えられる。

市は、45年当時に「鍛治山」姓の住民が皆実町周辺にいなかったかどうかを念のため調査するなどしながら、梶山さんと返還に向けた協議を進める。

原爆供養塔は55年に建てられた。地下納骨室の遺骨は「約7万体」とされ、ほとんどは名前が不明。ただ、一部は骨つぼなどに名前があることから、市は68年に2355人の納骨名簿の公開を開始した。現在は「鍛治山はる」さんを含む814人。

市は毎年7月に納骨名簿のポスターを全国に発送しているが、一家全滅など、被害の大きさが壁となって引き取り手が現れないケースは少なくないとみられる。年月の経過も壁になっており、2010年度以降の返還は2例にとどまる。

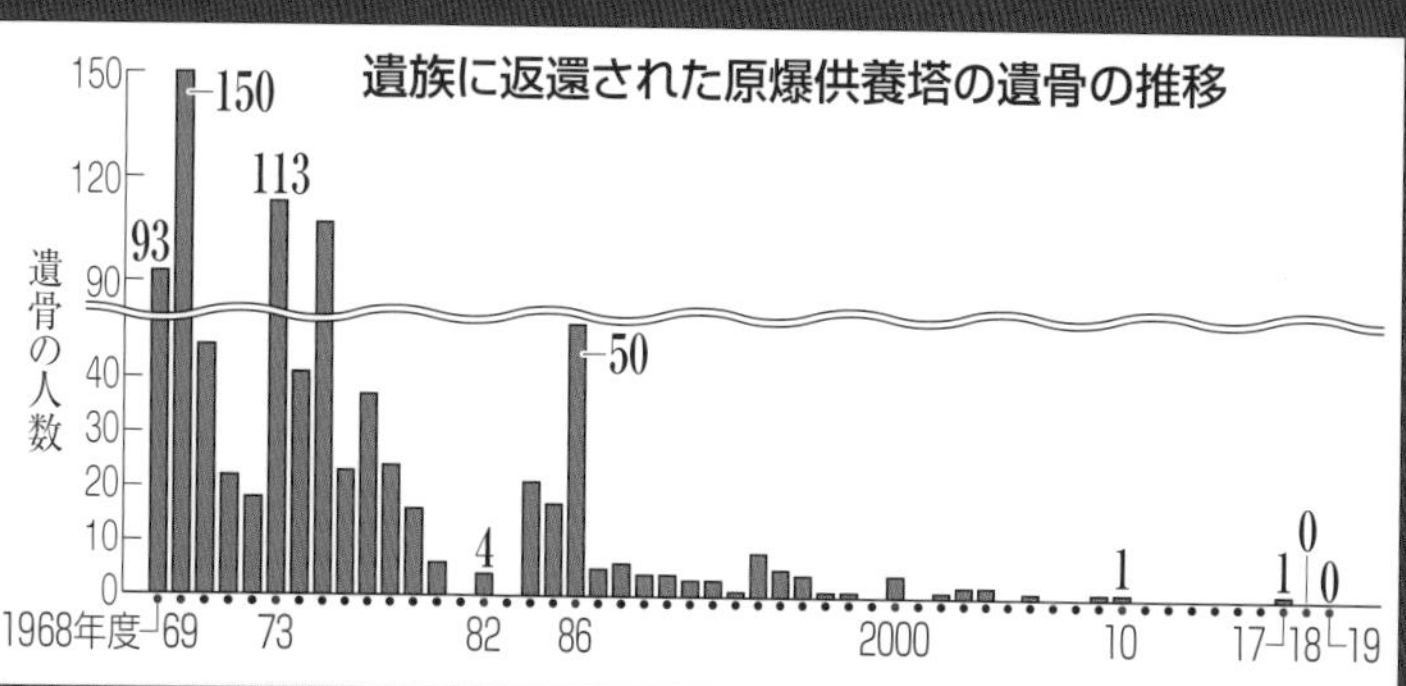

2020年2月3日~17日掲載

〈特集〉帰れぬ遺骨　家族はどこに

1945年8月6日、米軍が広島市上空で投下した1発の原爆により数多くの市民が即死し、あるいは傷を負って臨時の救護所となった国民学校や寺で息絶えた。おびただしい数の遺体が、グラウンドや川土手などで火葬された。遺族と「再会」できないまま、今も広島市内や周辺で安置されている遺骨は数多い。各地でまとめて埋葬された身元不明の遺骨が、これまでたびたび発掘されてきた。あの日まで生きていた一人一人の骨のかけらの重みから、原爆被害の悲惨さを見つめたい。

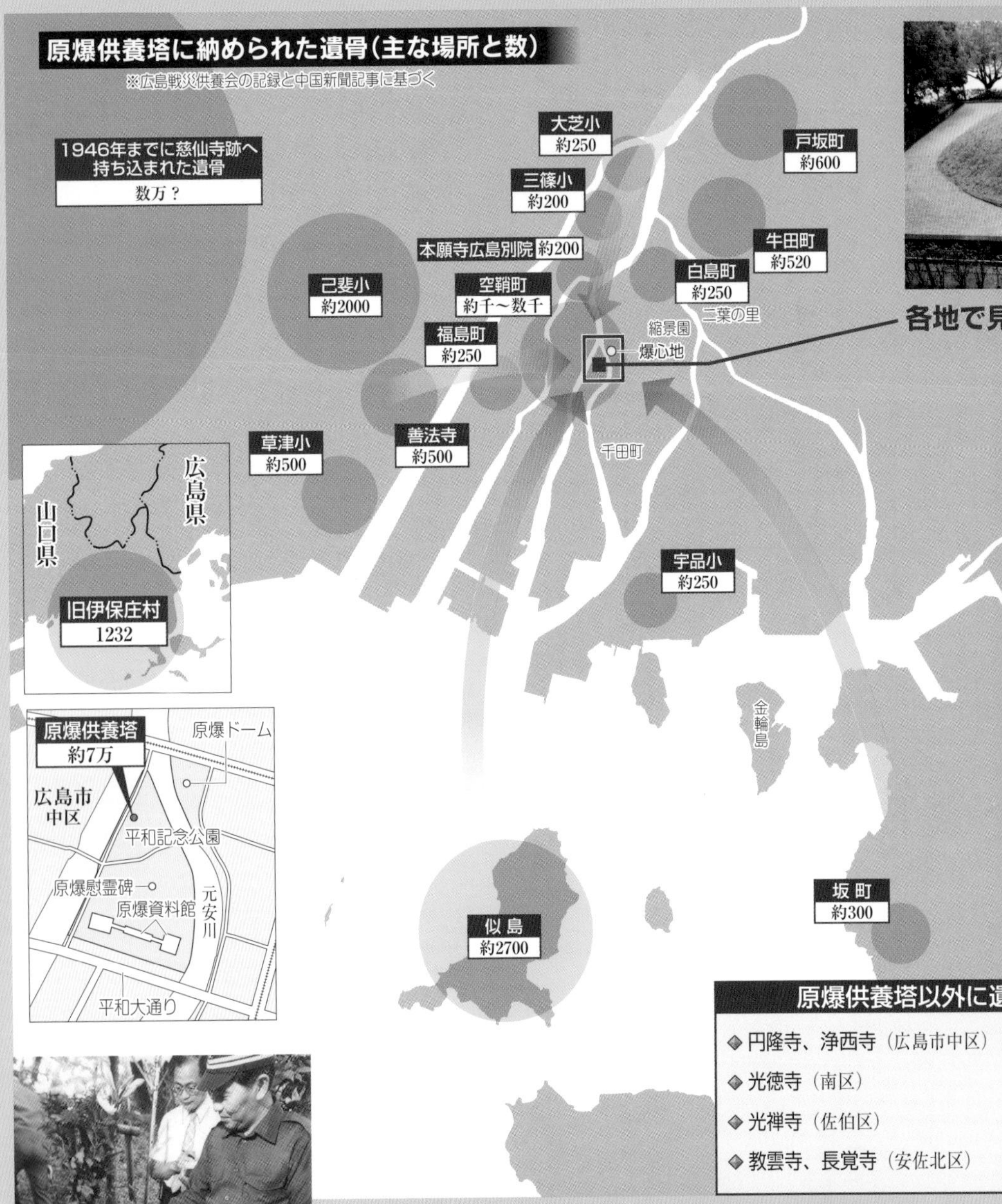

原爆供養塔に納められた遺骨（主な場所と数）

※広島戦災供養会の記録と中国新聞記事に基づく

1946年までに慈仙寺跡へ持ち込まれた遺骨　数万？

大芝小　約250

戸坂町　約600

三篠小　約200

本願寺広島別院　約200

牛田町　約520

己斐小　約2000

空鞘町　約千～数千

白島町　約250

二葉の里

縮景園

福島町　約250

爆心地

千田町

草津小　約500

善法寺　約500

宇品小　約250

金輪島

坂町　約300

似島　約2700

広島県

山口県

旧伊保庄村　1232

原爆供養塔　約7万

原爆ドーム

広島市中区

平和記念公園

原爆慰霊碑

原爆資料館

元安川

平和大通り

各地で見つかった骨が供養塔へ

遺骨を安置する原爆供養塔の地下納骨室。「氏名不詳」「戦没軍人」と書かれた箱も（2015年7月）

原爆供養塔以外に遺骨を納める主な場所

- 円隆寺、浄西寺（広島市中区）
- 光徳寺（南区）
- 光禅寺（佐伯区）
- 教雲寺、長覚寺（安佐北区）
- 宝蔵寺、旧山内西国民学校慰霊碑（庄原市）
- 青山共同墓地追悼碑（安芸高田市）
- 原爆死没者之碑（山口市）

縮景園（広島市中区）で、原爆犠牲者の遺骨を埋葬したとみられる場所から見つかった大量の骨片（1987年）

似島で2004年に行われた遺骨の発掘調査

1952年に広島県坂町で発掘された原爆犠牲者の遺骨

広島壊滅の混乱 物語る

安らかに 祈る市民

平和記念公園（広島市中区）の原爆供養塔は直径16㍍、高さ3・5㍍の盛り土型で「土まんじゅう」とも呼ばれる。中は地下納骨室になっている。原爆死没者名簿が納められた公園中心部の原爆慰霊碑と比べると、訪れる人は少ない。

原爆供養塔に納められた遺骨は「約7万体」とされる。そのこと自体が「広島壊滅」の混乱ぶりと悲惨を物語る。

被爆直後から、広島市内や周辺の部隊に配属されていた兵士らが中心部へ向かった。17歳だった笠岡市の土屋圭示さん（91）もその一人。指令を受け、海上特攻の訓練を受けていた幸ノ浦（現江田島市）から入市した。

川に入り、水面を埋める遺体をひたすら引き揚げて臨時の火葬場へ運んだ。60～70人を荼毘に付した日も。その際「服の名札から、名前や住所を紙に書き取った」。しかし、黒焦げの死体などは身元の手掛かりがなかった。

2020年1月6日朝、原爆供養塔前で読経する吉川さん（右端）や市民たち

市役所で遺族への遺骨引き渡しが行われたものの、身元不明が大多数だった。残った遺骨は1945年末に己斐町（現西区）の善法寺へ移された。また、後に平和記念公園となる中島本町の慈仙寺跡にも遺骨が大量に集められており、46年に発足した市戦災死没者供養会（広島戦災供養会の前身）が市とともに「戦災死没者供養塔」と仮納骨堂、礼拝堂を建てて収容した。

55年に現在の原爆供養塔を建立。「負傷者1万人が運び込まれた」という似島（現南区）の供養塔など各所で安置されていた遺骨を地下納骨室に集めた。その後も、工事現場で発見されたり、情報を手掛かりに発掘されたりすると原爆供養塔に持ち込まれている。

広島では、家屋を壊して防火帯を造る「建物疎開」などの作業に駆り出されていた約7200人もの動員学徒が命を奪われた。わが子が市中心部に出て行方不明のまま、という遺族は数多い。子どもまで動員して戦争を続けていた、当時の日本の現実が見えてくる。

「約7万体」のごく一部ではあるが、名前のある遺骨も地下納骨室で眠っている。市が68年に納骨名簿の公開を開始した当初は、2355体。75年から納骨名簿を全国の自治体などに発送し始めた。原爆で家族や親類13人を失い、原爆供養塔に日々通って清掃を続けた故佐伯敏子さんも、遺族捜しに力を注いだ。それでもなお、814体が遺族に引き取られていない。

広島戦災供養会の畑口実会長（73）は「返す努力は続け、引き取り手のない遺骨はここで供養していきたい。墓のようにお参りの場でもあっていい」と話す。

あそこに行けば会える―。供養塔は遺族にとって、帰らぬ肉親が眠っていると信じる場所だ。毎月6日朝、読経する声が響く。呉市の白蓮寺住職、吉川信晴さん（83）は両親の活動を継ぎ約60年間、呉から毎月出向いている。

広島の都市機能が壊滅し、負傷者数が膨大な数に上っただけに、臨時救護所の設置は広範囲にわたった。原爆供養塔だけでなく、遠くは県北の寺などにも、引き取り手のない遺骨が眠っている。山口市江良では、旧山口陸軍病院に運ばれた軍人の原爆犠牲者の遺骨が73年に発掘された。13体以上とみられ、その後に山口県原爆被爆者支援センターゆだ苑が建てた「原爆死没者之碑」に納められた。

名前が分かっていながら引き取り手のない原爆供養塔の遺骨の名簿の張り出し作業。全国にも発送されている（2019年7月）

「7万体」根拠は不確か

原爆供養塔に納められている遺骨は「7万体」とされ、広島市もその数字を採用している。とはいえ根拠は定かでない。

1955年の完成当時、広島戦災供養会の記録によると、似島供養塔（約2千体）や善法寺（約500体）、旧供養塔などにあった「5万体」を納骨したという。中国新聞も「推定」と念を押しながら「総数約五万柱」と伝えている。「7万体」となるのは、本紙記事では76年からだ。

同年、広島、長崎両市は国連に提出した要請書の中で、45年末までの広島原爆の犠牲者数として「14万人（誤差±1万人）」の推計値を提示した。一方、広島県警察部が45年11月末にまとめた報告は、遺体の検視を経た犠牲者が「7万8150人」としており、67年の国連事務総長報告でも言及された。単にこれら二つの数字を引き算すれば、5万～7万余りにはなる。

「7万体」が言われ始めた70年代は、似島（南区）などで大量に発掘されたり寺に長年安置されたりしていた遺骨が、原爆供養塔の「5万体」に加えられていった時期でもある。

いずれにしても、数字の裏付けは難しい。原爆犠牲者数は推計の域を出ず、あまりに多くの遺骨が身元不明、という被害実態の「空白」こそが核兵器の非人道性を問い掛ける。

①「梶山ハル」さん

祈念館の遺影　糸口に

市との情報連携　課題

1945年の夏に焼き尽くされ、戦後は平和記念公園（広島市中区）となった一角にある原爆供養塔。ここに納められている遺骨「7万体」のうち、814体には名前などの記録がある。市は納骨名簿をポスターにして掲示しているが、特に近年は遺族への返還が難しくなっている。

名簿は「鍛治山」

打つ手はないのだろうか。同じく公園内にある国立広島原爆死没者追悼平和祈念館には、遺族が登録した死没者約2万3千人分の名前や遺影などの情報が公開されている。祈念館の協力を得て、814人の情報とつぶさに照合した。すると、皆実町3丁目（現広島市南区）の梶山ハルさんの遺影に目が留まった。

納骨名簿には「皆実町三丁目」の「鍛治山はる」さんとある。名前の読み方と住所は一致している。

市内に住むハルさんの孫武人さん（83）に会うことができた。「祖母に間違いないだろう。引き取って墓に入れてあげたい」。両手で顔を覆い、おえつを漏らした。納骨名簿を見たことはなかったという。

梶山ハルさん

梶山家は愛宕町（現東区）で餅の製造・販売店を営んでいた。1945年春、戦況の悪化で生活は厳しくなり、父小市さんは家族で旧満州（中国東北部）へ渡る。しかし広島女子高等師範学校付属山中高等女学校に通っていた4歳上の姉初枝さんは「勉強を続けたい」と懇願し、ハルさんと皆実町3丁目の親族宅に身を寄せることにした。

広島駅での別れ際、ハルさんは重箱に詰めたおむすびを持たせてくれた。初枝さんは、動きだした列車を追って「手を振りながらホームをタッタ、タッタと走り見送ってくれた」。それが永遠の別れとなった。

8月6日、2年生だった初枝さんは雑魚場町（現中区）の建物疎開作業に、ハルさんは富士見町（同）に出たまま戻らなかった。武人さんたちは翌46年6月、命からがら旧満州から帰国。母瀧子さんは、2人の悲報を聞いて泣き崩れた。

2011年に98歳で亡くなった瀧子さんは、生前にこう書き残している。義母ハルさんは実母のような存在で、「主人が養子かと言われるほど仲良く仕事にはげんだ」。広島駅での初枝さんの姿を思い「あの子の涙忘れる事わ出来ない　なぜ連れて行かなかったかくやまれてならない」。

確認記録残らず

瀧子さんが祈念館に2人の遺影を登録していたことが、今回の取材の糸口になった。武人さんの長男の修治さん（54）＝広島県府中町＝は「祖母の瀧子はずっと（2人のことを）気にしていました」と振り返る。20年1月に修治さんから市に問い合わせの連絡を入れ、遺骨返還を視野に調査と協議が始まった。

それにしても、なぜここまで時間がかかったのだろうか。市は1986年まで、理由は不明だが別の名前を納骨名簿に載せていた。原爆供養塔の遺骨をあらためて点検した際、骨つぼの中に「鍛治山はる」と書かれた封筒が入っていたため納骨名簿を訂正。96年になって当時の地元住民が「梶山ハルさんでは」と市に問い合わせたが、市が家族に直接確認しようとした記録は残っていないという。

原爆供養塔は市が管理し、祈念館は市の公益財団法人が国からの受託で管理・運営している。双方の情報を連携させることはできなかったか。もっと納骨名簿の周知ができないか。

納骨名簿にある名前と、祈念館の遺影をはじめとするさまざまな死没者情報を横断的に突き合わせれば、遺骨と遺族をさらにつなぐことができる可能性がある。ただ、成果は簡単には出ないかもしれない。初枝さんの遺骨は、手掛かりすら見つからないままだ。

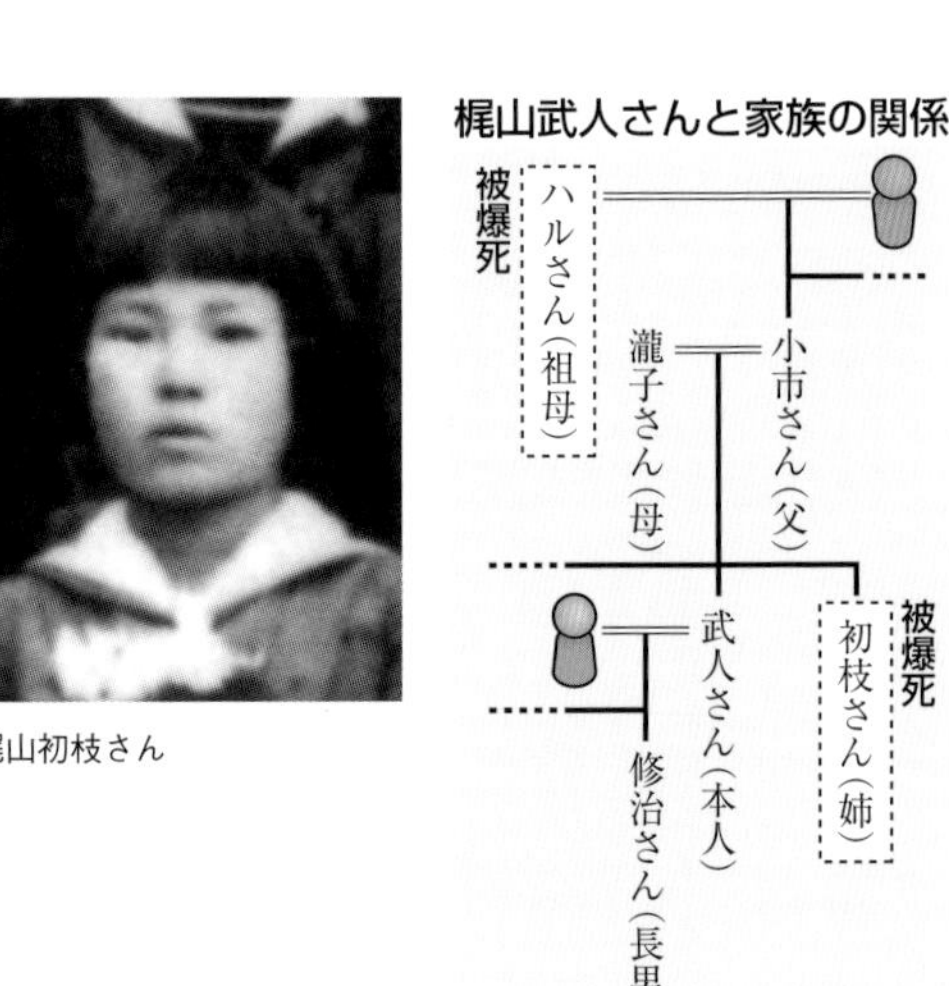

梶山初枝さん

②「琢夫」と「宅雄」

墓の骨は誰　募る疑問

供養塔に似た名前

広島市中心部から北東へ車で約1時間の安佐北区白木町。1945年当時は高田郡志屋村だった山あいの地で、矢野琢夫さんは生まれ育った。県立広島工業学校（現県立広島工業高）1年だった12歳の時、原爆の犠牲になった。

生家には現在、琢夫さんの兄の妻美和子さん（87）が住む。「生きてたら私と同い年のはずでねえ」。生前の義父節次さんと義母シゲさんから聞かされた思い出を語ってくれた。

琢夫さんは地元の志屋国民学校（現志屋小）を45年春に卒業。通信簿に「優」が並び、成績が良かった。兄も学んだ「県工」へ進み、広島市内の親戚の家に下宿した。8月6日朝、1年生約190人は中島新町（現中区）での建物疎開作業に動員された。

爆心地から約600メートルで熱線に焼かれた。「広島原爆戦災誌」は「無数に横たわる全裸の死骸からは、生徒の一人一人を識別することはできなかった」と現場の惨状を記す。

打ち明けた義父

市内で懸命に息子を捜した節次さんは、骨つぼを抱いて戻ってきた。学校関係者から「息子さんです」と言われたという。だが後になって美和子さんに打ち明けた。「誰の骨か分からんまま受け取った」

県工の同窓会事務局は生徒の犠牲者名簿を保管している。琢夫さんの死亡場所と日時は「以（似）島」「昭和20・8・12」。似島には8月6日から20日間で被災者約1万人が運び込まれたとされる。戦後に遺骨の発掘作業がたびたび行われ、平和記念公園（中区）の原爆供養塔に移された。

その供養塔の納骨名簿に「矢野宅雄（高田郡穆木）」の名前がある。美和子さんと同居する長女、渡久山裕子さん（66）は15年前、健診で訪れた広島市民病院（中区）に掲示された名簿のポスターに目を奪われた。「叔父の『矢野琢夫』では…。墓に入っているはずなのに」。名前の読み方は同じ。「穆木」という地名は知らないが、「高田郡」までは一致する。心の中で疑問が膨らんでいった。

渡久山裕子さんと家族の関係

矢野節次さん（祖父）　シゲさん（祖母）
被爆死　琢夫さん（叔父）　（父）　美和子さん（母）
渡久山裕子さん（本人）

矢野家の墓に刻まれた琢夫さんの名前を指し示す渡久山裕子さん

同じ頃、1人の男性が裕子さんを訪ねてきた。中区の元高校教員、島本和成さん（81）だ。被爆時に大やけどを負った母を持つ。供養塔の遺骨を人ごとと思えず、遺族捜しを1人で続けていた。その中で「高田郡の矢野さん」にたどり着いた。

裕子さんの思いに耳を傾けた島本さんは、市の窓口に出向いた。しかし大きな壁に突き当たる。市は79年、節次さんに「矢野宅雄」さんに関して問い合わせ、「（琢夫さんの）遺骨はすでに受け取っている」と返答を得ていた。

2018年、裕子さんは市役所で節次さんからの返信はがきを見せられた。市はこれを根拠に「琢夫さん」と「宅雄さん」は別人と判断しているという。「現状では返還は難しいと受け止めました」と裕子さん。

DNA鑑定に壁

持ち帰ったのは息子の遺骨、と自らを納得させようとした祖父の心情は痛いほど分かる。どちらの遺骨も理不尽な死だったことに変わりはない。「ただ、もし身元を特定する方法があるなら懸けてみたい」と話す。

戦争に関係する海外の地や沖縄で日本政府が進める戦没者の遺骨収集では、家族が希望すればDNA型鑑定を行っている。原爆犠牲者はどうか。市原爆被害対策部調査課は「多くは焼骨で、鑑定は難しいと有識者から聞いている。実施した例はなく、予定もない」。

科学技術は大きく進んでも、引き取り手のない遺骨を遺族に返す方策は変わらない。もどかしさを覚える。

③天神町66番地

資料館周辺 生活の場

納骨名簿に「三木」さん

「天神町66」。原爆供養塔の納骨名簿にある814人の名前を目で追い、「三木順次」さんの家の住所まで読み進めた時、記者は、はっとした。ちょうど原爆資料館東館（広島市中区）の辺りだ。同町を含む旧中島地区は、かつて広島随一の繁華街。現在は平和記念公園になっている。

原爆で壊滅したこの一帯を「再現」しようと中国新聞が2000年に作成した「街並み復元図」は、66番地と周囲に「空白」が残る。「三木順次」さんの名前によって、一つでも埋めることができるだろうか。

「これが66番地が面していた通りです」。同館学芸課の菊楽忍さんが、1枚のカットを見せてくれた。撮影者は、66番地の南隣にあった「66の2」で家紋を扱う「紋屋」を営んでいた故菊地繁三さん。店の前でカメラを構え、北に延びる「旧天神町筋」を捉えた写真のようだ。子どもが笑顔で駆けている。「三木順次」さんも、ここを歩いていたのかもしれない。

1940年ごろの旧天神町筋。右側の並びにあった66番地の2の前から「三木順次」さんの住所にある北隣の66番地の方向を撮ったとみられる（菊地繁三さん撮影、提供）

旧天神町66番地や66番地の2が立ち並んでいた場所にある原爆資料館東館

五反田家の隣人

1945年8月6日。菊地さんは、召集され激戦地ニューギニアにいた。66の2に住んでいた兄の重郎さん＝当時（33）＝とその妻子4人が全滅した。取材を通して、菊地さん宅の西側を五反田寿男さん＝同（54）＝と妻イシ子さん＝同（50）＝が借りて住んでおり、被爆死していたことも新たに分かった。

納骨名簿の情報が正確ならば、五反田家の「隣人」は66番地の「三木順次」さんだったはず―。

五反田さんの長女の掛井千幸さん（90）＝東広島市＝は「数軒北に大きな天城旅館があり、お相撲さんや軍人が出入りしていましたねえ」と振り返る。しかし「北隣も、中庭があって奥行きがある菊地さんの家のような造りだったように思いますが、75年もたつと…」

五反田家は元安川を挟んだ大手町に住んでいたが、両親と3人で被爆の1年ほど前に移ってきた。掛井さんはあの日、休暇で県北の祖父母宅にいた。広島に戻り、爆心直下の自宅跡で金歯などから両親の遺骨を確認した。市中心部で、焼かれて男女の見分けもつかない赤黒い遺体を数多く見た。菊地さんの兄一家の遺骨は見つかっていない。

さらに被爆者の体験証言集や遺族の手記などを読み進める中で、66番地の元住民の孫が残した証言を入手できた。

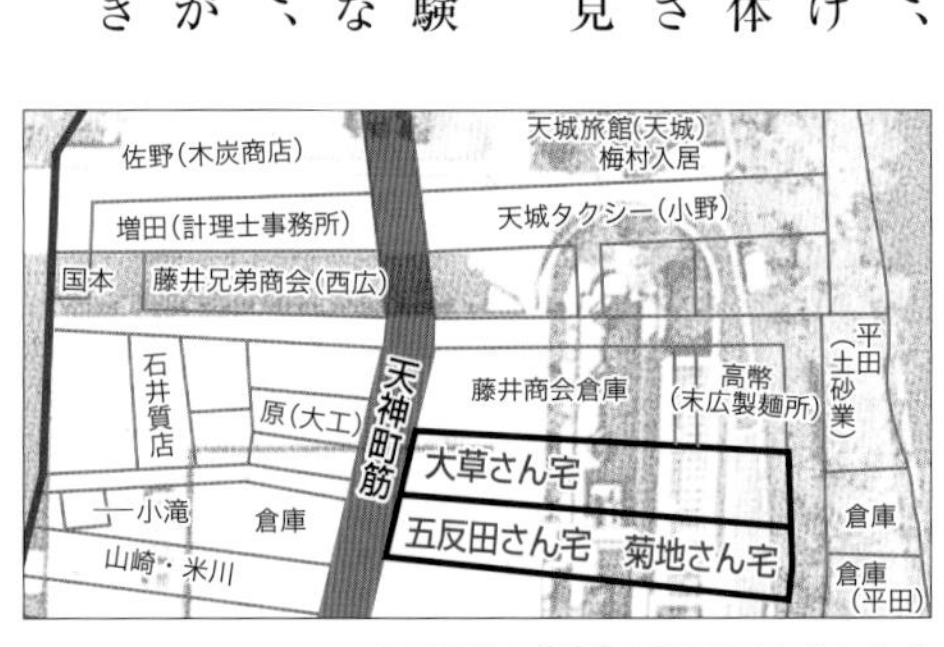

※中国新聞の「街並み復元図」を基に作成

裏付け得られず

ただ名字は、三木ではなく、大草。三五郎さん＝同（67）＝と妻タメさん＝同（58）＝の2人世帯が全滅した。戦後生まれのひ孫の靖久さん（60）＝西区＝は「三木さん…。親戚にもない名前です」と首をかしげる。

菊地家と五反田家のように、大草家と三木家も一軒家を分けて住んでいた可能性も考えられるが、確たる裏付けは得られていない。情報を求め、地元の慰霊祭に携わった故山崎寛治さんの遺品にも目を通した。元住民で作成した「犠牲者名簿」を残している。そこには三木姓が2人いるが、名は違う。番地の欄はない。

原爆資料館東館には毎日、国内外からの観光客が数多く訪れている。かつて生活の場だった、と実感する人はどれだけいるか。市は東館の北側で、旧天神町筋の一角の遺構を展示施設として整備、公開する計画を進めている。ここで生き、命を奪われ、家族の元に遺骨が戻っていない住民の存在を伝える場となるだろう。

取材の中で、大草家と五反田家など3世帯6人の住んでいた場所や被爆死については新たに確認できた。三木さんら元住民たちの「空白」を埋める努力は、まだこれからだ。

④名字の手掛かり

証言集に「麓」さん表記

納骨名簿と一致

原爆供養塔の納骨名簿には、広島ではあまり聞かない名字が散見される。遺族を特定する手掛かりにならないか。全国各地で刊行されてきた原爆犠牲者の遺族の手記集や、聞き書きの証言集を集めて読み込んだ。

名簿の「麓仁和子」さんと同姓同名が、1995年に東京都八王子市の「被爆体験を語り継ぐ会」が刊行した証言集にあった。麓仁一（ふもとじんいち）さん（99年に85歳で死去）が2歳だった長女「仁和子」さんについて語っている。「思えば思うほど涙が」。人づてに聞いたという妻子ら4人の最期を、苦しい胸中とともに明かす。

仁一さんは鹿児島県の徳之島生まれ。東京に出て小学校教員を務め、妻の愛子さんとの間に41年に長男の昌能さん、43年に長女の仁和子さんを授かった。その後妻子3人は、本土空襲の激化を案じて親戚が住む鹿児島県の旧吉松村（現湧水町）に疎開した。

原爆供養塔の納骨名簿に同じ名前がある麓仁和子さんの「八月六日死亡」が刻まれた墓誌（東京都八王子市）

麓仁一さん

麓仁一さんと被爆死した家族の関係

愛子さん 被爆死
仁一さん
歌子さん(妹) 被爆死
昌能さん 被爆死
仁和子さん 被爆死

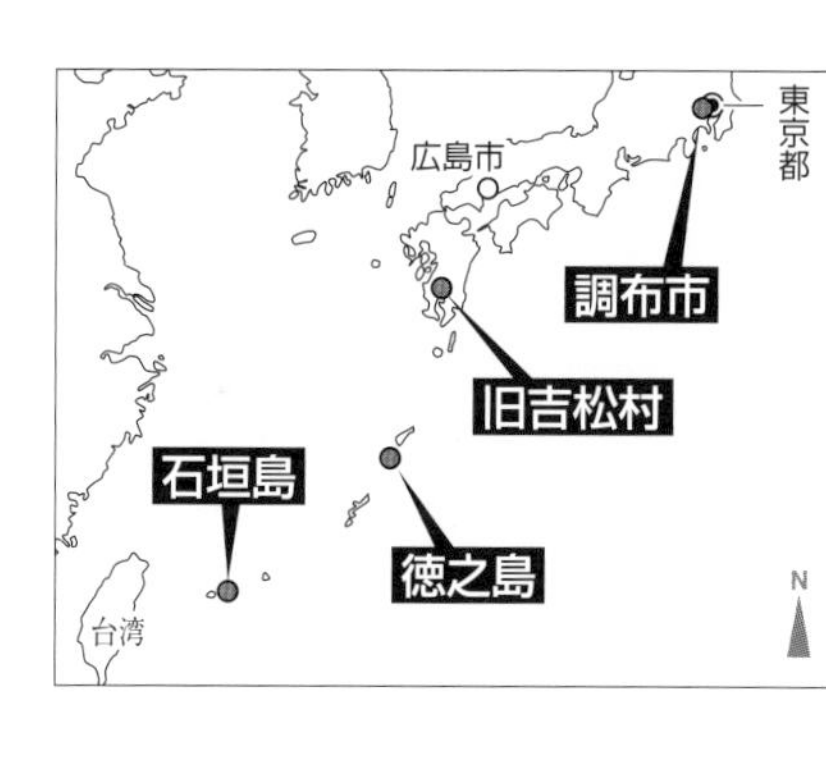

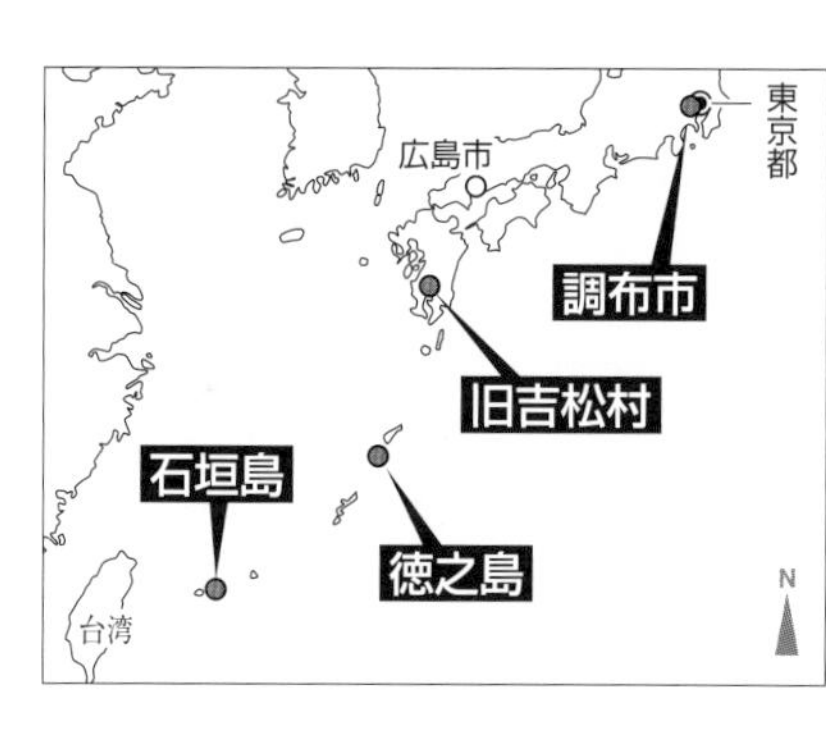

謝罪と後悔吐露

45年4月、米軍が沖縄本島に上陸。鹿児島への波及を恐れた仁一さんに呼び寄せられ、8月3日夜に母子は東京へ出発した。仁一さんの妹の歌子さんも一緒だった。5日、妻愛子さんの父が住んでいた広島市で途中下車。翌朝、頭上で原爆がさく裂した。

倒壊した家から逃げ出た4人だが、仁和子さんはその日に息を引き取り、昌能さん、歌子さんが続いた。愛子さんは救護所で15日に亡くなる前、代筆で夫に手紙を残した。「子供二人と妹を道連れにしたことは、悔しくて悔しくて堪（たま）らない。許して！ 許して！」

仁一さんは証言集の中で吐露している。「ああ 俺が悪かった。東京に来いと言った俺が悪かった。許してくれ」。そして「もう、戦争は嫌だよねぇ…」。

納骨名簿によると「麓仁和子」さんの住所は「中野町」。旧吉松村の中心部に「中野」地区がある。

記者は仁一さんの次男雄二さん（65）を捜し当て、東京都調布市の自宅を訪ねた。「そうなんですか…」。事情を説明すると絶句した。

仁一さんは戦後に再婚。雄二さんら2男1女を育て、中学校長を務めた。墓誌に仁和子さんたちの名を刻み、毎月必ず墓参していたが、被爆死した妻子のことも、広島のことも、決して語らなかった。

「記者さん、行きませんか」。雄二さんに言われ、一緒に墓地へ足を運んだ。「遺骨は本人で間違いないのでは。墓前で伝えることができてよかった」。証言集の存在を、今回初めて知った。父の体験に触れることから始めたいという。

「前瓦」姓も訪ね

名字を手掛かりに、沖縄の離島にも飛んだ。原爆資料館（広島市中区）は「前瓦清一」と彫られた表札を収蔵する。原爆で全滅した一家の遺品である。

一方、納骨名簿に「前瓦俊二」の名前がある。全国の電話帳を調べると、沖縄県石垣市の白保集落にしか見つからない名字だ。

サンゴで知られる集落で、「前瓦」の表札を掲げる民家を訪ね歩いた。

「うちは広島と関係ないですよ」。前瓦貞敏さん宅で、妹貞子さん（51）が答えた。「でも…。清一と俊一ねえ…」。沖縄や南太平洋のソロモン諸島で清二さん、秀一さんたち伯父3人が戦死したと聞いている。遺骨は不明のままだ。

秀一さんらを知る親戚の前瓦実さん（82）もやはり、原爆に遭った前瓦さんについては「知らない」。ただ、何か分かれば連絡すると約束してくれた。

「戦争は、ひどいことばかりさ」。別れ際の実さんの言葉が、仁一さんの「もう、戦争は嫌だよねぇ…」と重なった。遺族が遺骨を手にできないのは、広島だけではない。

⑤遺族それぞれ

供養塔も「家族の墓」

記憶を受け継ぐ場

「原爆供養塔の納骨名簿にある『野地田笹一』さんを知りませんか」。玉野市に住む野地田正則さん(86)に記者が聞くと、予想外の言葉が返ってきた。「おやじじゃろう。名簿を見たこともあるんよ」

広島県内の電話帳に「野地田」姓はない。調査範囲を広げ、全国で唯一見つかったのが、岡山県内の正則さん宅だった。父の名は佐々市。正則さんは「漢字の間違いじゃろう」と語る。

75年前、正則さんは広島市広瀬北町（現中区）に家族で住んでいた。「おやじは小鳥をようけえ飼っとった。釣りも一緒に行ったのう」。思い出は尽きない。8月6日の「あの日」、すべてが一瞬で変わった。

高橋さんの自宅があった場所
野地田さんの自宅があった場所
広島市中区
原爆ドーム
平和記念公園
爆心地
広電
広島市
玉野市

正則さんは広瀬国民学校（現広瀬小）6年で、県北の学童疎開先にいた。広島に残っていた父佐々市さん＝当時(56)、母マサコさん＝同(44)、妹鈴子さん＝同(8)＝らが被爆死。教師に連れられて市郊外の救護所を捜したが、遺骨すら見つからなかった。爆心地から約1・1キロの自宅跡は、風呂釜だけが焼け残っていた。

姉の嫁ぎ先だった玉野に身を寄せた。被爆後、病気がちになった兄正義さんは1954年に24歳で死去。「悲しんでいられんかった。生きることに精いっぱい」。造船所で働き、妻とともに娘2人を育てた。

納骨名簿に父の名前があると知ったのは、広島市を訪れた10年ほど前だ。原爆資料館（中区）で偶然、納骨名簿のポスターを見て目がくぎ付けになった。近くの原爆供養塔を訪れ、静かに手を合わせた。

広島市に名乗り出て遺骨を玉野に移そうかと考えたが、供養塔を「古里広島の墓」だと思っていたいとの気持ちもある。「野地田笹一」さんの遺骨とともに、母と妹も供養塔で眠っているかもしれない。だから「これまで通り、広島でまつられるんが一番ええんじゃろうなあ…」。複雑な胸の内を明かす。

正則さんは胃がんで闘病中の身。原爆で家族、古里と引き裂かれ、「言いとうなかった」体験を孫4人に話し始めた。供養塔に遺骨がある限り、各地から平和記念公園を訪れる人に手を合わせてもらえる。野地田家が原爆の記憶を受け継ぐ場にもなると思っている。

「野地田笹一」さんの名前がある納骨名簿を手に「おやじじゃろう」と思いをはせる正則さん

原爆供養塔に安置されていた脩さんの骨つぼを手に持つ大木さん。「高橋修」と書かれている

名前の読み同じ

遺族の数だけ、遺骨への思いがある。

高橋脩（おさむ）さんの遺骨は2017年、長男の久さん(91)＝西区＝とその娘の大木久美子さん(61)ら遺族に返還された。

納骨名簿には「高橋修」と記されていた。久さんから一度「父と名前の読みが同じだから」と市に問い合わせたものの、返還にこぎ着けなかった経緯がある。高齢の久さんに代わり、大木さんが市と再度交渉して願いがかなった。

16年に公開されたアニメ映画「この世界の片隅に」を見て以来、「かつて爆心直下の旧中島本町に住んだ祖父への思いが募った」ことが大木さんの背中を押した。「働き盛りの男性のしっかりとした骨」を、供養塔から家族の墓に移した。「父が逝く日が来ても、これで祖父とずっと一緒にいてもらえます」

「7万体」の重み

大木さんは、供養塔も「家族の墓」と言われて育った。「約7万体」という名もなき遺骨の重みを、あらためて感じている。その一人一人に暮らしがあり、名前があったのだ、と。被爆死した久さんの弟の遺骨は、見つからないままだ。

同じ平和記念公園内でも供養塔は、原爆慰霊碑ほど知られていない。大木さんは「どんな場所なのか、知る人が増えてほしい」と供養塔をテーマに児童文学を書き始めた。多くの人が足を運ぶことを願う。

⑥寺の納骨堂

名前記載 眠ったまま
遺族捜し 周知課題

原爆犠牲者の遺骨が入っているとみられるつぼや箱が並ぶ光徳寺の納骨堂

石造りの納骨堂に足を踏み入れると、白い布に包まれた骨つぼや木箱がびっしりと並んでいた。約80個。「山根家」などと書かれただけのものもあるが、約60個には個人名が記されている。「この辺りが、被爆死した人たちの遺骨だと聞いています」。広島市南区皆実町の光徳寺で、僧侶の大藤寛通（おおとうひろみち）さん（48）が左手の棚の上段を指した。

光徳寺は爆心地から約2・7キロ。被爆後の混乱の中、近くの御幸橋のたもとや公園で火葬されたとみられる骨が次々と持ち込まれた。引き取り手はなく、自らも被爆時に大やけどを負った僧侶の畠山高男さん（2004年に90歳で死去）が供養を続けた。

訪れる人が減少

畠山さん亡き後を引き継ぐ大藤さんは「昔は遺骨を捜す遺族がよく寺に来たそうですが、最近めっきり減りました。遺骨を帰してあげたいが、私たちだけの力ではどうにも…」。今後も手厚く弔っていくという。

平和記念公園（中区）内の原爆供養塔には約7万体という遺骨が納められており、うち814体は名前などの記録がある。広島市は「名前のある遺骨」の納骨名簿を毎年夏に作成。市内各所に張り出すほか、全国の自治体にも発送。インターネットで公表している。

一方、寺に眠る遺骨については、同じような情報提供の呼び掛けが行われていない。光徳寺の遺骨についても何かできないか―。

「田辺キク」さんの住所は「神石郡古川町」とある。記者は、現在の神石高原町古川に出向いた。

まず、隣の集落に住む被爆者の佐藤守（つかし）さん（90）に会った。佐藤さんは地元から広島師範学校（現広島大）予科へ進んだ翌年、15歳で被爆。町内に住む被爆者をよく知る。しかし「この辺りに『田辺』という名字は多いんですが」と首をかしげる。

一緒に古川地区を回ってもらった。「田辺キク」の名を聞いたことのある住民には、会えなかった。

同町の被爆者団体の会長、山本剛久さん（75）は「甲神（こうじん）部隊との関係はどうでしょうか」と語る。旧甲奴、神石2郡の40代を中心に編成され、建物疎開作業に動員中300人中9割が被爆死したとされる。ただ、部隊に女性もいたかは分からない。

「豊田郡瀬戸田　青木長太郎」さんについても、尾道市瀬戸田町で手掛かりを探した。被爆者の梶川春登さん（92）、村上鈴江さん（97）らに記憶をたどってもらったが、有力な情報は得られなかった。

現状把握すべき

取材を進めると、「名前のある遺骨」は光徳寺以外に広島市内の少なくとも2カ寺に安置されていることが分かった。遺骨が納まる場が原爆供養塔でも、そうでなくても、理不尽に命を奪われ、遺族の元に帰れずにいるのは同じ。せめて、寺の「名前のある遺骨」だけでも、もっと情報提供を募ることはできないのか。

市原爆被害対策部調査課は「市の責任でどこまでやるか、今は答えられる材料がない。寺院ごとに供養している意味も尊重したい」という。とはいえ、現状把握はできるはずだ。

1945年末までの広島原爆の犠牲者は、推計値で14万人±1万人。だが、原爆死没者名を積み上げる「原爆被爆者動態調査」を通して市が確認している実際の死没者数は、8万9025人にとどまる。光徳寺などの遺骨の名前も把握しているかについて、市調査課は「調べるのに時間がかかる。すぐには分からない」としている。

遺骨と向き合うことは、確かに生きていた一人一人を悼むことであるとともに、被害の全容という「空白」を埋める営みにほかならない。

名前が分かり、引き取り手のない遺骨を安置する寺院の例

寺院	住所	遺骨を納めた箱・つぼに書かれた名前
光徳寺	広島市南区皆実町	「田辺キク」「青木長太郎」「山根家」など約80個
光禅寺	佐伯区五日市	「池田常夫」「和田由安」
教雲寺	安佐北区安佐町	「長谷川源次郎」

⑦子守り地蔵

小さな「かけら」供養

児童たち 境内で犠牲

平和記念公園（広島市中区）の原爆供養塔に眠る約7万体とされる遺骨の多くは、身元不明だったり、大量の骨片として保管されていたりする。広島市内外にある寺も同じだ。「大きな箱5杯分」「粉のようになった骨」—。買い物客や観光客でにぎわう市中心部にも、名もなき遺骨が眠る。

円隆寺の「子守り地蔵」の前で、児童たちの犠牲を伝えていくと誓い合う中谷信子さん㊧と康韻さん

20人通う分教場

「とうかさん」の名で親しまれる中区三川町の円隆寺。本堂裏側の墓地に「子守り地蔵」がひっそりと立っている。東隣は広島県最大の歓楽街、流川だ。1945年当時は竹屋国民学校（現竹屋小）と袋町国民学校（現袋町小）の分教場で、1、2年生約20人が通っていた。爆心地から約1キロ。猛火に襲われ多くが命を失った。

当時の住職の長女、松岡由子さん（87）＝赤磐市＝によると「本堂辺りに小さなかけらのような骨がぽつん、ぽつんとあったんです。誰の骨かも分からない。つまむと灰のようにもろかった」。丁寧に瓦の上に乗せ、境内の隅に埋めた。目印に石を置いた。

比治山高等女学校（現比治山女子中・高）1年で12歳だった松岡さん自身は広島を離れており無事で、2日後に変わり果てた境内に立った。「児童の親も被爆死してしまい、遺骨を捜してもらえなかったのでしょう」。焼け跡に木製の碑を立て、後に地蔵を据えた。

袋町国民学校1年だった大地武さん（98年に59歳で死去）は、妻晃子さん（77）＝広島県熊野町＝に「助かったのは、水を飲みに本堂から出ていた3人だけ」と証言していた。「一緒に勉強した仲間なんじゃ」。晃子さんを連れて、毎年お盆の時期に円隆寺へ通った。

大塚映子さん（84）＝安佐北区＝は、竹屋国民学校2年だった弟の久世嘉孝さんを失った。取材に応じたことで、子守り地蔵を初めて知った。円隆寺に、他の犠牲者と一緒になって肉親の遺骨が眠っているかもしれない—。記者の前で涙を流した。

45年春のある朝、大塚さんは学童疎開のため自宅を出て同県加計町（現安芸太田町）へ出発することになっていた。まだ寝床でまどろんでいると、姉を恋しがる嘉孝さんが布団に入ってじゃれて、顔中に口づけしてきた。「嘉孝の唇の柔らかくて温かい感触が忘れられない」

8月6日が過ぎても、両親は疎開先に一向に現れない。秋になり、親戚が迎えに来てくれた。京都に住む祖父の家で、両親の遺骨と対面した。嘉孝さんの遺骨はなかった。

嘉孝さんが円隆寺で命を落としたであろうことは想像が付く。行けば、つらくなる。境内にも、初夏の「とうかさん大祭」にも足を運んだことはない。弟は原爆供養塔にいると信じ、大塚さんは原爆の日に出向いて「たくさんの人に参ってもらい、花も供えられてよかったね」と語りかけてきた。

「子守り地蔵に一緒に行きませんか」と話すと、しばらく沈黙した後「やはり、行くとつらくなる」と声を落とした。

2県11カ所にも

身元不明で、遺族との縁を取り戻せないままの遺骨。取材で分かっただけで、長覚寺（安佐北区）の推定十数体など、広島、山口両県の11カ所にあった。私たちがその存在を忘れないことが、原爆の悲惨を後の世代に伝えていくという誓いになるのではないか。

円隆寺の住職の妻の中谷信子さん（65）と副住職の長男康韻さん（36）は2019年末、子どもたちの犠牲について伝える説明板を、子守り地蔵の傍らに設置。たくさんの参拝者に手を合わせてもらいたいという。「大事に守り続けます」

⑧似島の土の下

1人で発掘「まだある」

「金輪島も」望む声

広島港（広島市南区）からフェリーで約20分の似島（同）。広島大大学院生の嘉陽礼文さん（41）は、島の北西部の空き地でスコップを手に取り、黙々と土をかき出した。その土を手でかき分け、白いかけらを見つけると記者に示し、「骨かなあ」とつぶやいた。

原爆犠牲者の遺体が土葬された、と島民が証言している場所だという。市は調査していない区域。地権者の許可を得て、2018年から休日ごとに島へ通い、1人で遺骨を捜している。これまで約100片を収集。一部を広島県警が鑑定し、人骨と特定した。地層の深さからも、被爆当時とみられる。

「似島には、遺骨がまだ埋まっているんです」。嘉陽さんは沖縄県出身。沖縄戦で犠牲となった親戚の遺骨が不明のままだ。原爆犠牲者の遺族のことが「人ごとと思えない」と語る。

被爆者の遺体が土葬されたという証言がある空き地で、土砂をかき出す嘉陽さん

推定「1万人」

8月6日から20日間で推定「1万人」―（「広島原爆戦災誌」）。75年前、この島におびただしい数の被爆者が収容され、葬られた。遺骨の多くは遺族の元に返されていない。

似島は、1894年に始まった日清戦争、次いで日露戦争で宇品港（現広島港）が兵員輸送の一大拠点になって以来、「軍都」広島を象徴する島だった。陸軍第二検疫所は被爆直後、負傷者を収容する臨時野戦病院に。5千人分の薬の備蓄があったというが、すぐ底を突き多くが息絶えた。

広島原爆戦災誌によると、まとめて遺体を火葬しても追いつかず、穴を掘って60～80体ずつを土葬したり、防空壕（ごう）に担ぎ込んだりしたという。沢井淳子さん（79）＝東区＝は、被爆死した姉の井原伸子さん＝当時（13）＝について語る。「母が『臨時陸軍検疫所似島支部』と記された封筒を受け取ってきました。中は遺髪だけでした」

戦後、似島に供養塔が建てられた。1955年、平和記念公園（中区）に原爆供養塔が建立されると、約2千体分の遺骨が移された。それ以降、市は似島での遺骨発掘を3回実施。70年代には陸軍馬匹（ばひつ）検疫所の跡から推定617体が見つかり、そばにあった定期入れの名前などを手掛かりに7体が遺族に返された。

2004年調査では推定85体を確認した。市原爆被害対策部調査課は「過去の調査より少なかった。新たな発掘は考えていない」とする。

一方、嘉陽さんは「遺骨との対面を望む遺族もいる。行政がやらないのなら自分で」と強調する。手弁当の作業は困難を伴う。18年7月、西日本豪雨で島は甚大な被害を受け、嘉陽さんの発掘現場にも大量の土砂が押し寄せた。作業は一時中断。それでも「土の下に眠る犠牲者の悔しさに応えたい」との意思は固い。

政府方針は？

広島港がある宇品地区から沖合約1キロの金輪島にも、負傷者が運ばれた。広島原爆戦災誌によると、陸軍運輸部のドックに約500人が収容され、多くが死亡。1952年、海岸の山腹に埋められたとみられる29人の遺骨が見つかった。

「父の遺骨が眠っているかもしれない」。田辺芳郎さん（82）＝西区＝は長年、金輪島での慰霊祭に携わっている。父次郎さん＝当時（52）＝が島に運ばれ、亡くなったと人づてに聞いた。慰霊碑は98年に田辺さんの兄が中心となって建てた。「金輪島でも収集してほしい。広島で起こった事実を語り伝えていくためにも」

広島では過去に市が、現在は嘉陽さんのような個人が原爆犠牲者の遺骨を掘り起こしている。遺骨といえば、海外の戦没者については日本政府が行っており、「取り違え」や「DNA型鑑定」などのニュースがよく報じられている。原爆犠牲者に関する政府方針は、どうなっているのだろうか。

⑨政府の立場

収集「地方がやること」

「一般戦災」は対象外

「いまだに帰還を果たされていない多くのご遺骨が一日も早く古里に戻られるよう、全力を尽くします」

終戦から74年の2019年8月15日、日本武道館（東京）であった政府主催の全国戦没者追悼式。「全国戦没者之霊」と書かれた標柱の傍らで、安倍晋三首相が式辞を述べた。各都道府県遺族代表や天皇・皇后両陛下、国会議員たち。原爆死没者の遺族代表も並ぶ。約5千人が静かに耳を傾けていた。

首相の言葉には根拠となる法律がある。16年4月施行の戦没者遺骨収集推進法だ。政府は、激戦地だった太平洋の島々や旧ソ連のシベリア抑留の地などで遺骨を収集してきた。

同法により、それが「国の責務」と位置付けられた。現在はDNA型鑑定も行っており、遺族に返還できない遺骨は都内の千鳥ケ淵戦没者墓苑に納めている。

厚労省の会議室で戦没者の遺骨収集事業を説明する田辺室長補佐。被爆者の遺骨は収集対象になっていない

広島では、市や個人が原爆犠牲者の遺骨を発掘してきた。政府の支援と関与はあり得るのだろうか。

「支援対象には、ならないですね」。東京・霞が関にある厚生労働省の社会・援護局事業推進室を訪ねて質問すると、田辺幸夫室長補佐が答えた。

「戦没者」を限定

政府の「戦没者」の定義は、基本的には戦死した軍人、軍属らだという。推進法は「戦没者」の中でも、太平洋戦争の末期に地上戦で亡くなった軍人、軍属を対象とする。主に海外での遺骨収集で、日本国内は沖縄と硫黄島に限られる。

田辺さんは「原爆被害も『一般戦災』に入る。遺骨収集をやるならば、地方自治体では」と続けた。その根拠となるのは―。聞くと意外な答えが返ってきた。

「行旅病人および行旅死亡人取扱法」

行旅死亡人とは、行き倒れで死んだ人のこと。同法は、その遺体について市町村が遺族に連絡すべきことなどを定める。「一般戦災については書かれていないが、この法律が適用されるんじゃないかと私は思う」

実際は、「軍都」広島ゆえ軍人も多く被爆死している。平和記念公園（中区）の原爆供養塔には「氏名不詳　戦没軍人」と書かれた箱に入る大量の遺骨と、わずかだが名前が記録された遺骨がある。市は、民間人と軍人を合わせ「名前のある」814体の納骨名簿のポスターを全国の自治体に発送。情報を募っている。

積極関与はせず

厚労省は、遺族や都道府県から照会があれば、被爆死した軍人の遺骨について身元確認の依頼には応じるという。ただ収集、返還に積極関与はしていない。

同省の被爆者援護対策室にも聞いた。被爆者健康手帳の交付や手当支給に関する施策に加え、被爆建物と被爆樹木の保存事業への補助も担当する。遺骨収集は管轄外でも、納骨名簿の周知を全国に促すことぐらいできるはずだ。

しかし小野雄大室長は、市が遺族を捜していること自体「知らなかった」と明かす。「ここは生存被爆者の援護、救済をする部署。遺骨の返還を国が支援すべきものでしょうか」

政府は戦後、原爆犠牲者数の全容調査などを一貫して避けてきた。被害の実態解明への努力を市や広島県に押し付けてきたに等しい。国の起こした戦争で一般市民が被害を受けても、国が責任を取って補償するのではなく、国民皆で我慢すべき―。「受忍論」という考えが厚い壁であり続けているのではないか。

広島市沖合の似島（南区）や金輪島（同）には原爆犠牲者の遺骨が今も地中に眠る。「収集してきっちりと調べることが必要だ」。被爆時、動員学徒として金輪島にいた県原爆被爆教職員の会の江種祐司会長（92）＝府中町＝は訴える。それは「無残に死んだ多くの人たちの命を伝えていくこと」でもある。

クリック

【一般戦災者】 都市空襲などによる戦争被害者。原爆被害については、被爆者援護法が「放射能に起因する健康被害が他の戦争被害とは異なる特殊の被害であることにかんがみ」国が援護策を講じるとするが、国家補償は明記していない。

⑩県北の集落で

死者の無念思い続け
墓を建て　遺族捜し

原爆犠牲者の遺骨収集や返還は「やるならば、自治体」。それが日本政府の方針という。一方で、死者を思い、遺骨と肉親を「再会」させようとしてきた市井の人たちがいる。

韓国人家族たち

広島市中心部から北へ車で約1時間半も走れば、記録的暖冬とはいえ別世界だった。北広島町芸北地区の浄謙寺を訪ねると、雪景色の中に「追悼　韓国人原爆犠牲者」の文字が見えた。

日本が植民地支配していた朝鮮半島から家族で広島に渡り、被爆死した女性、李末任（イマリム）さん＝当時（43）＝ら5人の追悼碑だ。うち3人の遺骨が眠る「墓」でもある。

浄謙寺の「追悼　韓国人原爆犠牲者」の碑前で供養を続ける思いを話す住職の浄謙さん

日本式の名前で記された人もいる。

遺骨は、李さんの夫の石川文吉さんが日本の敗戦後に古里へ帰る際、寺に託した。「近くの山で炭焼きをして暮らしていたそうです」と住職の浄謙彰文さん（69）。最初は木柱の碑を立てたが、後に浄謙さんの亡き父が韓国産の御影石に造り替えた。

「便りをします」と言ったきり、韓国の文吉さんから連絡はなかった。無事に帰国できたのか―。浄謙さんは1986年、知り合いの研究者に捜し歩いてもらった。手掛かりは、文吉さんの出身地だと聞いた「慶尚北道高霊郡」の集落。すると、バスも通らない山あいの集落に長男夫妻が住んでいることが分かり、一家の消息をつかむことができた。

李さんは、芸北から広島市河原町（現中区）の親戚宅に出ていて被爆。広島鉄道局に勤めていたという李さんの次男、親戚とその子ども2人も犠牲になった。妻子らを奪われた文吉さんは、帰国後も失意から立ち直れないまま53年に死去した。

「すぐにでも参りたいが、貧しくて…」と長男夫妻は残念そうに語ったという。それから34年。文吉さん家族が帰国後も苦労を重ねたことを思いながら、浄謙さんは父から受け継いだ追悼碑の前で犠牲者の供養を続けている。

N
安芸高田市
浄謙寺
北広島町
広島市
広島県

世話をした男児

北広島町の東隣の安芸高田市吉田町では、三木チズエさん（91）が幼い男児の小さな墓を守っている。義父の四平さんが生前「戦災孤児　俗名　進」と刻み、自宅そばの三木家の墓地に建てた。

「進」さんは被爆翌日の8月7日、負傷者を乗せたトラックで運ばれてきた。都市機能が壊滅した広島から市外各所の臨時救護所へ、負傷者が続々と収容されていた時期だ。

男児は親とはぐれたようで、名前は分からない。救護に当たっていた四平さんにすぐなつき、ついて歩いた。ふびんに思った四平さんが9日、許可を得て家に連れ帰った。額や胸に傷を負っていたが、おいしそうにご飯を食べ、刀を提げた軍人が描かれた絵本を「お父ちゃん」と指さした。馬を見て「ススムもほしい」と喜ぶのを聞き、名前を仮に「進」とした。

四平さんに背負われ、毎日救護所で傷の手当てを受けていたが、15日に容体が急変。「お父ちゃん」「お母ちゃん」と泣き叫びながら息を引き取った。

四平さんは墓に「進」の名を記し、遺骨を埋めた。幾度となく、広島市へ遺族捜しに出向いた。70年に亡くなるまで「かわいい子じゃったと、ことあるごとにこぼしとった」とチズエさんは振り返る。

「遺骨を里帰りさせてあげたい」（73年7月28日付中国新聞）―。チズエさんの思いが本紙などで報じられると、75年夏に原爆で妻子を失った神戸市の元軍人が名乗り出た。3歳で行方不明になったわが子、藤田奨（すすむ）さんだと。

遺骨は引き取られたが、「進」さんの墓にも骨を一部残してもらった。チズエさんは今も毎朝、手を合わせている。胸にあるのは、すべての「家族の元に帰れん子どもたち」の無念である。

三木家で世話をした後に亡くなった男児「進」さんの墓㊧を守るチズエさん

⑪母の日記

捜し続けた子 どこに

「非人道性」伝える

「杜夫、あなたは今どこにゐる」「火を潜っても貴方に逢ひ度い一心」―。広島市中区の原爆資料館は、三重野松代さん（1982年に82歳で死去）の自筆の日記を所蔵する。75年前の夏、12歳だった息子を捜し求め焦土を歩いた日々をつづる。

広島県立広島第一中学校（現国泰寺高、中区）1年だった長男杜夫さんは8月6日朝、「行って参ります」と学校近くでの建物疎開作業に出て、原爆の熱線に襲われた。

建物疎開作業に出たまま遺骨も見つかっていない三重野杜夫さん（1945年3月撮影）

市中心部から巨大な雲が上がっていく。松代さんは、杜夫さんを捜しに郊外の井口村（現西区）の自宅を飛び出した。たどり着いた校舎は跡形もない。生徒たちの亡きがらが横たわっていた。「殆んど全裸になって火傷を負ひ瀕死の状態に在る方をも、すでに息を引き取ってゐる方をも、貴方と同じ年格好の人と見れば一人一人近よって」みたが「火傷で容貌が全然わからない」。

8日夜になって知人づてに「鶴見橋の東側にいたのを見た」と聞いた。顔や胸にやけどを負って倒れ、「お水が欲しい」と請うていたという。鶴見橋に近い比治山橋までは捜していたのに、と自分を責めた。「足を伸ばさなかった後悔、貴方に申訳なくて、胸を八裂にされるやうです…かんにんして、許して、頑張ってゐて」

三重野松代さん

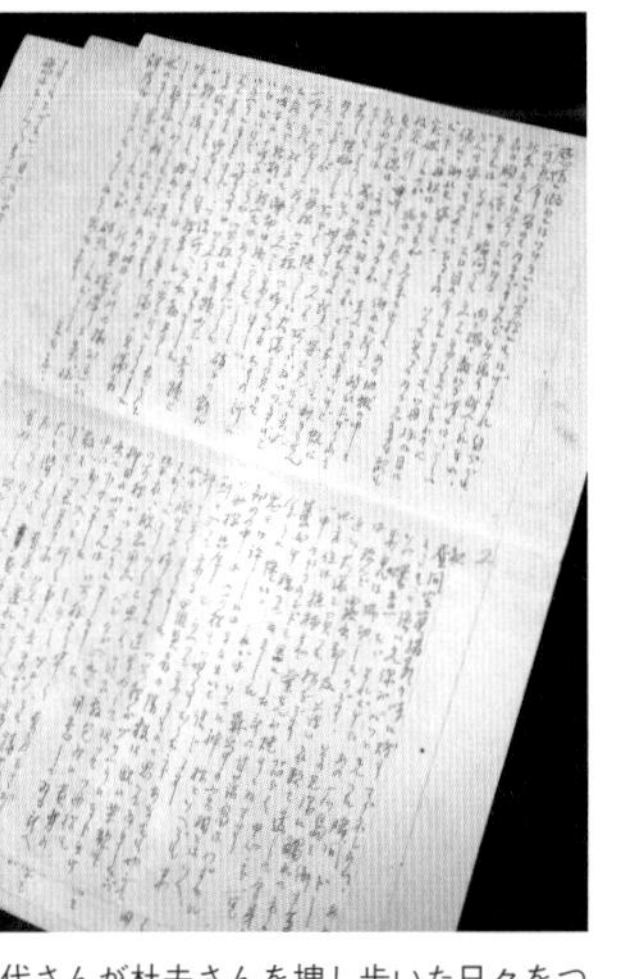
三重野松代さんが杜夫さんを捜し歩いた日々をつづった日記（原爆資料館所蔵）

半紙燃やし葬儀

鶴見橋に駆け付けると、すでに負傷者は軍に収容されたと言われた。夫の定夫さんが市沖合の似島や金輪島も捜したが、見つからない。9月21日、半紙に「三重野杜夫」と書いて燃やし、葬儀とした。

絞り出すように言葉を紡いだ、母の日記。2004年に原爆資料館へ託したのは、杜夫さんの姉の茶本裕里さん（90）＝東京都東村山市＝だ。自身は当時、県立広島第一高等女学校（現皆実高）4年。その日は休みだったが、建物疎開に動員されていた1年生223人が全滅した。

父定夫さんは海軍の軍人で、一家は1945年春に神奈川県から一時転入したばかりだった。「杜夫がどこかにいると思うと、広島から離れられなかった」。戦後10年以上、地縁のなかった広島にとどまった。

松代さんは、水を求めたという杜夫さんの遺影に毎朝、水を供えた。「弟は笑顔にあふれ、両親に愛された子でした。わが子の遺骨すら帰ってこない親の悲しみを知ってほしい」と茶本さんは語る。

世界が耳傾けて

「両親がどれだけ捜しても、姉は見つからないままです」

被爆者の藤森俊希さん（75）＝長野県茅野市＝の姉敏子さん＝当時（13）＝は、広島市立第一高等女学校（市女、現舟入高）1年の時被爆死した。遺骨は今も不明だ。現在の平和記念公園（中区）南側で建物疎開作業に動員されていた市女1、2年生541人が全滅した。

日本被団協事務局次長の藤森さんは遺族としての悔しさと怒りを胸に、姉のことを語りながら世界で「核兵器の非人道性」を訴え続けている。

家族や地域と断ち切られた、おびただしい数の犠牲者の帰れぬ遺骨。わずかだが、中には名前が分かるものもある。行政の情報や個人の手記などを調べ直せば、遺族を捜し当てることはまだできる。

同時に、原爆供養塔（中区）の「約7万体」をはじめ、実数や身元について分かりようのない遺骨が多数存在する。その「空白」自体、たった1発の原爆が一瞬で都市を壊滅させ、人間を身元確認もできないほどに焼き尽くしたという事実を突きつける。

藤森さんたち被爆者が国連の議場で見守る中、核兵器を「非人道兵器」とする核兵器禁止条約が17年に実現した。人間の尊厳を奪われた末、供養塔に、あるいは市中心部や沖合の島の地中で眠る骨の「声なき声」。世界が耳を傾けるべきだ。

番外編「1字違い」

死亡状況 記録と一致

理研から返還 故郷の墓へ

「かわいがってくれた兄に『お帰りなさい』と伝えたい。今夜、家で一緒に過ごした後、古里吉和のお墓に納めます」。２０２０年12月、岩田キヨ子さん（83）＝廿日市市＝は原爆供養塔（広島市中区）の前で兄の道原菊間さんの遺骨を両手に抱くと、目を細めた。

遺骨は19年1月、東京都内の旧理化学研究所（理研）の建物で見つかった。解体工事を前に資料整理を進めていた際、旧陸軍の依頼で原爆開発研究を試みた原子物理学者、故仁科芳雄博士の旧執務室の引き出しから出てきた。

㊨遺骨が入っていた袋。「道原菊馬」と記されている
㊧薬包紙に包まれた遺骨

仁科氏は大本営の調査団に加わって原爆投下直後の広島に入った。理研の別の研究者も、旧陸軍省の広島調査班に加わっている。遺骨は、旧陸軍省の調査班によって収集され、持ち帰られたとみられる。

紙袋にメモ書き

理研は20年11月、「名前が分かるものは、遺族にお返ししてほしい」と広島市に引き渡した。骨片7点と骨粉21点で、何人分の遺骨になるのかは不明。ただ、2人については、遺骨が入っていた紙の袋やメモ書きに名字と名前が記されていた。その一人が「道原菊馬」さんだった。市は遺骨を原爆供養塔に納めるとともに、遺族を捜し始めた。

記者にも、できることがあるはずだ―。「道原」という名字の被爆者の証言や体験記などを集めた。電話帳を繰っていく中で、旧吉和村（現廿日市市）の出身者に「みちはら・きくま」さんという原爆犠牲者がいたとの証言を得た。岩田さんが遺族の一人だと聞き、まず電話での接触を試みた。

「ええっ」。岩田さんは電話口で驚きの声を上げた後、力を込めた。「『みちはら・きくま』は兄です」。ただ、記者が名前の漢字を順番に伝えると、最後の1字で考え込んだ。「あれ…。『ま』は『馬』ではなくて『間』なんです」

遺骨に記録があった「道原菊馬」さんと、岩田さんの兄の「道原菊間」さん。「兄なら一日も早く抱きしめたい」と願う岩田さんのため、長女の河野美記さん（59）＝廿日市市＝が戸籍謄本で死亡場所などを確認した。すると、遺骨に関わる記録と驚くほど重なった。

１９４５年８月６日、菊間さんは吉和村から応召して爆心地から約９００メートルの広島城東側に拠点を置く中国軍管区歩兵第一補充隊（中国第１０４部隊）に所属。被爆後、広島第一陸軍病院宇品分院に収容され、8月31日に亡くなった。

道原菊間さん

遺骨を持ち帰ったとみられる陸軍省調査班の報告書を読むと、やはり「宇品分院」で患者を調べていたと書かれている。「道原」さんの遺骨を、菊間さんの死亡日の翌日に当たる9月1日に放射能測定したとも記録している。放射能測定の対象となった原爆犠牲者15人中4人が、同じ「１０４部隊」だった。

記者からの情報提供をきっかけに、岩田さんたちは市に連絡を入れた。市原爆被害対策部は「有力な情報だ。遺骨の名前は戦後の混乱の中で記されただけに、今までも1字違っていた例はある」とすぐに陸軍省の報告書などを確認。菊間さんの遺骨で間違いないと結論付け、供養塔を管理する広島戦災供養会を通じて返還した。

菊間さんは被爆によって18歳の若さで未来を断たれた。岩田さんは当時8歳。「栗拾いに雪遊び。よくかわいがってくれた、やさしい兄でした。軍隊に入るのを障子紙に日の丸を描いた小旗で見送ったのが最後です」。生前を知る実家の近所の住民たちからも「お帰りなさい」と声を掛けられながら、家族の墓に納めた。

長兄いまだ不明

しかし岩田さん家族には、肉親の遺骨を巡るもう一つの「空白」が残っている。一番上の兄で、太平洋戦争の激戦地パラオで犠牲になったとみられる海軍兵の輝夫さんだ。「今もどこにいるかが分からず、本当に心残りです」。今後も手掛かりを捜し続けたいという。

理研から市に引き渡された遺骨には、「キの内藤四郎」さんと名前が記録されていた遺骨もあった。市は引き取り手が見つかっていない原爆供養塔の遺骨名簿をホームページ（ＨＰ）上で公開。情報を募っている。

COLUMN ❷

生きた証し訴える遺品

1945年8月6日朝、旧制中学や女学校から多くの生徒が広島市中心部での建物疎開作業に動員され、原爆の犠牲になった。家族が捜し歩いても遺骨すら見つけられなかったケースがどれほど多かったか。中国新聞の連載「遺影は語る」(97〜2000年)は遺族の協力を得て一人一人の実態を調べ上げ、明らかにしている。

現在の平和記念公園南側が作業現場だった市立第一高等女学校(現舟入高)の1年生。連載では、詳しい状況が分かった死没者243人のうち、76%の184人の遺骨が見つかっていないと報じている。同公園西側の本川河岸が現場だった広島二中(現観音高)1年生についても、状況を確認できた死没者282人のうち、41%の116人が遺骨不明だとした。

それだけに、手元にわずかでも残された遺品を遺骨代わりに大切にしてきた遺族が少なくない。原爆資料館(中区)が所蔵し、21年2月末から約1年間、展示する石崎睦子さんの制服もその一つだ。

石崎さんは12歳で県立広島第一高等女学校(現皆実高)1年生だった。建物疎開作業に出た後、家族がいくら捜しても見つからなかった。制服は父の秀一さんが約2週間後、作業現場跡のがれきの下で見つけた。折り畳んで物陰に置いていたとみられる。

母安代さんは、帰らぬ娘を思い、制服を抱いて寝ていたという。制服と一緒に資料館に寄贈された石崎さんの遺品の日記は、最後の8月5日にこう記されている。「今日は大へんよい日でした。これからも一日一善と言ふことをまもらうと思ふ」—。

資料館には、同じように今も遺骨が見つかっていない犠牲者の遺品が数多く並ぶ。一人の人間が確かに生きていた証しを前に、家族がその最期すら知り得ない無念と向き合いたい。

原爆資料館本館に展示されている動員学徒の遺品

第 3 部

「さまよう資料」編

NEWS
中国新聞
2020.4.6付

米軍返還の組織標本 劣化

被爆間もない時期 犠牲者から採取

広島大原医研 デジタル化検討

占領下で米軍に接収されて1973年に日本へ返還された被爆学術資料のうち、広島原爆の犠牲者の組織標本が一部で著しく劣化していることが分かった。保管する広島大原爆放射線医科学研究所（原医研、広島市南区）は、標本をデジタル画像に収める費用を調達するためインターネット上で寄付を募る計画を進めている。

「米軍返還資料」のうち劣化が進むのは、原爆が投下された4日後の45年8月10日から11月13日までに解剖された遺体の組織標本。肝臓や肺、骨髄などの薄片をガラス板に貼り付けてある。被ばく資料調査解析部の杉原清香助教（45）によると、被爆から間もない時期の放射線による急性症状を示す貴重な資料という。

105人から採取した計約4千枚に上り、被災者が多数運ばれた似島（現南区）で最初に解剖された犠牲者のスライド標本などが含まれる。約2600枚が顕微鏡観察用に試薬で染色されており、うち約400枚の色あせや変色がとくに著しい。

時間の経過による試薬の変質が原因とみられる。ガラスが破損した標本も50枚以上ある。原医研の田代聡所長（58）は「劣化の進行自体は避けられない。せめてデジタル画像で残すことが差し迫った課題」と話す。

専用スキャナーは最低でも数百万円。被爆資料のデジタルアーカイブ構築へ、2017年度から国に予算化を求めているが実現していない。そのためインターネット上のクラウドファンディングで購入費を賄う道を探ることにした。

原医研は、個人情報を漏らさないよう対策をした上でデジタル画像を外部の研究者にも開示し、原爆被害の実態解明に広く役立てるとしている。

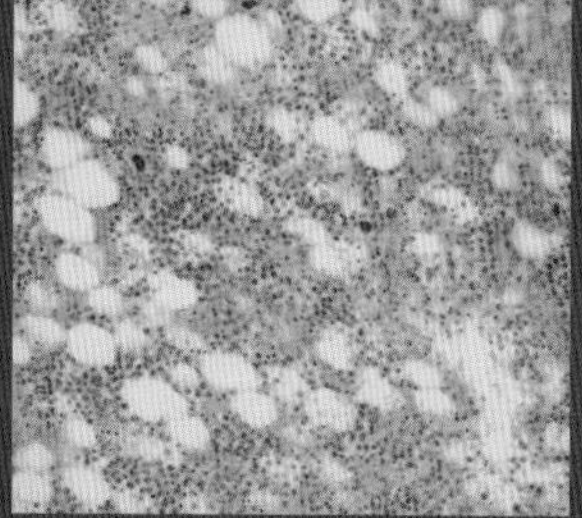

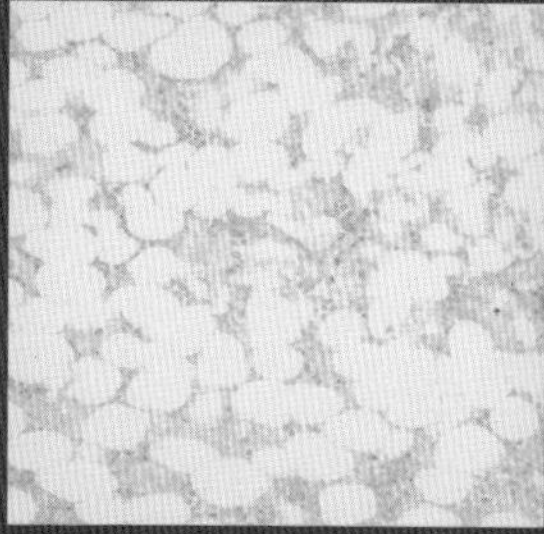

1945年11月までに亡くなった人の骨髄の組織標本。いずれも染色されている。保存状態が比較的良い㊧は細胞が青紫の小さな点として見えるが、劣化が進む㊨は色あせて見えにくい（広島大原医研提供）

クリック

【米軍返還資料】

1945年秋の「日米合同調査」で米軍が日本人研究者に差し出させ、首都ワシントンの陸軍病理学研究所（AFIP）で保管していた被爆学術資料。日本政府の要望で73年に計2万3千点余りが返された。広島関連は669人分のスライド標本など約1万1千点で、広島大原爆放射線医科学研究所が所蔵する。長崎関連は長崎大原爆後障害医療研究所に保管されている。

2020年4月6日～20日掲載

〈特集〉資料の散逸 阻まれた研究

1973年に米国から返還された資料（広島関係）

資料	数量
•医学記録ホルダー	9060人分
•ホルマリン臓器標本	35人分
•パラフィンブロック	284人分
•スライド	669人分
•写真（フィルム）	1205枚

※広島大原医研が73年に作成した報告書による

返還資料の医学記録

広島と長崎の原爆被害の全体像をつかむには、体験者の手記、医師らが残した記録や写真など、さまざまな分野の資料を収集し保存、活用することが欠かせない。ところが臓器の病理標本などは、戦後長らく米軍に接収されたままだった。米国はもとより海外の国々から資料を取り戻して「空白」を埋める努力は、今も続く。現存する資料を劣化や散逸・廃棄の危機から守ることも、待ったなしの課題となっている。さまよう資料を守り、互いを結びつけ、未解明の被爆実態に迫るための方策を考える。

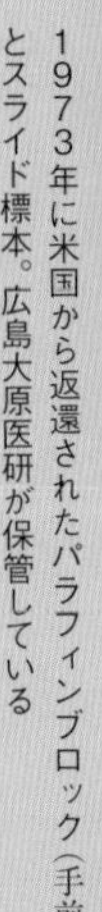

1973年に米国から返還されたパラフィンブロック（手前右）とスライド標本。広島大原医研が保管している

広島大原医研の標本センターに運び込まれた返還資料の箱（1973年）

広島市内で公開された返還資料の写真を見る人たち。10日間で8万人以上が来場した（1973年）

海外から収集した写真を整理する原爆資料館の小山さん㊨たち

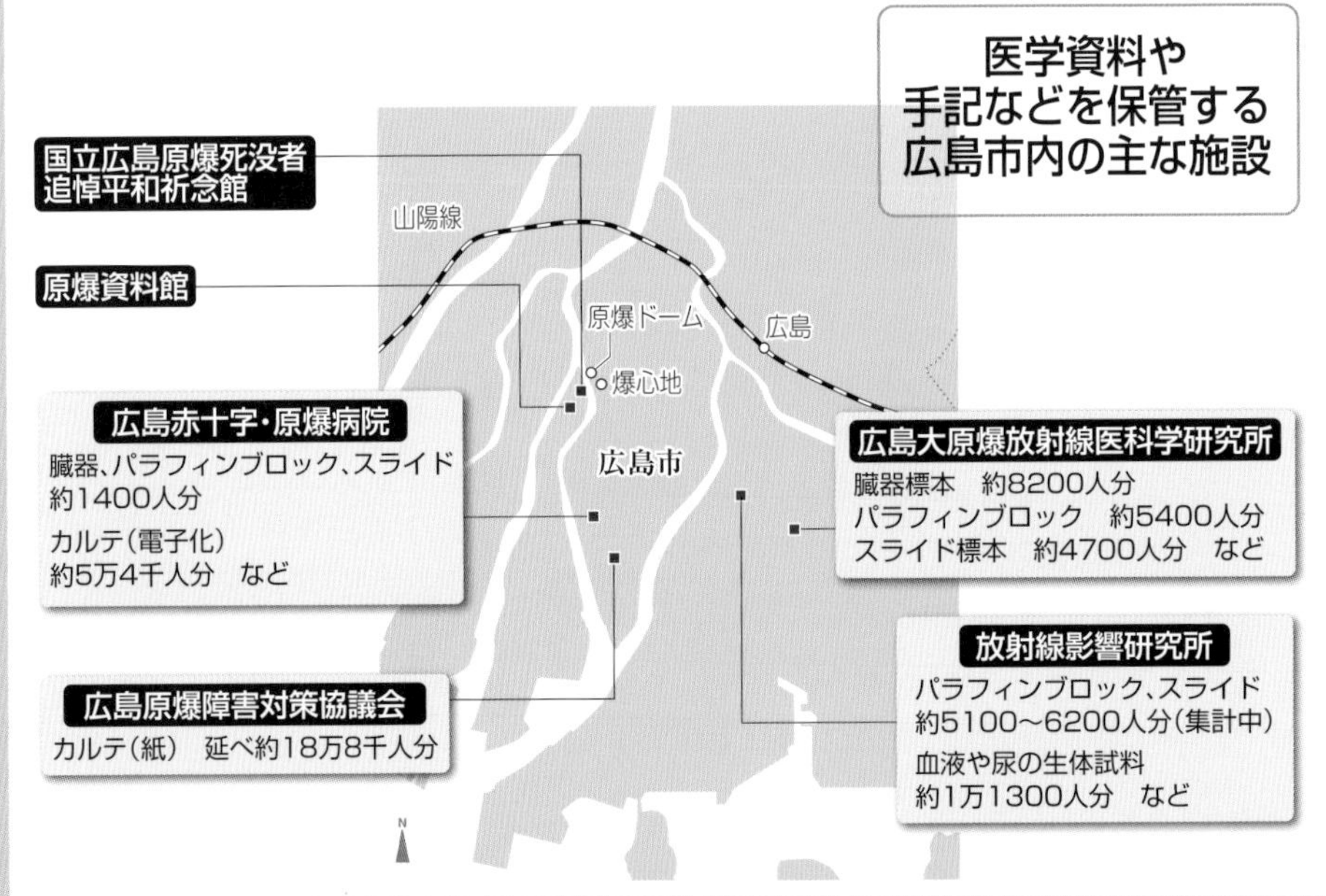

占領下 膨大な量が米へ

被爆地に戻す動き 今なお

「DIED 12 August 1945」―。広島大医学部医学資料館（広島市南区）には、爆心地から1・5キロで被爆し、6日後に死去した13歳の少女の「剖検記録」など英文書類が展示されている。「骨髄で血液が正常に作れない状態だった」とある。放射線にさらされた結果とみられる。

少女の遺体を病理解剖したのは、旧日本軍の軍医。その際に作成されたデータは米軍に差し出され、英訳された。1973年、米陸軍病理学研究所（AFIP）から被爆地に返還された「米軍返還資料」に含まれていた一枚だ。

広島関係の返還資料は約1万1千点に上る。やけどや急性症状を記録した文書のほか、ホルマリン漬けの臓器標本、それら標本の一部をろうで固めたパラフィンブロック、ガラスに貼り付けたスライド標本などが含まれていた。現在、広島大原爆放射線医科学研究所（原医研）が所蔵する。

臨時救護所となった本川国民学校。1945年8月、広島県警察部写真班員だった故川本俊雄さんが撮影したとみられる。原爆資料館が米科学アカデミーで2017年に収集（米科学アカデミー所蔵）

「えらいものが戻ってきた、と。良い状態であることが一目で分かった。保存の責任を感じました」。返還当時、原医研の標本センター長だった病理学者の深沢嘉一さん(93)＝東広島市＝は、届いた木箱を開けた際の驚きを振り返る。

「戦利品同様」

原爆投下と日本の無条件降伏を経た45年10月、「日米合同調査団」が広島に入り本格的に活動を開始した。その名とは裏腹に、占領下の被害調査は米軍主導。日本の大学の研究者や旧陸軍の軍医らがすでに集めていた、膨大な数の資料を取り上げた。被爆から間もない時期の死亡者の記録は、米軍にとって原爆の殺傷力を測る格好の材料だった。

京都大の調査に携わっていた病理学者、故天野重安さんは、接収が強制的で「あり得べからざる不快」だったと記す。「医学的目的で、苦心した剖検標本や血液標本が、このようにして戦利品同様の取扱いをうけた」（「原爆医学始末」）

連合国軍総司令部（GHQ）の統制下、日本の研究者が原爆被害を明らかにするような研究発表は制限された。一方で米軍は、原爆犠牲者の命と引き換えの「戦利品」を活用した。米国民の被爆を伴うであろうソ連との核戦争に備える研究を進めながら、冷戦期の核戦力を増強した。

73年の資料返還は、この問題が日本の国会で取り上げられ、政府間交渉に至ったのがきっかけだ。広島では、原爆被害の全容解明を求める「原爆白書運動」が大きなうねりとなり、資料収集の機運が高まっていた。

米軍返還資料の中に、日本人が市街地の惨状を撮影した写真も含まれていた。73年に市内で公開展示されると会場は市民でごった返した。「写真の中にいるのは私」と名乗り出て被爆体験を語りだす人もいた。「戦利品」は30年近くを経て戻った広島の地で、核兵器の非人道性を無言で伝える「証人」となった。

被害解明の鍵

それから、約半世紀。海外で眠る資料はまだある。原爆資料館（中区）は2013年度から19年度まで、米国と、占領期に軍が日本に駐留した英国、ニュージーランドの計3カ国に職員を派遣。博物館などで被爆後の広島の写真を中心に7千点以上を集めた。

1945年8月中に広島県警察部の写真班員、故川本俊雄さんが撮影したとみられる写真は、爆心地に近い本川国民学校の臨時救護所を捉える。同館が所蔵していなかったカットだ。焼け跡を収めた米軍関係の航空写真は、さまざまな角度や高度からの撮影を比較、分析することで被害状況の新情報につながり得る。

「もともとは軍事的効果を知るために撮影された写真を、原爆被害の悲惨さを伝える資料として新たに位置付けたい」と学芸員の小山亮さん(39)。「空白」の資料を被爆地に取り戻す営みに終わりはない。

広島の各機関 保管に苦心 受け皿 課題

資料を体系的に集めて将来世代に託せば、新たな事実が導き出されるかもしれない。科学技術の進歩によって可能になる発見もあるはずだ。「残す」こと自体、過去から教訓を得ようとする不断の努力と同義だろう。しかし、写真や文献の一部は散逸の瀬戸際にある。病理標本も経年劣化が進む。被爆地の現状はどうなっているのだろうか。

医学資料には、被爆者の診療時のカルテ▽臓器や組織の標本と所見▽血液や尿の生体試料―などがある。広島市内では、広島大原爆放射線医科学研究所（原医研、南区）など主に4施設が保管する。

原爆放射線の健康影響は、生き残った被爆者が生涯にわたり背負う問題だ。関連資料は膨大になる。どこも、増加の一途をたどる資料の保管場所に苦心を重ねてきた。カルテ類は保存・活用へデジタル化の動きが出ている。4施設以外にもカルテ類はあることから、現状を把握し、保存策を打ち立てる必要性を指摘する声もある。

被爆後の惨状を捉えた写真の収集は、原爆資料館（中区）が犠牲者の遺品などと併せて取り組んでおり、同館ホームページのデータベースで公開している。原爆投下前の市街地の写真は、市公文書館や市中央図書館も所蔵する。

被爆の実態を記録した「文字情報」として、被爆者や遺族の手記がある。厚生労働省が所管する国立広島原爆死没者追悼平和祈念館（中区）が収集してきた。一方で、被爆者援護に関する公文書や、高齢化に伴い各地で解散が相次ぐ被爆者団体の活動資料は、散逸と廃棄が現実の危機になり始めている。占領期の報道統制をかいくぐって編まれた原爆文学の関連資料についても、保存の受け皿の充実を求める声は根強い。

点在する多種多様な資料を生かすには―。日本学術会議は1971年、広島、長崎、東京の3カ所に「原水爆被災資料センター」を設置することが「国家的急務」だと政府に勧告した。被爆地の研究者たちの問題意識と重なる指摘だった。だが結局、広島大の既存施設の拡充などにとどまった。「体系的収集・整理・保存」という被爆国の課題は積み残しのままだ。

①米軍返還資料

標本 急性症状の痕跡

劣化の危機 募る焦り

広島逓信病院（現広島市中区）そばに建つ急ごしらえの板小屋で、広島医学専門学校（現広島大医学部）教授だった玉川忠太さんが原爆犠牲者の病理解剖に当たっている。1945年10月の写真だ。

当時の様子を、医学生として玉川さんの解剖に立ち会った杉原芳夫さんが手記「病理学者の怒り」につづっている。患者であふれる病棟から、9月20日に妊娠8カ月の早産児、翌朝は39歳の母親の遺体が相次いで運び込まれた。「さあ、お母ちゃんにさようならをしなさい」―。小学3年ほどの男児を諭す父親の目に、涙があふれていた。

「憎しみを押えきれなかった」。手記の中で杉原さんが怒りの矛先を向けた米国は45年秋、占領下の日本で原爆犠牲者の病理標本など大量の資料を接収した。73年に返還され、広島分は広島大原爆放射線医科学研究所（原医研、南区）が保管する。

返還時に原医研が作成した報告書のページを繰ると、手記にある母子と、年齢や解剖日、解剖場所まで一致する名前が一覧表に並んでいた。2人の臓器から作られた標本は、原爆投下国に持ち出されていた。

広島逓信病院そばの板小屋で病理解剖に当たる玉川教授㊨たち（菊池俊吉さんが1945年10月11日撮影、田子はるみさん提供）

米軍返還資料のスライド標本を観察し、劣化の度合いを調べる杉原助教

スライド669人分

「米軍返還資料」の広島分は約1万1千点。669人分ある内臓や骨髄のスライドの中で、特に被爆から間もない45年末までに解剖された遺体の標本は、類を見ない資料という。この母子を含め105人分、約4千枚。原医研付属被ばく資料調査解析部の杉原清香助教（45）は49人分の骨髄標本を分析し、被爆後3～4週目の死亡者に血液を正常に作れない急性症状が目立つことを、あらためて確かめた。

研究を進める中で危機感を募らせているのが、資料の劣化だ。「まだ見えるうちに画像を残さないと…。被爆当時の診断を裏付ける証拠が消えてしまう」

顕微鏡で拡大した骨髄標本のスライドを見せてもらった。本来、血小板のもとになる巨核球などが試薬で青紫にくっきり染まる。しかし色は薄くなり、周囲の組織と区別が付きにくい。

原医研は、標本のデジタル画像化を目指している。専用スキャナーは、最低で数百万円。2017年度、被爆関連の多様な所蔵資料を含めたアーカイブ化の予算を文科省を通じて概算要求したが、通らなかった。

田代聡所長（58）は「早期に成果が出る研究でなければ予算を認められにくいのが、日本の現状」と嘆く。インターネットで寄付を募るクラウドファンディングに活路を求めるという。

命刻まれた一枚

一枚のスライドには、名前があり家族がいた犠牲者の命が刻まれている。

米軍は、広島の犠牲者に「25」で始まる通し番号を付け、資料を分類した。1973年に資料が返還されると、広島市はローマ字で記録されていた名前を公開した。うち一つが「259117」の「YUKIMURA Juro」。行村十郎さんの遺族が名乗り出た。

当時の新聞記事を手掛かりに、記者は遺族を探し当てた。おいの満極日出男さん（85）＝京都市＝によると、48歳だった行村さんは爆心地から約1キロの薬研堀町（現中区）で妻と営んでいた飲食店で被爆し、下敷きに。妻を助けられず、泣く泣く逃げた。「焼け跡で連日探しても、遺骨は見つからなかったそうです」

行村さんはその後、体中に紫斑が出て髪も抜け、被爆翌月の9月10日に死去。未知の症状に、なすすべがなかった。満極さんの父らは、京都大調査班から病理解剖への同意を求められると「研究に役立つなら」と応じたという。

「259117」関係の米軍返還資料は、医学記録とスライド15枚。保存に手を尽くしながら、原爆被害の実態に迫る努力を将来につなぐことが、被爆地、そして被爆国の責務ではないだろうか。

②技術の進歩

内部被曝 細胞貫く筋

「古い試料 解析可能」

被爆後の混乱の中、研究者や医療関係者らは被害解明のため犠牲者の遺体を解剖し、病理標本を残した。一部は劣化が深刻だという。年月を経た学術資料は、どのように、どれだけ生かし得るのだろうか。

もうひとつの被爆地、長崎市。爆心地公園から東へ約400メートルの長崎大キャンパスに、原爆後障害医療研究所を訪ねた。占領期に米軍が接収したスライド標本など2万3千点の「米軍返還資料」のうち、ここに長崎分が所蔵されている。

七條和子助教（62）が、顕微鏡で拡大した肺の組織のスライドを画面に映し出した。数個分の細胞を貫き、最大で長さ25ミクロンの黒く細い筋が走る。「アルファ線が飛んだ跡です」。その特徴から、原爆のプルトニウムに由来すると推定した。

米軍は1945年8月6日にウラン型原爆を広島に、3日後にプルトニウム型原爆を長崎に投下した。外部から放射線を浴びる直接被爆と比べると、放射能を帯びた微粒子を吸い込むなどした「内部被曝（ひばく）」の人体影響については、分かっていないことが多い。体内にとどまった後に尿などで出されるため、時間がたつほど被曝の有無を確認することは困難になるといわれている。

乳剤かけて保管

七條さんは、米軍返還資料のうち、爆心地から0・5～1キロほどで被爆し4カ月後までに死亡した7人の肺や腎臓の断片をろうで固めた「パラフィンブロック標本」を使った。薄片をスライドに載せ、乳剤をかけて暗室に保管すると、6～10カ月後に軌跡が見えた。

「現代の技術で、被爆直後にタイムスリップしたような調査が可能になった」。七條さんたちの研究グループは、被爆者の病理標本から残留放射能の飛跡を初めて検出した例として2009年に発表した。入市被爆や、「黒い雨」を浴びたことで健康不安を抱える人たちからも注目された。

被爆地の研究機関には、米軍返還資料だけでなく、被爆者の血液などさまざまな生体試料がある。「長期の保存は大変」との声も聞かれる。ホルマリン漬けの臓器標本は、古くなれば化学変化で細胞のDNAが細かく切れ、研究に生かすことは難しいと言われる。

希望もある。広島修道大の新田由美子教授（61）は広島大原爆放射線医科学研究所（原医研）にいた約20年前、ホルマリン漬け臓器標本を調査した。32年がたった臓器の細胞でも、DNAの断片から特定の遺伝子を取り出して増殖させれば、専門機器を使った解析が可能だと分かった。資料保存のあり方は、科学技術が進めば変わってきそうだ。

亡き家族の一部

一方で生体試料や標本は、被爆者の体の「延長」であり、遺族にとって亡き家族の体のかけら。複雑な思いがくすぶる。被爆地に米軍返還資料が戻ってきた1973年、「臓器標本は遺族に返して」との声が被爆者から上がった。

放射線影響研究所（広島市南区）は、被爆から2年後の占領期に米国が設置した原爆傷害調査委員会（ABCC）が前身だ。解剖して得た病理標本や、被爆者健診で集めた血清、尿などを大量に保管する。

2015年、零下80度の大型保冷庫を米国から導入した。生体試料を長期保存し、がん発生のメカニズムなどを解明する最先端の共同研究に利用していくという。18年に外部諮問委員会を設置。被爆者や専門家に、研究計画をめぐって意見を聞いている。

原爆犠牲者の肺の組織を拡大した画像を示し、内部被曝について説明する七條さん

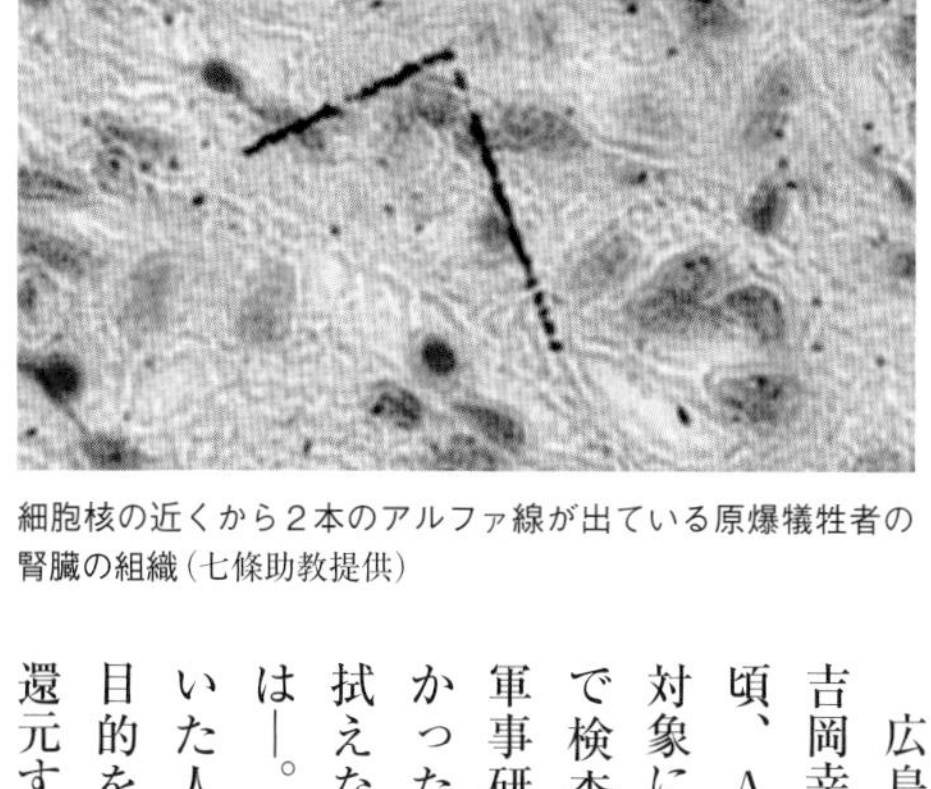

細胞核の近くから2本のアルファ線が出ている原爆犠牲者の腎臓の組織（七條助教提供）

広島被爆者団体連絡会議の吉岡幸雄事務局長（90）は若い頃、ABCCの被爆者調査の対象にされた。「乱暴なやり方で検査された」。ABCCと軍事研究とのつながりが色濃かった時期だ。不信感は今も拭えない。「活用を認める条件は―。「がん患者を含め、傷ついた人を助ける研究ならば」。目的を丁寧に説明し、結果を還元する誠実さが欠かせない。

③被爆者カルテ

健康追跡 膨大な蓄積

20年かけ電子化

原爆は熱線、爆風と大量の放射線を放出する。被爆者は健康不安を強いられ、がんや血液の病気を患う「後障害」のリスクを生涯抱え続ける。被爆者の治療を担う医療機関には、一人一人の健康状態の追跡記録となるカルテや健診データが膨大に蓄積されている。

広島原爆障害対策協議会（原対協）＝広島市中区＝は、被爆者の健診を担う拠点。書架に延べ約18万8千人分のカルテがぎっしり並ぶ。総務課の面迫敏朗課長（59）によると「1953年のカルテ的なもの」も。被爆者の健診制度を定めた旧原爆医療法ができる4年前だ。占領統治下も、日本の独立回復後も救済されずにいた被爆者のため、地元の医師たちが奔走していたことを伝える「物証」といえる。

同法を引き継ぐ被爆者援護法は、書類の保存期間を「5年」と定めるが、原対協はすべて保存している。面迫さんは「先達が保存してきた。今後も残すことが使命」と力を込める。

とはいえ、増え続ける書類の保管は重荷になる。広島赤十字・原爆病院（中区）は、55年から2000年までの被爆者の外来患者約5万4千人分のカルテを20年がかりで電子データ化。18年にデータベースとして完成した。

大量の紙カルテを処分する方針が院内で決まった際、病理診断科部長の藤原恵医師（63）が提案した。カルテは100字程度で、被爆状況を簡潔に記す。下痢や脱毛、出血など9項目の「放射能症」の有無や程度も選択式で記録し、統計分析がしやすい様式だ。

被爆者健診のカルテを大量に保管する原対協。職員が手作業で分類し書架に収める

被爆者カルテのデータベースを構築した藤原さん

体験継承へ開示

藤原さん自身、被爆直後の急性症状の有無と、その後の寿命との関連を調べる研究にデータベースを活用している。だが意外にも、データベースは学術研究のためだけでないと強調する。「被爆体験の継承に活用してほしい」。本人や家族から申請があれば、閲覧に極力応じる考えだ。

ならば、と記者は栗原明子さん（93）＝安佐北区＝に1962年の初診時のカルテの複写を取り寄せてもらった。「父を捜す為（ため）…10日間広大（広島大）のグラウンドに野宿しながら市内全部歩いた」。歯茎の出血と軽度の脱毛があったと記す。

栗原さんは「私の体験を次世代へ受け継いでもらえる」と声を弾ませた。藤原さんは、国立広島原爆死没者追悼平和祈念館（中区）を訪れる遺族にも活用してもらうことを願う。

胎内被爆者の畑口実さん（74）は、原爆資料館長を経て原対協の事務局長を務めた。大量の資料を目の当たりにする立場にあった。大学や研究機関、医療機関の情報を横断的に共有できないか、との思いを強めていったという。「被爆時の年齢や被爆場所、病気…。膨大なデータを比較し、見えてくるものがあるはず」

行方不明の記録

散逸を防ぎ、「個」として点在する資料をつなぐには、当事者の連携が肝心だろう。ただ、患者カルテなどの記録は民間にもある。容易ではない。

米ペンシルベニア州立大の歴史学者ラン・ツヴァイゲンバーグ准教授（43）は、精神医療の歴史という側面から原爆被害の実態を探っている。広島大の故小沼十寸穂（ますほ）名誉教授に光を当てようと、2019年に広島で直筆カルテやメモを探した。

戦後間もなく被爆の精神的影響の調査を始め、1953年に研究発表をした医学者。この分野の先駆けと言われ、世界的に著名な米国の精神医学者ロバート・リフトン氏でも、広島で聞き取り調査をしたのは62年だ。

ところが、ツヴァイゲンバーグさんはカルテの保管先と思われる広島市内の医療機関でも、広島大でも、意中の「小沼資料」を見つけられずにいる。「被爆地の視点を踏まえた歴史の検証がしづらくなる」と悔しがる。そして、付け加えた。「日本側の資料が残っておらず、米国の公文書に頼るケースは原爆研究に限らない。残念だが、よくあることだ」

④米軍撮影写真

被害実態 鮮明に語る

7000点 海外で収集

終戦後の1945年秋ごろに広島を訪れた米海兵隊の法務官が、焼け跡に残る石柱を撮った1枚の写真。原爆資料館（広島市中区）学芸員の小山亮さん（39）がパソコン画面で拡大すると、石柱に掛けられた木板の墨書が、1文字ずつ輪郭を表してきた。「大手町国民学校　仮事務所」

「この正門の柱の奥にブランコも見えるんです」。小山さんたちが2017年、米バージニア州の米海兵隊歴史部で見つけた。大手町国民学校の焼け跡だと明確に分かる写真を同館が入手したのは、初めてだった。

大手町国民学校の焼け跡。門柱に「大手町国民学校　仮事務所」との看板がある。米海兵隊に所属していたクレイ・ニクソンさんが1945年秋ごろに撮影（米海兵隊歴史部所蔵）

被爆により廃校を余儀なくされたこともあり、この学校に関する現存資料はわずか。「広島原爆戦災誌」によると、爆心地から1・1キロの木造校舎が全壊全焼。児童35人が被爆死し、181人が行方不明あるいは連絡不能になった。

日本人写真家たちが被爆後の広島市街を撮影してはいるが、枚数は限られている。住居や家族を奪われた市民の多くは、写真どころでなく生きることに精いっぱいだった。一方で、米軍は終戦後に「日米合同調査団」や「戦略爆撃調査団」を相次いで広島入りさせ、原爆の軍事的効果を地上と上空から記録した。呉市などに駐留した英連邦軍も、広島市街を撮影していた。

場所や時期特定

同館は13年度、新資料の発掘を目指して39年ぶりに職員の海外派遣を再開。19年度までに米国、英国、ニュージーランドの軍関係の博物館などで写真資料を中心に7千点以上を集めた。

国や県の補助はなく、市の単独事業だ。限られた日程と予算で、資料をひたすら接写、スキャンする。帰国後に一枚ずつ、撮影場所や時期を特定させる。収集だけで終わらない。被爆前の写真と比べながら、原爆被害の実態という「空白」に迫っていく。

あの大手町国民学校の焼け跡の写真は、どうするのだろう。肝心の被爆前の写真は、原爆資料館に所蔵されていないという。

そこで記者が思い当たったのが、同校卒業生の掛井千幸さん（90）＝東広島市＝だ。現在の原爆資料館東館（中区）付近にあった旧天神町の自宅と両親を原爆で失った。校庭で級友とジャングルジムを取り囲む記念写真や、ブランコで遊ぶカットを大切にしている。

掛井さんが提供してくれた写真を示すと、小山さんは「学びやのたたずまいと、児童の笑顔が心に訴えかけてきます」と見入った。収集資料と市民の手元にある資料を結べば、「空白」は埋まっていく。

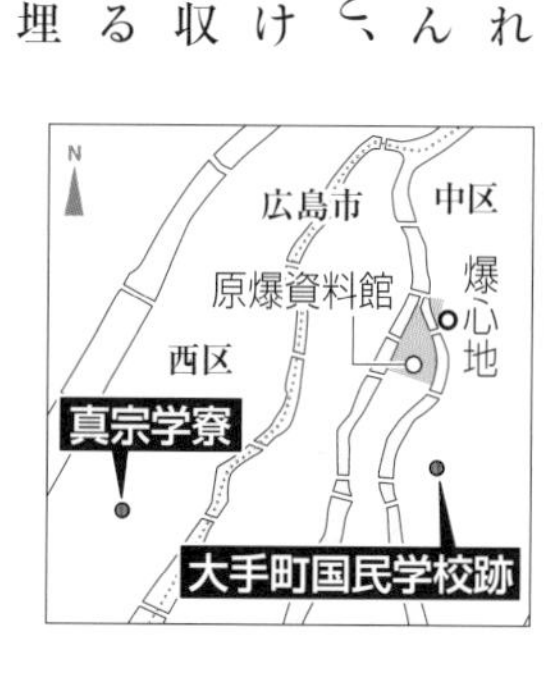

高精細の空撮も

海外で収集された写真は、思わぬ「発見」に貢献している。

浄土真宗の私塾「真宗学寮」（西区）。被爆後に臨時救護所となった木造の講堂と寮舎が現存する。被爆直後に学寮へ避難した村山季美枝さん（80）＝東京都文京区＝の体験証言をきっかけに、被爆建物らしい、との情報が市に寄せられた。

登録の可否を判断するため市から調査依頼を受けた原爆資料館だが、学寮の被爆状況がはっきりと分かる写真はなかった。鑑定の糸口になったのは、16年に米海軍歴史遺産部で収集した航空写真だ。低空で角度があり、高精細。拡大すると、爆心地から約2・6キロの講堂と寮舎が倒壊せずに残っていることが確認できた。19年10月、市の被爆建物台帳に加えられた。

村山さんに、その航空写真を見てもらった。「無残の一言。学寮の校庭に敷き詰められたむしろの上で、けが人がもがき苦しむ姿は耐えがたい光景でした」

もとは原爆の威力を誇る側が残した記録。米軍関係者の遺族から米海軍歴史遺産部へ寄贈された際、「引っ越し先に置き場所がない。関心がなければ捨てて結構」と手紙が添えられていたという。被爆地で、あの日の悲惨を伝える新資料になった。村山さんは、真宗学寮と航空写真が平和教育に生かされることを願う。

⑤戦勝国の兵士

遺品 焼け跡写す一枚

故人の手記添え寄贈

ダニエル・アカーソンさん

原爆資料館（広島市中区）に２０１９年度入館した外国人は、約52万３千人。新型コロナウイルスの感染拡大を受けて臨時休館するまでの11カ月間だけで、過去最多を更新した。

比例して、海外からの資料の寄贈も増えている。15年度以降で20件以上。特に、占領軍兵士が個人的に撮影した被爆後の市街地の写真を、遺族が寄せるケースが目立つ。平和博物館として、それだけ世界の注目を集めているからだろう。

どんな人が、どんな思いを込めて資料を寄贈しているのか―。インターネット上でやりとりを重ねた。

カナダの太平洋岸、バンクーバー島に住む元看護師、ダナカ・アカーソンさんは19年、写真８枚を同館に寄贈した。「核兵器禁止のために写真が役立てられる、と感激しました」。いずれも、米カリフォルニア州生まれの父ダニエルさん（12年に88歳で死去）が１９４５年11月ごろ撮影した。

「一生忘れない」

米海軍の機雷掃海任務に就いていた。戦争中、米軍と日本軍の双方が日本沿岸にまいていたからだ。船から上陸すると、カメラを手に歩いた。一枚は、中国新聞社の当時の社屋から撮ったとみられる八丁堀（現中区）。「すべてがれきと化していた。本当なんだ。一生忘れないだろう。説明の言葉も見つからない」。ダニエルさんは家族に書き送っている。

生前、戦争体験を語ることはなかった。「誰にも見つからないように撮影し、せっけんと鏡を使って現像したそうです」。晩年になり、わが子に写真を託した。

ダナカさんが写真を提供したきっかけは、めいの広島旅行だった。写真の複写を原爆資料館に持ち込むと関心を示された、と聞いた。「今なお世界で多くの命が奪われ続けているからこそ、資料館のような場は大切」とダナカさん。訪れたことのない広島を思いながら、ダニエルさんが生前「戦争屋たちに、決して核兵器を使わないだけの分別があることを願う」と家族に宛てた手紙の言葉をかみしめている。

米シアトルのポール・コーターさん（62）も、父ジョンさん（２０１５年に96歳で死去）撮影の写真８枚と本人の手記を17年に寄せた。ジョンさんは日本が無条件降伏した13日後から翌１９４６年まで、米駆逐艦で日本沿岸の監視業務に従事した。

その間、広島に上陸して本通り（現中区）周辺の焼け跡などを撮った。「痛ましい光景。軍用トラックの荷台に乗っていた皆が無言だった」。手記は、市内を回った日をこうつづる。

父の複雑な心情

ポールさんは、父が抱いていた複雑な心情を代弁する。「原爆投下によって日本本土の上陸作戦が避けられ、米兵の命が救われた、というこちらでは標準的な考えを持っていました。ただ、核兵器が二度と使われてはならない、との思いも強かった」。写真の寄贈は、「原爆の歴史が忘れ去られないように」という遺志をくんでのことだった。

軍国主義の日本と戦った戦勝国。「原爆投下が戦争終結を早め、大勢が命を落とさずに済んだ」とする肯定論は、歴史研究の大勢とずれてはいるが、今も根強い。しかし、一人一人が被爆地を歩きながら受けた衝撃と、胸に刻まれた思いは決して一様でなかった。

原爆資料館は、海外に職員を派遣し、米軍などが撮影した調査用の記録写真を収集している。遺族が寄せた個人撮影の写真を見れば、記録写真とそう変わらないカットも実際にはある。大きな違いは、往々にして故人の手記が添えられていることだ。モノクロの画像データに、焼け野原での体験から絞り出された肉声が焼き付けられている。

ジョン・コーターさん

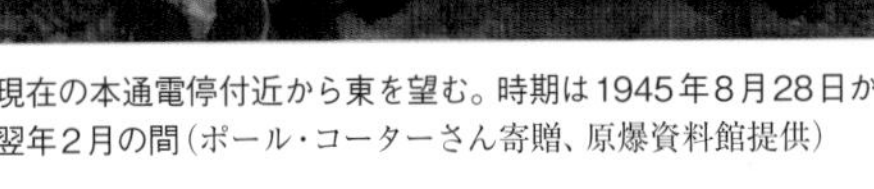

現在の本通電停付近から東を望む。時期は1945年8月28日から翌年2月の間（ポール・コーターさん寄贈、原爆資料館提供）

⑥被爆者手帳の申請書

保存基準なく廃棄も

守るべき「歴史文書」

被爆者健康手帳の交付制度は、被爆者が国から救済されずにいた援護の「空白」を経た1957年、旧原爆医療法に基づいて始まった。紫がかった表紙の小さな冊子。手当を受給したり、無料の健康診断を受けたりするために必要となる。

「原爆が落ちた時の状況はどうでしたか」「落ちた後の行動は」「家族の状況は」…。手帳の交付申請書には、被爆の状況や被爆した家族の名前、死亡日などが記されている。初期は現在よりも簡素だったが、旧原爆特別措置法ができた68年前後から詳細になった。

最も多かった80年度末の手帳の所持者は、全国で約37万2千人に上る。申請書は比類なき原爆資料と言っていい。しかし、保存をめぐる現状はおぼつかない。

手帳の制度は厚生労働省の所管だが、47都道府県と広島、長崎両市が申請書の受理、審査、交付などの業務を国から受託している。長期保存の統一ルールはないという。厚労省被爆者援護対策室の小野雄大室長は「各自治体で公文書保存の考え方は違うため、国が『こうすべきだ』と示したことはない」と話す。

「5年」や「永久」

広島県は、古くなった申請書を県庁舎から県立文書館に移して保管するなどして「永久保存」している。一方で、49自治体すべてに問い合わせると、部分的に廃棄・散逸が進んでいることが分かってきた。

「保存期間が過ぎれば廃棄」と答えたのは2県だった。青森県は、文書管理規定の原則が「5年」。担当課によると、10～15年前までの申請分は一部あるが、既に相当数が失われている。山梨県は「30年で廃棄」。両県は、基本事項だけを書き写した「台帳」を、現行の被爆者援護法の施行規則に基づき残している。

他の自治体は「廃棄していない」との回答だった。ただ、少なくとも7県で「古い文書はない」。群馬県は74年以前の分が、香川県は84年より前の一部が所在不明という。

「将来の扱いは未定」の自治体も複数あった。「30年」を延長させている兵庫県は「県内の被爆者がゼロになり、援護業務がなくなったらどうするか、再検討が必要」。やはり「30年」の神奈川県も同様の見解だ。両県とも、かつて手帳所持者が6千人以上いた。各地にある多数の被爆者関係の文書が、将来は宙に浮くかもしれない。

国の一貫した方針がないまま欠落していく資料。原爆手記を研究する広島女学院大の元教授、宇吹暁さん(73)は「国も地方も、実務で不要になっても紙くずではなく『歴史文書』として保存するべきだ」と警鐘を鳴らす。

手帳の申請書類の廃棄は、原爆被害の実態という「空白」を埋める重要資料の喪失をも意味する。

調査の情報源に

広島の45年末までの原爆犠牲者は「14万人±1万人」と推計されている。市は、犠牲者の名前を積み上げる「動態調査」を地道に続けているが、2019年3月末現在で8万9025人だ。

手帳の申請書は、調査の貴重な「情報源」となっている。ただ、生かされているのは広島市保管分と、広島県の古い書類だけ。県外分はいまだに盛り込めていない。国が重い腰を上げて1985年と95年に全国の手帳所持者を対象に死没者調査を行っており、その際得られたデータを反映したにとどまっている。

申請書はさらに、生前に体験手記などを残していない人の被爆状況を知る手掛かりにもなる。本人と一部の家族を除き非開示ではあるが、宇吹さんは「100年後、200年後を見据え、市民が被爆した家族の歴史をたどることができる保存態勢が必要だ」と指摘。広島関係分を国立広島原爆死没者追悼平和祈念館（広島市中区）に集約させることなどを提案する。

場当たり的でない、歴史と向き合う誠実さを伴った文書管理の姿勢が問われている。

広島県の古い被爆者健康手帳の交付申請書が保存されている県立文書館。1957年度分から75年度分までが並ぶ

⑦解散団体の記録

各地の歩み 無二の財産

散逸歯止め瀬戸際

地域住民の活動拠点としてオープンした市民生活協同組合ならコープ（奈良市）の「コープふれあいセンター六条」。組合員や子どもが集う施設の1室に2019年秋、「ならコープ平和ライブラリー」が併設された。

平和を伝える絵本類とともに、06年に解散した奈良県原爆被害者の会（わかくさの会）が63人分の被爆体験を収録した3冊の手記や、活動当時の会報誌など計300点を置く。

奈良市内に住む入谷方直（まさなお）さん（46）が、15年ごろから県内の被爆者や遺族を訪ねて集めた。「被爆者が心の傷を抱えながら苦しみ、生きたことが伝わってきます」。平和活動に熱心に取り組むならコープが、スペースを提供してくれた。

「わかくさの会」が刊行していた手記集を手に、ならコープの関係者たちに「被爆者の声を残していかなければ」と話す入谷さん㊨

入谷さんは、広島市で生まれて1歳で県外へ引っ越したが、毎夏市内の祖母宅に母と帰省していた。ヒロシマは身近だった。本職は、美術院国宝修理所（京都市）の主任技師。12年に始まった被爆建物の国宝・不動院金堂（広島市東区）の修理事業で、国重要文化財「木造薬師如来坐像（ざぞう）」を担当した。

奈良で被爆地とつながることはできる―。まず地元の被爆者について調べた。「わかくさの会」の被爆者や遺族を訪ねると、多くが手元の書類を処分してしまっていた。「散逸」を肌で痛感した。

入谷さんは広島市に3年間通い、市が養成する「被爆体験伝承者」の認定を受けた。「被爆者一人一人の人生を記し、残したい」。資料収集と被爆体験の聞き取りを続けている。広島女学院高女4年の時に被爆した井上ヨネさん（90）＝奈良市＝は「被爆者にとって、入谷さんやコープは大きな存在です」と話す。

高齢化で困難に

全国各地の被爆者団体の資料は、広島と長崎から離れた地で支え合ってきた活動の記録であり、被爆者運動の戦後史をたどる歴史資料ともいえる。今、次世代に引き継がれるかどうかの瀬戸際にある。被爆者健康手帳を持つ被爆者の平均年齢は、19年3月末現在、82・65歳。解散が相次ぐ。

約15年前に解散した尾道市の「瀬戸田町原爆被害者の会」の梶川春登（はると）元会長（92）は、慰霊碑建立の趣意書や設計図などの大半を焼却した。「犠牲者の無念をくんで慰霊碑を建てたことで、自分の役割は果たせたと」。高齢者にとって、山積みの資料を整理し、受け入れ先まで探す作業は並大抵でない。

そんな状況を知る入谷さんが「困ったら相談を」と話すNPO法人がある。作家大江健三郎氏らが発起人となり11年12月に発足した「ノーモア・ヒバクシャ記憶遺産を継承する会」だ。

NPOが受け皿

同会の拠点の一つ、さいたま市南区の資料室を訪ねた。「団体の解散で資料がなくなり、歴史が途絶えるのは寂しい。次代への受け皿をつくらねば」。本や書類の山に囲まれながら、同会事務局の栗原淑江さん（73）＝東京都荒川区＝が話した。1980年から約10年間、被爆者団体の全国組織である日本被団協の事務局員を務めた。

東京都内との計3カ所に、被団協や個人から託された運動資料や証言集など約1万点を収集、保管している。さらに、閲覧もできる拠点として「継承センター」の建設を目指し、募金を呼び掛けている。

同会は、入谷さんの活動を「継承のモデルケース」として支援しながら、資料散逸の歯止め役として奮闘している。和歌山県で2015年、栃木県で18年に解散した被爆者団体から、発行紙などを受け継いだ。

さいたま市の資料室で、被爆証言集などのデジタル化の作業をする栗原さん

各地で被爆者たちが自ら残した資料は、広島と長崎の原爆資料館にもない唯一無二の財産―。「民間と国が知恵を出し合い、将来につなぐべきもの」と栗原さん。だが国の財政支援はない。市民が手弁当で懸命に支えているのが現状だ。

⑧「原本」の重み

屋外動員 教師は反対

肉筆・肉声 生々しく

広島県立文書館（広島市中区）は、県の元職員と遺族ら合わせて422人が45年前に寄せた原爆手記の原本を所蔵する。爆心地から約900メートルの木造庁舎は壊滅。職員1141人が犠牲になり資料の多くが焼失した。それだけに手記は、被爆前の県政を知るための貴重な記録といえる。

122人分が1976年に「広島県庁原爆被災誌」として刊行された。広島では、学徒約7200人が原爆に命を奪われ、うち8割が建物疎開に動員されていたとされる。一体どんな経緯があったのか。戦争の中で「まっとう」な声がどう押し切られたのか。一部は抜粋ながら、実情が垣間見える。

学徒勤労動員本部が置かれた県の兵事教学課に勤めていた長谷川武士さん（93年に90歳で死去）は、45年7月初旬に軍、県、市と各校の代表者による協議に出席した。防火帯の空き地を作るため、市中心部で民家を強制的に壊す建物疎開作業について話し合われた。

少年少女の建物疎開作業動員に関する協議を回顧する長谷川さんの手記の原本。赤字は被災誌に載せる際に県が編集した跡とみられる（広島県立文書館所蔵）

長谷川武士さん

広島市では44年11月の内務省告示を受けて始まっていた。中学1、2年生たちまで動員するのか―。米軍空襲への危機感が増していた時期。学校関係者は、避難の困難さなどを理由に反対した。すると「軍責任者は軍刀で床をたたきながら、作戦遂行上幼少な学徒の出動は当然であるとして、（県の）内政部長に決断を迫った」。

割愛された述懐

元教員たちでつくる「建物疎開動員学徒の原爆被災を記録する会」の佐藤秀之さん（75）＝南区＝は「悲劇の裏にあった教師たちの憂慮、軍の強圧的な姿勢がよく分かる」と話す。

佐藤さんたちは2004年、長谷川さんの手記の原本を原爆資料館の企画展で見つけた。同年、子どもが教室から動員されていった背景を伝える冊子「慟哭の悲劇はなぜ起こったのか」を作り、展示公開された部分を活字にして載せた。

1976年刊行の被災誌では割愛された述懐が、原本では生々しい。学校関係者は「口を揃えて危険だと極力反対」したこと。軍刀で床をたたいたのは「○○中将」だったこと。会の調べでは、中国軍管区の司令官らしい。県内政部長は「沈思黙考」し、やむなく出動を決めたという。結局、2人とも被爆死した。

筆者索引づくり

記者はさらに、長谷川さんの遺族から承諾を得て原本の全文を読んだ。「今日の判断では、出動拒否が正当で、学徒を強く守るべき」だったと悔恨していた。戦前は小学校長、戦後は大学職員を務めた長谷川さんが次世代に伝えたかった教訓といえる。一次資料の「原本」を網羅してこそつかめる事実がある。

長谷川さんの手記を載せた冊子を手に、学徒の動員の背景を知る重要性を訴える佐藤さん㊧たち

75年前にすでに「大人」だった人の体験を聞くことは、年々難しくなっている。県立文書館は、県の被災誌に未掲載の300人分を含めたすべての筆者の索引づくりを始める考えだ。

広島高等師範学校付属中（現広島大付属中・高）1年で被爆した新井俊一郎さん（88）＝南区＝は2020年1月、古いカセットテープの音声をCDに移した。1981年に恩師9人を招いて開いた「座談会」を録音した、約5時間分の音源だ。

新井さんたち同校の1年生は、広島市から離れた原村（現東広島市）へ「農村動員」となった。「低学年の諸君を、食糧増産の名目で」「それは、県の命令に一種異なった立場がとれた国立のありがたさ…」。動員の受け入れ先を探した故宮岡力教諭たちが、事実上の疎開になるよう苦心した経緯をいずれも落ち着いた声で教え子に明かしている。もちろん、空襲を警戒してのことだった。

座談会の概要は同級生と84年に刊行した「昭和二十年の記録」に載せた。「生徒の『全滅』を免れたのは、恩師の英断と苦闘のおかげだ。後世の人に、全編を通して知ってほしい」。CDを母校の同窓会などに託すつもりでいる。

⑨被服支廠

手記や遺品 国・市にも
建物と共に継承を

広島県が南北に並ぶ3棟を所有する旧陸軍被服支廠。県の原案では、最も奥の1号棟だけを外観保存し、2号棟、3号棟は解体する

1913年にできた赤れんがが張りの巨大な倉庫4棟が、L字形に並ぶ。広島市南区の被爆建物「旧陸軍被服支廠（ししょう）」。爆心地から約2・7キロで焼失を免れ、直後から臨時救護所になった。大陸への出兵地となった「軍都」の記憶も刻まれる。

3棟を持つ広島県は2019年12月、劣化などを踏まえて「2棟解体、1棟の外観保存」の原案を公表した。1棟を持つ国も保存に後ろ向きな姿勢を取ってきた。だが市民団体「旧被服支廠の保全を願う懇談会」は、全棟保存を強く求めている。4棟の高い歴史的価値を知ってもらおうと、20年3月に冊子「赤レンガ倉庫は語り継ぐ」を刊行した。

冊子編集に合わせ、市民から資料を募った。内藤達郎事務局長（78）＝佐伯区＝は「これまで知られていなかった資料がいくつも寄せられ、驚きました」。軍服の縫製工場内の写真から、一時は数千人が勤めたとされる戦前の姿が伝わってきた。原爆で校舎を失った学校が教室に使っていた、復興期の一枚も残っていた。

国と市の施設にも、関連資料は多く存在する。

国立広島原爆死没者追悼平和祈念館（中区）は、被服支廠にまつわる記述がある体験手記600編以上を所蔵する。「被服廠の保育所で砂遊びをしていてピカーと」（当時3歳男性）「朝鮮人の若い男の子が泣きながらお姉ちゃん扇であおいでという叫び声」（当時19歳の工員女性）。国が95年度の「被爆者実態調査」で募った手記の原本が中心だ。

多数の「体験者」

原爆資料館（同）も同様だ。被服支廠で大やけどの遺体となっていた動員学徒のゲートル、ズボンの切れ端といった「実物資料」が収蔵庫に眠る。遺体が火葬される様子などを体験者が後に描いた「原爆の絵」は14枚。惨状を「倉庫の記録」につづった原爆詩人、峠三吉の当時の日記もある。

市が台帳に登録している市内の被爆建物は86件。その中で戦前、被爆時、戦後を通してこれほど関連資料が伴う例はほとんどないだろう。大人数が出入りしていた巨大施設ゆえ「体験者」が多いのだ。

県の試算では、耐震化と内部の活用を最大限に行う場合は「1棟33億円」で、外観保存だけなら4億円。懇談会は、国、市を加えた三者の連携強化を要望している。費用捻出のため、というだけでない。三者が資料を持つ「当事者」でもあると自覚し、市民や国内外から広島を訪れる人、将来世代にどう継承すべきか、知恵を絞るよう求めている。

固有の記憶刻む

県の原案は、最も北にある1号棟の外観保存と2、3号棟の解体だ。三つとも「同じような倉庫」と思われがちだが、戦争と原爆を巡ってそれぞれに固有の記憶が刻まれている。

「負傷者で足の踏み場もない」「吐瀉（としゃ）や下痢の跡がいっぱい」「一人また一人と息を引き取り」…。被服支廠にいた元動員学徒がそろって強調するのは、2号棟の惨状だ。物資がなく内部が空いていたためむしろがひかれ、広島一中（現中区の国泰寺高）1年生たちが収容された。

救護した佐藤泰子さん（92）＝廿日市市＝は、息絶え絶えの生徒たちの姿を「原爆の絵」に描いた。懇談会の聞き取り調査に「全身が焼けただれ、服はきちんと身に着けていませんでしたが、あまりにふびんで、丁寧に着せた姿で描きました」と明かした。「水、水ください」と倉庫に反響した少年の叫び声を思い出すと、今でも胸が張り裂けそうになるという。

佐藤さんが被服支廠の倉庫で水を求める広島一中の生徒たちを2002年に描いた「原爆の絵」（原爆資料館所蔵）

あの日、あの空間に身を置いた人たちによる手記・絵や、犠牲者が身に着けていた遺品の数々。原爆を耐えて残る倉庫群という「現場」で目に触れることができれば、誰もが「この足元で起こったこと」を全身で受け止めるだろう―。そう思えてくる。県など三者に市民が加わって「知恵を絞る」ことが不可欠だ。

⑩被爆者の「終活」

痛みや歩み「継承を」

文書受け入れに課題

1階の書庫と和室、2階の書斎、庭の物置。どこも大量の資料であふれている。床が抜けるのでは、と心配になるほどだ。一部は段ボール箱に収められてラベルが貼ってある。

積み重ねた記録

被爆者で元教師の森下弘さん(89)=広島市佐伯区=は、自宅で資料整理を進めている。「確かな事実や記録を、と常に集めてきましたが…」。穏やかな声で語る。子ども3人は離れて住んでおり、妻常子さん(85)と2人暮らしだ。

新聞の切り抜き、蔵書や手帳に、苦難を重ねながら世界とつながった被爆者、そして平和教育に心血を注いだ教師としての歩みが刻まれている。個人史を超え、ヒロシマの戦後史の記録でもある。

森下さんは広島県立広島第一中学校(現中区の国泰寺高)3年だった14歳の時、爆心地から約1・5キロで強烈な熱線に襲われ顔や手足を焼かれた。母は被爆死した。戦後は結核を患う。広島大を24歳で卒業して書道教師の道に進んだが、生徒の前では顔のケロイドが気になり、内向的になりがちだった。

転機は、結婚して長女が生まれた1963年。純真な寝顔が、焼け野原に転がっていた黒焦げの幼児と重なった。「あんなことが再びあっていいのか。自ら動かないと」。前年の「キューバ危機」で、世界は米ソ核戦争を恐れていた。

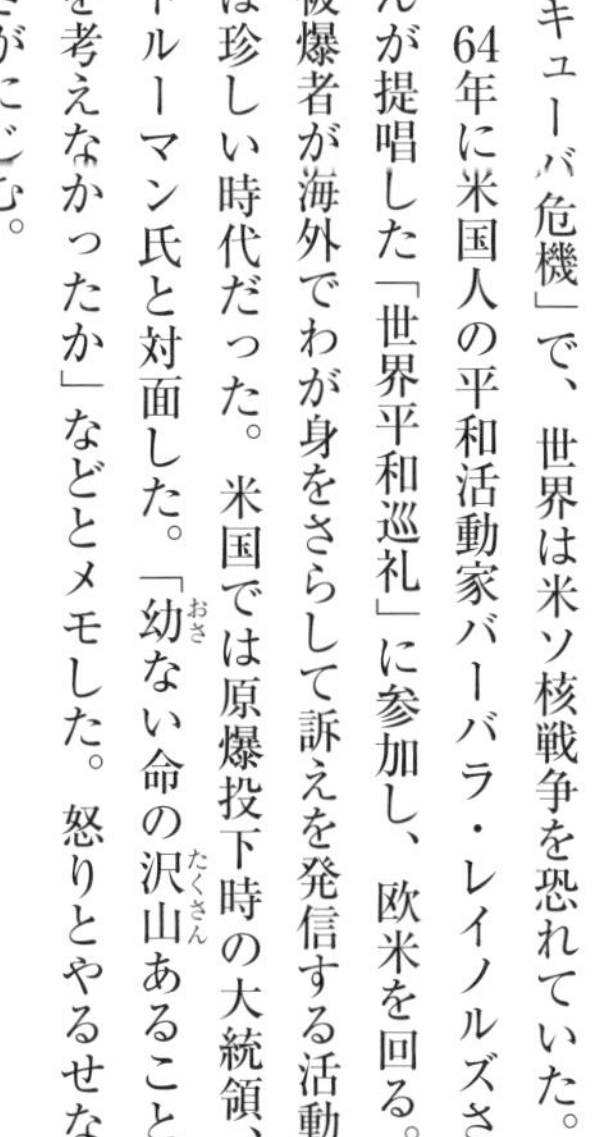

64年に米国人の平和活動家バーバラ・レイノルズさんが提唱した「世界平和巡礼」に参加し、欧米を回る。被爆者が海外でわが身をさらして訴えを発信する活動は珍しい時代だった。米国では原爆投下時の大統領、トルーマン氏と対面した。「幼ない命の沢山あることを考えなかったか」などとメモした。怒りとやるせなさがにじむ。

レイノルズさんが65年に創設した平和発信と国際交流の拠点、NPO法人ワールド・フレンドシップ・センター(WFC)=西区=に当初から関わり、理事長を長年務めた。書棚には議事録やニュースレター約70冊が並ぶ。かたや平和教育の書類も膨大だ。「高校の教科書に原爆記述が少ない」と疑問を持ち、教材研究に没頭した。30代で一人で始めた「高校生の平和意識調査」は広島県内外に広がった。回答シートの原本に、若者の関心を巡る戦後の変遷が読み取れる。

自宅の書庫で原爆・平和関連の資料を整理する森下さん

森下さんは、広島一中時代の同級生35人の意識調査も重ねた。45年8月6日、一人一人に何が起こったのか。生存者は何を考えてきたのか―。被爆体験とその後の生き方を問うた。生徒353人、教職員16人が犠牲になった母校の原爆被害の全体像を明らかにする作業だった。「被爆体験を持つ者がいなくなった時代に役立ててもらいたい」と森下さんは願う。

行き場なく廃棄

「終活」で資料を整理している被爆者は、ほかにもいるだろう。ただ、個人資料は公的機関での受け入れが難しい場合がある。本人や家族が廃棄してしまうことも少なくない。他者に明かせない、心身の痛みを記しており「見られたくない」という気持ちも働く。

広島大原爆放射線医科学研究所(原医研)で文書管理を担う久保田明子助教(49)は、事情の複雑さを十分に知った上で「できるだけ個人の『語りたくない』という思いも含めて伝えることが、被爆体験の次世代継承になるのではないでしょうか」と指摘する。

資料という、時を超えて残るべき「証人」。新たな発見がある一方で、散逸や廃棄が進む。「資料の欠落は後々になって、事実が『なかった』という証拠にされかねない」と久保田さん。ヒロシマの「空白」が将来さらに広がらないための努力が、今の世代に課された宿題ではないだろうか。

COLUMN ③

資料保存 オール広島で

経年劣化や散逸が危ぶまれるさまざまな原爆関連の資料の中でも、特に対策が急がれる医学資料。広島の関係機関が協力して未来へ継承するため、新たな役割を期待されている枠組みがある。広島県、広島市と、8医療・研究機関でつくる放射線被曝(ひばく)者医療国際協力推進協議会(HICARE＝ハイケア)だ。

被爆地広島で積み重ねられた経験を「世界のヒバクシャ」の医療に役立ててもらおうと、1991年に設立された。広島大原爆放射線医科学研究所(原医研)、放射線影響研究所(放影研)、広島赤十字・原爆病院、広島原爆障害対策協議会―。広島原爆に関連した医学資料を持つ、主な4機関のすべてが加わっている。

これまでの活動は、原発事故の被災地域などで活動する医師たちに広島の知見を伝える研修の実施などがメーンだった。最近、その知見の基盤となる被爆医療の資料を次世代につなぐ「アーカイブズ」構築の必要性を指摘する声が出ている。2021年2月の設立30年記念のシンポジウムで、原医研の田代聡所長がこの取り組みを提案し、賛同意見も出た。

すでに原医研と放影研は、歴史文書の保存に連携して取り組み、横断的に公開するデジタル・アーカイブズを作る計画を進めている。原医研が「米軍返還資料」の病理標本をデジタル画像にして残す費用を確保するために募ったクラウドファンディング(CF)は、20年9月末までに全国約270人から目標額を超える計460万9千円が集まった。

劣化・散逸への危機感が増す中で出てきた保存への新たな動き。平和行政に携わる県市も進んで関わって、HICAREの枠組みを生かした「オール広島」の活動に広げていくべきだろう。原爆に関わる資料保存が国家的急務と指摘されながら、十分な施策を講じてこなかった日本政府の積極的な後押しも不可欠だ。

広島大原医研の設立60年の企画展で所蔵資料を説明する久保田明子助教。被爆直後の健康調査票などの経年劣化が課題になっている(2021年3月)

第4部

「国の責任を問う」編

NEWS

中国新聞
2020.5.18付

原爆犠牲「米に賠償責任」

1979年厚相諮問機関で元外務省局長

請求権放棄 政府弔慰求める

故西村熊雄氏

国の被爆者対策の基本理念を議論するため1979～80年に設けられた厚生相（当時）の私的諮問機関で、サンフランシスコ講和条約の交渉担当だった元外務省条約局長が「国際法に違反する原爆投下による人命の破壊に対し、米国は損害賠償責任がある」との考えを述べていたことが分かった。同時に、対米請求権を同条約で放棄した日本政府に死没者と遺族への施策を講ずるよう求めた。しかし、発言内容は意見書に反映されなかった。

47～52年の条約局長で、57年に退官した故西村熊雄氏。国が開示した議事録から明らかになった。橋本龍太郎厚相だった当時、有識者7人が非公開で議論する「原爆被爆者対策基本問題懇談会」（基本懇）に、国際法の専門家として「元フランス大使」の肩書で参加した。

日本被団協などは当時から現在まで、日本政府による死没者への補償としての弔慰金支給や、原爆投下の違法性を訴え続けている。一方で国は「違法ではない」との見解を示していた。西村氏は元政府関係者ながら、被爆者団体と一定に重なる意見を持っていたことが読み取れる。

西村氏は79年7月の第3回会合で、米国の原爆投下による「数十万に及ぶ人命の破壊」は「不必要な苦痛」を与える兵器の使用などを禁じた戦時国際法に反しており、「（不法行為への）賠償責任があると断言できる」と述べた。米国に被害者救済を求めてこなかった日本政府に「最大限可能なる限りの救済措置」を求めた。

また、政府の被爆者対策が生存者に対象を絞っている点を問題視。弔慰を表すための個別給付を念頭に、「あの瞬間に死んだ何十万という方ないし遺族に何かをやるべきじゃなかろうか」とした。

西村氏は委員在任中の80年11月に死去した。後半の会合は欠席していたとみられる。西村氏が亡くなった翌12月、基本懇が園田直厚相に意見書を答申。国民は戦争被害を等しく我慢しなければならないという「戦争受忍論」に依拠して、弔慰金支給などの案を事実上退けた。

意見書は、94年成立の被爆者援護法の内容を方向付けた。現在も被爆者援護の指針であり続けており、「原爆の最大の被害者」（日本被団協）と言われる被爆直後の犠牲者たちと遺族への個別補償は実現していない。

議事録は2009年に報道機関の情報公開請求で大半が開示されたが、国は発言した委員の名前を伏せていた。今回、広島原爆の「黒い雨」訴訟原告側弁護団の請求で、発言者名も開示された。

基本懇第3回会合での西村熊雄氏の発言について、山田寿則・明治大兼任講師（国際法）は「核兵器使用をめぐる一般論ではなく、広島と長崎での原爆使用について国際法違反であると捉え、米国に賠償責任があるとの考えを述べている。戦後の日本政府の主張とは明確に違う」と指摘する。

もともと日本政府は終戦前の1945年8月10日、原爆使用は戦時国際法であるハーグ陸戦法規に違反するとスイスを通じて米国に抗議していた。「無差別性残虐性を有する本件爆弾を使用せるは人類文化に対する新たなる罪悪なり」—。その非人道性を糾弾した。

しかし戦後の占領期を経て、日本の態度は一転。被爆者が原爆投下の違法性を訴え、米国への請求権を放棄した日本政府に損害賠償を求めた「原爆裁判」（55年提訴）では、政府は「原爆使用を規制する法がなかった」などと反論。63年の東京地裁判決は賠償請求を退けたが、広島・長崎への原爆投下は国際法違反だとした。日本政府はその後もなお、「国際法違反」と明言してはいない。それどころか、米国の核抑止力に依存する安全保障政策を堅持している。

山田氏はまた、西村氏の発言について「死没者救済に同情的な点も注目される」と強調する。戦後、原爆を使った米国との交渉を担った元外務省幹部が、死没者補償を求める被爆者団体と一定に重なる見解を述べていたという埋もれた事実を伝える点でも「興味深い発言記録だ」と話している。

2020年5月18日～31日掲載

〈特集〉被害の全て 償われたか

今なお、原爆犠牲者の実際の人数は分からず、おびただしい数の「帰れぬ遺骨」が被爆地や周辺の供養塔、地中に眠る。なぜなのか。街ごと壊滅させる無差別殺傷兵器による被害だったことに加え、戦後を通じた日本政府の姿勢が影を落としているのは明らかだろう。犠牲者と生存者、双方の被害者に対し、責任を持って「償う」ことをしてこなかったからだ、と被爆者団体は批判してきた。被爆者運動の歩みと、ちょうど40年前に出された旧厚生相の私的諮問機関の意見書や議事録を出発点に、国の不作為と被害の「過小評価」が生んだ「空白」を追う。

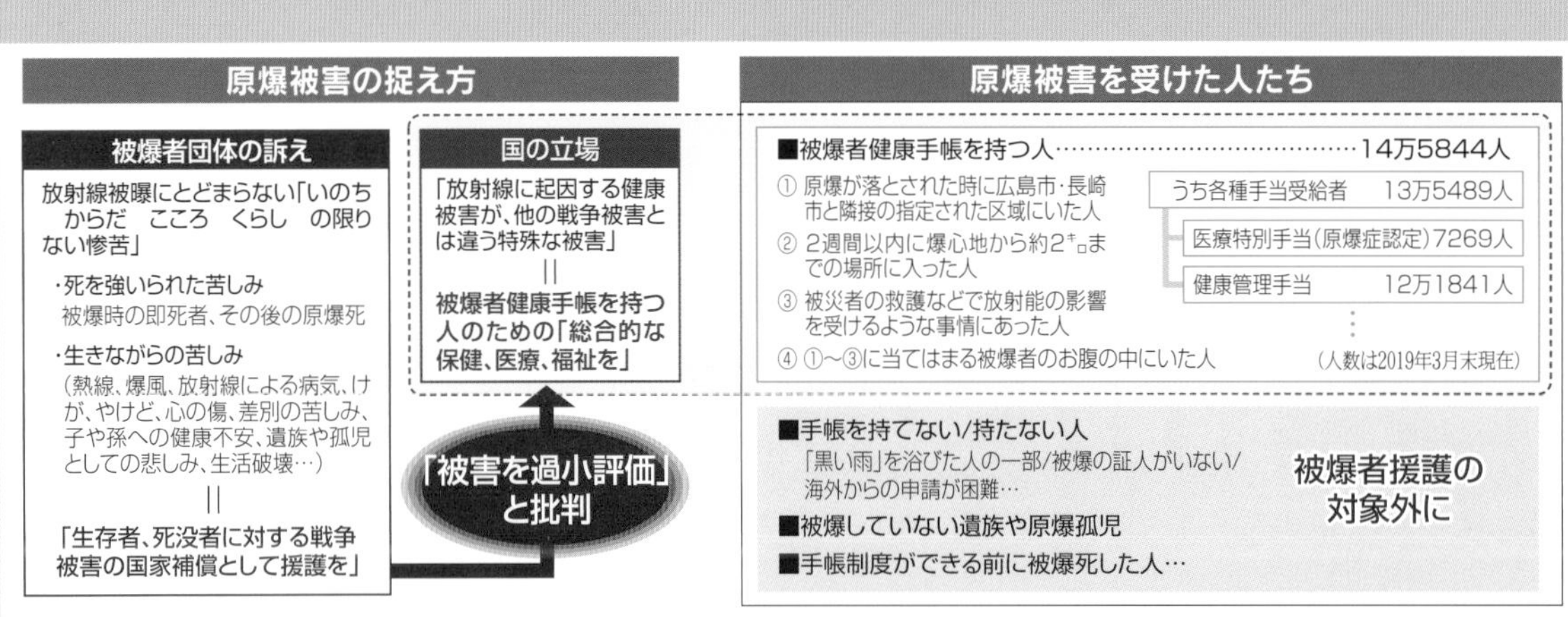

死没者への救済 国は放置
生存者援護も限定的

「原爆の最大の被害者は原爆死没者です」「遺骨さえも家族の元に戻ることができません」

被爆者団体の全国組織である日本被団協は2011年6月、「原爆被害者は国に償いを求めます」と題した政府への要望書をまとめた。被爆者援護法を改正し、原爆犠牲者への「償い」「補償」となる施策を進めるよう迫る内容だ。

作成に携わった田中熙巳（てるみ）代表委員(88)＝埼玉県新座市＝は長崎で被爆し、祖父や伯母たち親族5人を亡くした。「死没者は、私たち以上に見捨てられてきた。無残に命が奪われるのを見た者として、『あの人たち』を絶対に放っておけない」

日本被団協は、原爆関係の法律がまだなかった1956年に結成。生存者の救済だけでなく、被爆直後の即死者や戦後早い時期の犠牲者についても国が早急に調査し、遺族への弔慰金支給などを進めるよう強く訴えてきた。

戦争を遂行した日本と、原爆を投下し国際法に違反した米国の両方が、被害に責任を負っている。サンフランシスコ講和条約で対米請求権を放棄した日本にとって、被爆者を放置せずに救済すべき責任はなおさら重い。戦争で被った被害への償いとして、生存者、死没者の両方を救済すべきだ―。

田中さんは「お金じゃない。償いは、原爆、戦争被害を決して繰り返させないという国の誓いになるはずだ」。被爆者運動の根幹をなす訴えといえる。

一方、国は被爆から12年後の57年になって、被爆者対策として初の法律である原爆医療法を施行。原爆投下時にいた場所などの要件を満たす生存者に、被爆者健康手帳を交付しはじめた。その後、被爆者特別措置法との「原爆2法」で諸手当などを拡充していった。ただし、それは「健康の保持と増進、並びに福祉」。病気や生活に困る生存者の社会保障だ。特別手当などの受給条件を「放射線被害」に限っていた。

では、死没者と生存者の多岐にわたる被害に、国が補償する責任は認められないのか。「国の完全な賠償責任は認められない」としたのが80年12月に厚生相の私的諮問機関「原爆被爆者対策基本問題懇談会」（基本懇）が答申した意見書だった。

有識者7人の委員からなり、被爆者行政の基本理念を話し合うため設置された。韓国人被爆者の孫振斗（ソンジンドゥ）さんが提起した訴訟の最高裁判決が契機だった。原爆被害は「戦争という国の行為でもたらされた」のであり、原爆医療法には「国家補償的配慮が根底にある」。政府方針の「社会保障」よりも明らかに踏み込んだ司法判断だった。

基本懇は結局、戦争被害は「国民がひとしく受忍しなければならない」ものだとして従来の施策をおおむね追認し、死没者への弔慰金などの案も事実上退けた。被爆者たちは「戦争被害を我慢することなどできない」などと激しく反発した。

基本懇答申から14年後の94年、原爆2法に代わる被爆者援護法が成立

広島県商工経済会（現広島商工会議所）の屋上から見た広島県産業奨励館と爆心地付近（1945年11月米軍撮影、原爆資料館提供）

した。本来、被爆者の長年の悲願のはずだったが、基本懇の答申が色濃く反映された。原爆投下直後、あるいは戦後早い時期に亡くなった犠牲者一人一人に対する「補償」は、実現しないままだ。

原爆は、放射線と熱線、爆風が複合的に病気やけがを引き起こす。しかも、放射線被曝(ひばく)の影響は未解明の部分がある。心の傷や戦後の生活の苦難、子や孫の健康への不安なども生涯背負う。遺族や孤児は、被爆せずとも塗炭の苦しみを味わった。多くの在外被爆者が、援護から置き去りのまま亡くなった。そもそも、声なき死者の苦しみはいかばかりか。

命、暮らし、心と体。すべてにわたるのが原爆被害―。身をもってそう証言し続ける生存者も、高齢化が進む。

被爆者対策に関する基本懇の意見書骨子

■原爆被害は、放射線障害という一般の戦争被害と比べて際立った特殊性を持つ
■国は広い意味での国家補償の見地に立って措置をすべき
■ただ、他の戦争被害者との不均衡が生じず、国民的合意が得られる範囲内にとどめるべき
■戦争による犠牲は国民が平等に受忍しなければならず、国の不法行為責任を追及して救済を求める道は開かれていない
■死没者への弔慰金、遺族年金は他の戦争被害者との均衡を無視することになる
■被爆地域拡大は科学的・合理的根拠のある場合に限定を

基本懇議事録

厚相「国家補償が一般の戦災犠牲者にも拡大 恐れていた」

被爆者の訴えと「ずれ」端々に

国の被爆者行政の方針を議論した「基本懇」は、1979～80年に計14回の会合を重ねた。茅誠司・東京大名誉教授（物理学）を座長とする、別名「7人委員会」。国が開示した議事録から、被爆者らの訴えと大きくずれた結論に至った経過が読み取れる。

「特殊兵器の原爆によって生命や健康に被害を残したことを国家補償の対象にすると、一般の戦災犠牲者にも広がりはしないかと大変恐れていた。そういうことで『特別な社会保障』という定義にこだわってきた」。初会合で橋本龍太郎厚相（当時）が語っている。

戦争被害への補償、という位置付けになれば、空襲など他の戦争被害の補償問題に波及しかねない―。被爆者対策を、「特殊」な放射線の健康被害に対する「特別な社会保障」とした国の意図がよく分かる。

序盤は、死没者への補償に一定の理解を示す声があった。元フランス大使の西村熊雄氏のほか、議論の中心を担った元最高裁判事の田中二郎氏も、原爆犠牲者に限った弔慰金を支給しても「十分理屈は立つ」と発言。ただ、原爆の熱線に焼かれて即死した人と、沖縄戦や無差別空襲の猛火に焼かれて死んだ人との間に格差をつけることを説明できるのか、議論になった。

後半時期になると、厚生省の担当者の介入が増える。「国家補償と書くことを少し緩めてほしい」「大蔵省（現財務省）は、特別な社会保障にしてくれと言うに違いない。戦後処理に弾みがつく危惧がある」。他の戦争被害への補償問題に発展することを、財政負担の面から強く懸念していた。

意見書は結局、被爆者対策を「広い意味における国家補償」と表現しつつ、数々の「歯止め」をかけた。放射線の健康障害についてのみ「特別の犠牲」とし、「他の戦争被害者への対策との著しい不均衡」にならない範囲内で相応の補償を行うべきだとした。だが、弔慰金などは「均衡」を無視することになると否定。在外被爆者対策も視野の外だった。日本被団協などは「原爆被害だけでなく、ほかの戦災にも援護を広げることで解決すべきものだ」と抗議した。

田村和之・広島大名誉教授（行政法）は「座長が『放射能の影響は15、16年でほとんど消えている』と語るなど、誤った知識で原爆被害を小さく評価する発言も目につく。意見書は今も国の被爆者行政の太い指針であり続けている。問題点をいま一度考えるべきだ」と話している。

原爆被害への「国家補償」要求と被爆者援護法を巡る動き

1945年8月6日•米軍が広島に原爆投下
9日•米軍が長崎に原爆投下
15日•日本、無条件降伏

年月	国側の動き	被爆者運動の歩み
1952年4月	サンフランシスコ講和条約発効（国家間の戦争賠償請求権を放棄）	
56年5月		広島県被団協結成
8月		日本被団協結成。「原水爆禁止」「犠牲者への国家補償と健康管理制度」などを求める
57年4月	原爆医療法施行（被爆者健康手帳の交付や年2回の健康診断など）	
63年12月		広島と長崎の被爆者5人が国に提起した損害賠償訴訟で「原爆投下は国際法違反」とする東京地裁判決
66年10月		日本被団協、国家補償の立場に基づく被爆者援護法を求める要求を発表
68年9月	被爆者特別措置法施行（特別手当や健康管理手当など）	
78年3月		韓国人被爆者孫振斗さんの裁判で、被爆者対策の根底には戦争を遂行した国による「実質的に国家補償的な配慮が根底にある」と最高裁が判断
80年12月	原爆被爆者対策基本問題懇談会（基本懇）が戦争被害は「すべての国民が等しく受忍しなければならない」  原爆被爆者対策基本問題懇談会（基本懇）の第13回会合（1980年12月）	
84年11月		日本被団協、国家補償に基づく援護法の即時制定などを求める「原爆被害者の基本要求」発表
94年3月		広島被爆者7団体、「国家補償の精神に基づく『援護法』を求める被爆者集会」開催 国家補償を記さない被爆者援護法案の国会提出に抗議して原爆慰霊碑前に座り込む被爆者たち（1994年11月）
94年12月	原爆2法を引き継ぐ被爆者援護法、国会提出と廃案を繰り返した末に成立。「国家補償」は明記せず	
2001年6月		韓国人被爆者郭貴勲さんの裁判で、被爆者援護法は「社会保障と国家補償の性格を併せ持つ」とする大阪地裁判決
02年8月	被爆者援護法に基づき建設された国立広島原爆死没者追悼平和祈念館が開館。翌年、長崎にも	
03年4月		原爆症認定集団訴訟が各地で始まる。勝訴を重ね、認定基準改定につながる
09年8月	広島市内で日本被団協の坪井直代表委員と麻生太郎首相が原爆症認定集団訴訟終結の確認書を交わす。しかし原爆症認定問題は解決せず  麻生首相㊨と確認書を交わす坪井代表委員㊥。左は田中熙巳事務局長	
11年6月		日本被団協、原爆被害への「国の償い」を明記した被爆者援護法への改正要求を決定

①給付金の「線引き」

「遺族も被爆」が条件
家族失う苦痛 何が違うのか

「幼い私と弟を70歳手前から育ててくれた祖父母はどれだけ苦労したことか」。原爆で両親たち家族5人を失った戦後を振り返る久保さん

久保陽子さん（81）＝広島県海田町＝は、新聞やテレビで「被爆者」の体験証言に接すると、時折ある思いがよぎるという。「私のような被害者のことも知ってほしい」。家族5人を原爆に奪われた。しかし自身は被爆しておらず、被爆者健康手帳は持っていない。

生家は広島市の旧鷹匠町（現中区本川町）で針工場を営んでいた。両親と5人きょうだいの7人家族。久保さんは、戦況が厳しさを増していた1945年春、本川国民学校（現本川小）に入学したが、まもなく2歳下の弟と現在の廿日市市にあった叔父の家へ縁故疎開した。

8月6日の早朝、母山本スエさん＝当時（35）＝を駅近くの踏切まで見送った。わが子を案じる母は、自宅と久保さんの疎開先をよく行き来していた。いつもは午前10時ごろ広島市内に向けて出発するのに「一緒に帰る、と泣かれるのがつらい」と弟の起床前に去った。「また来てね」と声を掛けると、母は手を振った。それが最後だった。

午前8時15分、原爆が投下された。自宅は爆心地から約600メートル。スエさんと弟の哲司さん＝同（1）＝の遺骨は焼け跡にあった。同じく自宅で被爆した上の姉恭子さん＝同（15）＝は、全身に大やけどを負い6日後に息を引き取った。父要さん＝同（45）＝と、女学校2年で建物疎開作業に動員されていた泰子さん＝同（13）＝は、遺骨も見つかっていない。

久保さんは涙をこらえながら、自宅跡を捜した親族から話を聞いた。「でも我慢しきれず、窓の方を向いて思い切り泣きました」

祖父母が親代わりになった。鷹匠町に戻ることはかなわず、祖父は市郊外に小さな針工場を開いたが、食べていくのに精いっぱい。祖母は腰が悪く、久保さんが親戚の青果店から売り物にならない「野菜くず」をもらいに歩いた。

恋しさ消えず

親への恋しさは消えなかった。小学校の参観日に背後で教室のドアが開くと、「お母さん？」と思わず振り向いた。駅で母に似た人を見たと聞き、探しに行ってみたことも。ある就職面接で「なぜ両親がいないのか」としつこく聞かれ、傷ついた。

それでも縁あって電話交換手の職を得た。職場の組合活動に加わり、平和記念公園（中区）の原爆慰霊碑前で核実験抗議の座り込みをした。78年には米国に派遣され、原爆投下国で「原爆体験」を語った。被爆者と一緒の活動だった。

しかし、被爆者援護法が成立した94年末、思いも寄らなかった「線引き」を痛感させられる。

国が同法に基づき、原爆犠牲者の遺族に一律10万円の「特別葬祭給付金」を支給すると聞いた。そのお金で家族5人にお経を上げたいと思った。ところが「受給できる遺族は被爆者健康手帳を持つ人だけ」だという。国が起こした戦争と米国の原爆のせいで家族を奪われたのは同じなのに、何が違うのか―。絶句した。

国は、この給付金を「生存被爆者対策」だと説明した。原爆犠牲者の全遺族に「国家補償」として弔慰金を支給するよう求める被爆者団体に対して、一定に施策を提示しつつも「国家補償」として位置付けることは否定する。「放射線という特殊な被害を受けた人」に対象を限り、空襲などほかの戦争被害者への波及は避ける―。

「ごまかし」批判

手帳を持つ広島の被爆者の間でも、国の意図を見抜いて「ごまかしだ」と批判する声が相次いだ。

それから四半世紀。久保さんの心の中で、国による「分断」への不信が今もくすぶる。家族を失い、生活の苦労を強いられた被害者は、被爆したかどうかを問わず数知れない。「お金がほしかったんじゃない。国に原爆、戦争の悲惨な被害にもっと責任を持って向き合ってほしいんです」。久保さんは願う。

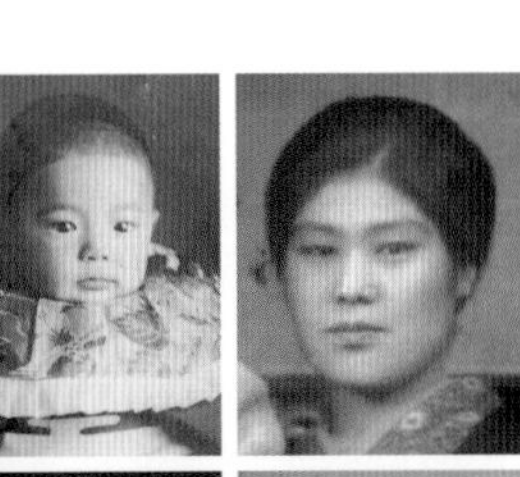

原爆死した久保さんの家族。右上から時計回りに山本スエさん、山本恭子さん、山本泰子さん、山本要さん、山本哲司さん

②まどうてくれ

全ての死者に償いを

非核と不戦 誓う証しに

広島市外に身を寄せていた6歳の時に家族5人を原爆で失った久保陽子さん（81）＝広島県海田町＝は、祖母がつぶやいた一言が忘れられない。「あんたらは親も家もなくしたのに…」。幼くして喪失を強いられながら、国は何もしてくれない、という意味だった。

その時期と重なる1956年、日本被団協が結成された。国に求める「援護法」の要綱を発表し、国が救済責任を負うべき「原爆被害者」を定義した。「原爆障害者及び原爆死没者ならびにそれ等の者の同一世帯員（主として当該障害者又は死没者の収入によって生計を維持し、又はその者と生計を共にした者、若しくはしている者）」。久保さんのような、自身は被爆していない遺族も含まれた。

広島市内での広島県被団協の結成総会。奥に、原爆犠牲者への「国家補償」と記された垂れ幕が掛かる（1956年5月）

当時の気持ちは「まどうてくれ」―。要綱の作成に関わった広島市出身で日本被団協の初代事務局長、故藤居平一さんは生前、広島大の聞き取りに、そう振り返っている。広島弁で「元通りにしてくれ」「償ってくれ」を意味する。

大学進学先の東京にいる間に、父と妹を原爆に奪われた。その後古里に戻って民生委員を務めながら、被爆後の市民の窮状に触れた。銘木店だった家業をなげうって、被害者救援と原水爆禁止運動の先頭に立った。「僕は被爆者でなく、遺族。おやじをまどうてくれとか、広島をまどうてくれ、と言いたい」

「赤鬼」と呼ばれ

56年の広島県原爆被害者団体協議会（県被団協）の結成総会は、「国家補償」を訴える垂れ幕を掲げた。被爆で右半身や顔に大やけどを負った阿部静子さん（93）＝広島市南区＝は「わらをもつかむ思い」で被爆者運動に加わった。

外を歩けば、やけど痕の色から「赤鬼」と呼ばれた。「深く傷ついた私たちを助けてほしいという気持ちと、この悲惨が再び、誰の身にも起こることがないように、とひたすら願っての行動でした」。幼子を連れて上京し、国会請願の場でわが身をさらし訴えた。

運動が実り、57年に旧原爆医療法が施行。生存被爆者の救済は、ついに一歩前進した。だが、被団協が合わせて求めた死没者の弔慰金や遺族年金の支給は盛り込まれなかった。

その後、被爆者運動と共に歩んでいた「原水爆禁止運動」は路線対立で分裂。県被団協も二つに割れた。それでも「国家補償」を求める訴えは続く。故森滝市郎さんが理事長を務めていた県被団協は70年代、県内で独自の原爆死没者調査に取り組んだ。国が死没者調査をしない中、自分たちで埋もれた名前を刻み、政府に補償を迫るためでもあった。

生存被爆者の施策が増えてもなお国家補償を求めることは「被爆者のエゴ」といった批判の声も聞かれた。県被団協などは、国の「戦没者援護」を例に粘り強く訴え続けた。

軍人らには援護

国は52年、軍人・軍属たちのために「戦傷病者戦没者遺族等援護法」を制定し、遺族年金制度などを創設。動員学徒や警防団員も「準軍属」として対象になった。これにより、建物疎開の作業に動員されて被爆死した中学生らは「戦没者」として扱われる。しかし、その時家にいた乳幼児や女性、お年寄りは対象外。民間人を含む全ての死者に償ってこそ、国による「非核」と「不戦」の誓いになるはずだ―。そう問い掛けた。

被爆者団体が現在も求めている「償い」。年月とともに、被爆地でも問題意識が薄れがちではあるものの、日本被団協代表理事を務める箕牧智之さん（78）＝北広島町＝はこだわりを捨てていない。

広島市内から集団疎開で来ている間に家族が全滅し、「原爆孤児」となった元児童たちがいた。証言を聞く会を開いたこともある。「幼くして両親を失った悲しみ、苦しみは想像を絶する。国は、我慢しろと言うだけでなく、何か手だてができたはずだ」

③追悼平和祈念館

死没者銘記 まだ一部

海外在住者 進まぬ周知

被爆50年の前年成立した被爆者援護法に、被爆者団体が強く求めてきた死没者一人一人への「補償」は盛り込まれなかった。一方で、前文と41条は「国は、原子爆弾による死没者の尊い犠牲を銘記する」と規定する。

具体化した施策が、追悼施設の建設だった。2002年、平和記念公園（広島市中区）内に国立広島原爆死没者追悼平和祈念館が開館した。市の外郭団体の広島平和文化センターが、国からの委託で運営。翌年、長崎にもできた。

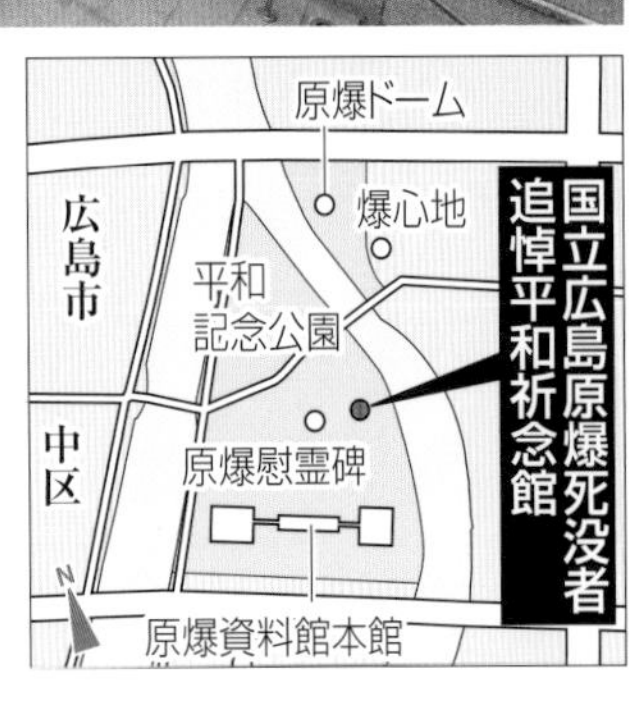
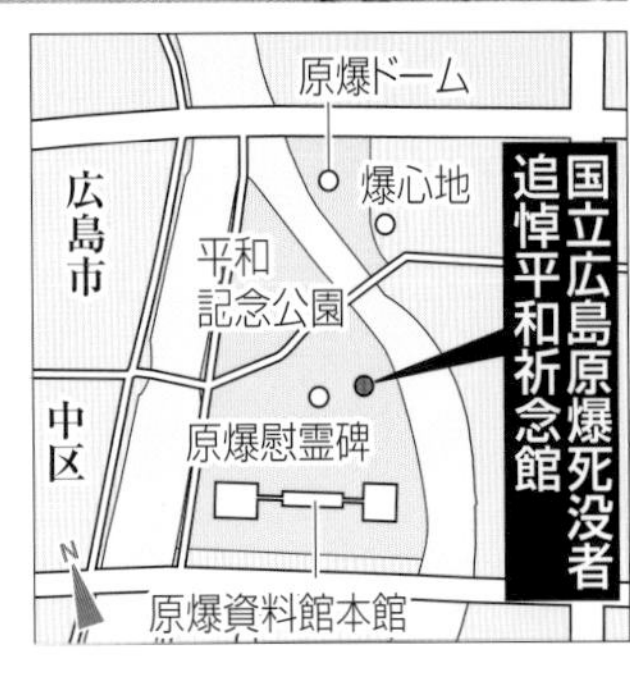

国立広島原爆死没者追悼平和祈念館と、広島市の原爆死没者名簿が納められている原爆慰霊碑（左奥）。同じ平和記念公園内にある

登録2万3789人分

遺族が申請すれば、死没者の名前のほか、遺影や死亡日・被爆状況などのデータが館内の端末に登録される。1945年8月6日やその直後に命を絶たれた人の遺影もあれば、最近亡くなり、登録されたばかりの被爆者の名前も。2020年3月末現在で2万3789人分。原爆死没者の全体と比べれば、まだごく一部だ。

端末を繰ると、一つとして同じものはない、家族の悲惨を突きつけられる。

「生きた証しになればと…」。松本滋恵さん（78）＝中区＝は14年前、市内で時計店を営んでいた伯父の辻山春夫さん＝当時（32）＝一家を登録した。辻山さんの妻マス子さん＝同（30）と弟彦司さん＝同（17）、父友吉さん＝同（65）＝との4人が全滅した。

松本さんの手で一家の存在は「空白」とならず、公的記録に刻まれた。では、原爆慰霊碑に納められた市の死没者名簿にも名前はあるだろうか。記者が聞くと松本さんは宙を見つめた。「そういえば…。登録申請をしたのは祈念館だけ」

市は被爆6年後の1951年5月、原爆死没者名簿に載せる名前の情報を募り始めた。毎年追加され、現在31万9186人に上る。中身は非公開だ。

市はまた、79年度から原爆死没者名簿などの資料を手掛かりに名前を積み上げる「動態調査」を継続。2019年3月末時点で、1945年末までの犠牲者数を8万9025人確認しているが、「推計値」である「14万人±1万人」との間には依然開きがある。長崎市も同様で、推計「7万3884人」に対し、確認できたのは3万2054人にとどまる。

松本さんが確認すると、4人の名前は死没者名簿にあった。とはいえ広島市によると、動態調査に祈念館の登録情報は取り込んでおらず、情報共有はしていない。「大半は、すでに死没者名簿にあると思われる」からだという。

それでいいのだろうか。現に、原爆死没者名簿には「漏れ」がある。

京都市の鎌田納さん（75）の父は、応召して配属されていた広島で8月6日に亡くなった。被爆死した記録が京都府の戦没者援護の担当部署に残っていたのに、原爆死没者名簿には入っていなかった。2019年、名簿登載を申請した。

日本各地に資料

祈念館が持つ情報はもちろん、各都道府県が保管する軍歴などの多様な資料を網羅すれば、犠牲者名の「空白」をもっと埋められるはずだ。一貫して原爆犠牲者数の全容調査を広島市任せにしてきた国が、責任を持って関与することが不可欠だ。

広島では、日本の植民地だった朝鮮半島の出身者、移民先の米国から帰郷していた人たちが被爆死した。戦後、日本を離れて生きた在外被爆者も少なくない。祈念館の「2万3789人」のうち海外からの登録は143人で、韓国はわずか40人。国による周知不足は否めない。

「奪われた命の存在を記録に刻むことが、『償い』の第一歩」。日本被団協の田中熙巳（てるみ）代表委員（88）＝埼玉県新座市＝は訴える。「名前」の空白は、国の「不作為」の結果でもある、とみる。田中さんは20年度、祈念館の運営方針に意見する有識者委員に就いた。国に行動を迫るつもりだ。

④「分断」にあらがう

空襲・原爆 共に被害者

援護拡大 訴え続く

国は、原爆死没者への弔慰金支給などの要求に「空襲などの被害者との均衡を無視することになる」と背を向けた。一方で、空襲被害者に対しては「被爆者との均衡に欠ける」として補償を拒んだ。

我慢と分断を両者にもたらしかねない国の対応にあらがい、民間の空襲被害者は、援護の間口を広げる「突破口」として被爆者運動に期待を抱いた。「被爆者援護法が通らなければ、私たちの援護法も通らない、というのが私たちの合言葉だったんです」。運動の先頭に立った杉山千佐子さん（2016年に101歳で死去）は、1999年刊行の自伝にそう記している。

1982年8月、広島市内で開かれた被爆者援護法の制定を目指す集会でマイクを握る杉山さん（赤松竜さん提供）

旧軍人ら手厚く

名古屋空襲で負傷し、左目を失った。国が旧軍人・軍属らを手厚く援護しながら、同じく戦争で傷ついた民間の空襲被害者たちを放置していることに疑問を抱いた。72年に名古屋市で全国戦災傷害者連絡会を創設し、戦災障害者や遺族への援護を求めた。

その年から毎年8月、広島・長崎に通った。当初は「被爆者の方が大変だ」と連携に後ろ向きな声も一部に受けながら、広島県被団協理事長を務めた故森滝市郎さんらと親交を深めた。眼帯姿でマイクを握り、国家補償としての被爆者援護法の実現を訴えた。

79年から6年間、支援者として同行した東京都日野市議の有賀精一さん（61）は「国が被爆者と他の戦災被害者の間の『溝』を利用していた面がある。共に声を上げるべきだと強く思っていた」と振り返る。81年には被爆者団体と連名で、原爆と空襲双方の死没者への弔慰金を求める要望書をまとめ、国会に届けた。

それだけに、94年に成立した被爆者援護法は「国家補償」の明記がなく、杉山さんを落胆させた。死没者への弔慰金支給などは盛り込まれず、民間の空襲被害者の救済に道を開くには遠い中身だった。

杉山さんはその後、空襲被害者救済の立法化を目指して2010年に結成された全国空襲被害者連絡協議会（空襲連、東京）の顧問を務めた。現在は事務局次長の河合節子さん（81）＝千葉市中央区＝らが集会や街頭活動の先頭に立つ。

5歳だった1945年3月10日、東京大空襲で母と弟2人を奪われた。疎開先に大やけどを負った父が包帯姿で迎えに来た。皮膚移植のつらい手術に、援護の手は差し伸べられなかった。国が旧軍人・軍属らの恩給などに計50兆円以上を使ったことを思えば「不条理」な格差にやるせなさが募る。

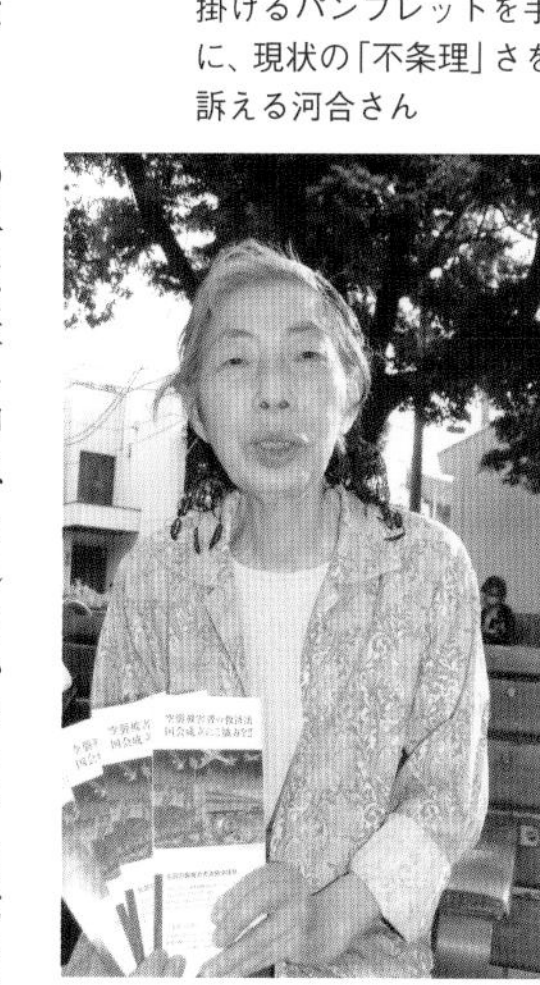

空襲被害者の救済を呼び掛けるパンフレットを手に、現状の「不条理」さを訴える河合さん

超党派で後押し

空襲被害者の援護法案は、過去に野党が中心になって計14回、国会提出したが廃案に。今回の法案は11年に発足した超党派の議員連盟「空襲議連」が動いている。空襲などで身体障害やケロイドが残った人に一人50万円の特別給付金を支給する法律の成立を目指している。遺族は対象外だが「一つの法律が次につながる」。被害の実態調査や追悼施設の設置も求める。

「戦争は国家が起こした。被爆者にも空襲被害者にも慰謝の気持ちを表すのは当然だ」。会長を務める自民党の河村建夫元官房長官（山口3区）は、強調する。事務局長の無所属柿沢未途氏（比例東京）は「民間人が対象の法律ができれば、将来無謀な戦争を犯さないようにする抑止力にもなる」と話す。

新型コロナウイルスの影響で2020年3月27日の総会以降は活動を休止しているが、今通常国会で議員立法による実現を目指す方針は、変えていない。

20年2月に国会内であった集会には日本被団協の被爆者が参加し、連携を誓った。立法を弾みに国が戦災の調査に乗り出せば、空襲や原爆の埋もれた被害実態、忘れられた命に光を当てる機会にできる。「戦争被害者」が声を合わせ、国の責任を問う訴えは続く。

⑤被爆者健康手帳

91歳でやっと手に

「申請促す情報を」

佐藤さん㊨に「別れが急すぎて、相田さんとの思い出も鮮明に残っているんです」と話す菅さん。婚約者を捜し、入市被爆した

大竹市に住む菅昌子さん（93）は75年前、壊滅した広島市内で「大切なあの人」を懸命に捜し歩いた。その記憶が、脳裏に焼き付いている。被爆者健康手帳が交付されたのは91歳だった2年前。「申請には被爆の『証人』が必要だから、と長い間諦めていました」

呉市で生まれ育った菅さんは、地元の就職先で3歳年上の相田清明さんと出会った。背が高く、野球やギターが得意。ひそかに恋心を抱いた。相田さんが会社を辞めたため一度は疎遠になったが、1944年12月ごろ、「警察官になった」と思いがけず便りが届いた。

「気が合いました」。戦争末期で、連れ立って出かけることもままならない。文通を始めて約3カ月後、プロポーズされた。ところが、相田さんの両親にあいさつを済ませた45年7月1日の夜、呉空襲で菅さんの自宅が全焼。現在の大竹市の姉宅に避難して以降、同じく被災した相田さんと再び連絡が取れなくなった。

婚約者捜し入市

1カ月ほど後、知人を通して消息を知る。会いたい一心で8月5日、平田屋町（現広島市中区）の交番を訪ね、再会を喜んだ。広島駅の改札口での別れ際に「広島は川が多いから、今度はボートに乗せてあげるね」と言ってくれた。胸が高鳴った。翌朝に何が起こるのか、知るはずもなく―。

原爆投下から6日後、相田さんの母親と一緒に広島市内に入った。爆心地から約680㍍の交番の焼け跡に、生焼けの足の指が3本ほど入った靴があった。相田さんの母親は「これが息子」と言い聞かせるように小さなつぼに入れた。2人で泣きながら呉に帰った。

戦後、相田さんの家族との交流は途絶えた。菅さんは家庭を築き、2人の子どもに恵まれた。これまで被爆者健康手帳の交付申請書を手にしたこともあるが、子育てや仕事で精いっぱいのまま、年月は過ぎた。

「今更…」と思っていた数年前、自宅を訪問してきた大竹市の職員に被爆体験を語ったことがきっかけで、手帳取得の支援を続ける広島県被団協（坪井直理事長）元相談担当の佐藤奈保子さん（73）を紹介された。

山陽線
原爆ドーム
広島
爆心地
旧平田屋町
広島市
本通り商店街
平和記念公園
N
中区

手帳制度には、広島市や周辺の指定区域での直接被爆、2週間以内に爆心地から2㌔圏に立ち入った入市被爆、などの区分がある。菅さんは「入市被爆」に該当する。交付審査は、国から業務を受託した各都道府県または広島、長崎両市が行う。「2人以上の第三者の証明」が原則必要だが、高齢化が進み、申請者が証人をそろえることは難しい。市と県によると、当時の記録や資料から被爆状況の裏付けをしている。

対象知らぬ人も

一定に柔軟な対応はされているが、なおも壁は高い。広島、長崎両県市合わせた2019年度の申請は計162件で、認定は43件どまり。既に取得した人の申請書類が審査の参考資料になるが、国の保存方針はなく、全国的に見れば一部で散逸が進む。

「菅さんの場合、相田さんと母親の名前などを詳しく書いていたため、県としても記録を探しやすかったはず」と佐藤さん。手帳があれば医療費の自己負担分が実質無料となり、諸手当の受給も可能になる。貧血に悩む菅さんにとって、新たな支えとなる一冊だ。

佐藤さんによると「原爆投下後、広島に入った」「母と救護所へ行った」などの体験を持ちながら、自らが交付対象とは知らないケースがある。「そのような人の力になりたい。行政も、手帳申請を促す情報を全国で広めてほしい」

あの日の記憶を胸に押し込め、さまざまな経緯から手帳取得はしてこなかったものの、人生の終盤になって思い立つ人たちがいる。19年3月末現在、手帳を持つのは14万5844人。この数字の外側の「空白」に今もいる原爆体験者に行政は寄り添い、最善を尽くすべきだろう。

⑥原爆症認定

「放射線起因」に限定

熱線や爆風 救済には壁

被爆者は、そうでない人と比べてがんなどの病気の発症リスクが高いことが数々の研究から分かっている。被爆者健康手帳を持つほとんどの人が実質無料で医療を受けたり、健康管理手当を受給したりできるのは、一生健康に注意しなければならないためだ。

しかし国の援護施策の中でも、「原爆症認定」は間口が極端に狭い。病気やけがが原爆放射線によること（放射線起因性）と、治療が必要な状態であること（要医療性）が認められれば医療特別手当が支給される制度である。

国の機械的判断

「落ち込みました。国は被爆者に目を向けていないんだと」。内藤淑子さん（75）＝広島市安佐南区＝が声を落とした。生後11カ月の時、爆心地から2・4キロで被爆。47歳で白内障と診断された。被爆者に多い病気だ。２００９年末に認定申請を却下され、国を提訴したが最高裁で逆転敗訴した。点眼薬を用いた経過観察が「要医療性」を満たさない、と判断された。

2020年2月に最高裁で敗訴が確定し、涙を流す内藤さん（中央）

国は、推定される被曝（ひばく）線量や病気の種類などから、原爆放射線が病気の原因である「確率」を算出。その数字で機械的に「放射線起因性」を判断し、申請の多くを却下していた。03年に日本被団協が主導して原爆症認定集団訴訟が始まり、全国17地裁で３００人余りが順次提訴した。

国は敗訴を重ねると、08年に放射線白内障やがんなど5つの病気を一定条件で「積極認定」する方針に転換。09年8月6日、当時の麻生太郎首相と日本被団協の坪井直代表委員が、集団訴訟の終結に向けた「確認書」を交わした。13年には7疾病を積極認定する「新しい審査方針」を決定。それでも却下処分は多く、内藤さんのように国を提訴する被爆者は後を絶たない。

厚生労働省によると、18年度末の医療特別手当の受給者は、手帳所持者の約5％だ。01年度末の0・74％よりは高くなっているが、依然として壁は厚い。

「放射線起因性」「要医療性」を厳しく見る原爆症認定は、熱線や爆風によるやけど、ケロイドの積年の苦しみを軽んじがちな面もはらんでいる。

姫路市に住んでいた故塚本郁男さんは、14歳の時に爆心地から約2キロの皆実町（南区）で被爆時に大やけどを負い、左半身がケロイドになった。

塚本郁男さん

陸上自衛官だった。演習から戻ると、親指以外の４本が固着した左足は、包帯からしたたるほど出血していた。妻と長女弘子さん（59）が、泣きながら傷口を消毒した。真面目で我慢強い性格。通院しようとしなかった。

退職後、妻に促されて原爆症認定を申請した。却下され、11年に提訴に踏み切ったが14年に死去。その翌年、大阪地裁判決は塚本さんの訴えを退けた。「これが認められないのなら、何が『原爆症』になるのでしょう」。弘子さんは問う。

裁判 負担大きく

病と高齢を押して国と争うことは、被爆者にとって大きな負担だ。日本被団協は12年、国に新たな提言をした。原爆症認定と諸手当を見直し、被爆者全員に「被爆者手当」を支給。熱線・爆風によるケロイドなども含め、症状別に3段階で加算するという内容だ。

これに対し加藤勝信厚労相は、17年の被団協との定期協議で「全員給付は他の戦争被害と区別できなくなり（中略）実現は難しい」と否定的な見解を示した。

原爆被害はよく「熱線、爆風、放射線」と言い表される。実は被爆者援護法の前身である１９５７年の原爆医療法制定に際し、放射線と並んで熱線と爆風の被害も救済する方針が政府内で議論された。結局「予算の制約」で見送られた。「放射線起因性」で厳しく絞り込む原爆症認定制度は、この流れを引き継ぐ。

被爆者間で、ましてやけどを負った空襲被害者に救済が広がれば、財政負担が増す―。国の隠れた本音が、被害者を今なお苦しめる。

⑦内部被曝

広範囲に「黒い雨」

距離で測れぬ被害

「黒い雨」の記憶を語る曽里さん。右奥にある茂みの裏が「大雨地域」。背後の山が爆心地方面で、真っ黒い雲が流れてきたという

「真っ黒な雲が山の向こうから流れて来ましてね。夜のようになったんです」。宅地の間に田畑が残る広島市北西部の上安地区（安佐南区）。旧安村だった頃の面影を残す。曽里（旧姓梶）サダ子さん（81）が、爆心地から約9キロで体験した8月6日の記憶を語ってくれた。

当時7歳で、安国民学校（現安小）1年生。校庭で草取りをしていると、手元に光が走り「天地がひっくり返る」ようなごう音が響いた。上級生は窓ガラスの破片を浴びた。家に向かって歩き始めると突然の雨。友だちと近くの小屋に駆け込み「ブラウスが真っ黒」と見合った。帰宅すると、ふすまは外れ、なぜか家の周囲に紙くずがたくさん飛来していた。

広島では原爆がさく裂した直後に上昇気流が発生し、放射能を帯びた微粒子やすすを含む「黒い雨」が広範囲に降った。この雨の意味を、当時の曽里さんが知るはずもなかった。

10代から体の不調が続いた。体が鉛のように重い。40歳前後から高血圧と貧血がひどく、大腸がんも患った。あの日以来、黒い雨の混じった井戸水や野菜を口に入れていたことも関係しているのではないか—。2002年、隣接する相田地区の住民と「黒い雨の会」を結成した。

長さ19キロ幅11キロ

国は1976年、被爆直後からの気象台の調査で「雨が降った」という地域のうち、爆心地から長さ19キロ・幅11キロの楕円型の「大雨地域」について援護策を講じた。対象住民は無料で健康診断を受診でき、国が指定する病気になれば被爆者健康手帳を取得できる。だが曽里さんの実家は「大雨地域」から数十メートルはずれた「小雨地域」とされた。

対象区域の拡大を求めたものの、国は「科学的根拠がない」の一点張り。「線の一歩外が小雨だなんて。国の制度がいいかげん」。会の高齢化が進み、2015年に解散した。体力が落ち、疲れ果て「諦めました」。

「大雨地域」の外側の一部住民は、集団訴訟を広島地裁に提起した。判決は20年7月。住民勝訴なら、曽里さんが住む地域も救済される可能性も出てくる。「皆が報われてほしい」と願う。

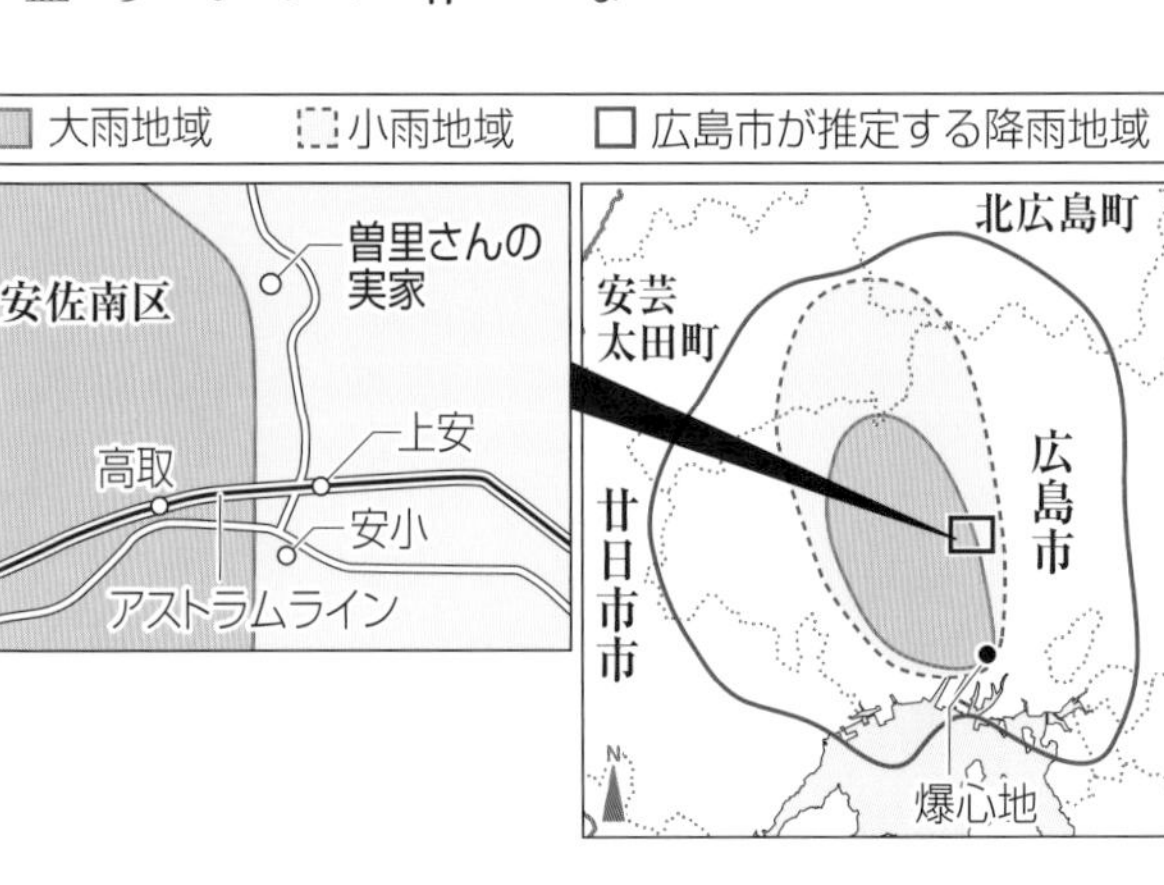

体内にとどまる

原爆放射線による健康被害を考える上での基本は、爆心地からの直線距離や、あの瞬間に浴びた初期放射線の量である。これに対して「黒い雨」に遭った人たちは、呼吸や飲食で取り込んだ放射性微粒子や、放射能を帯びた粉じんが体内にとどまり「内部被曝（ひばく）」が起きたと訴える。線量は微弱でも、細胞が局所的に傷つきがんになりやすくなると強調する。

広島大原爆放射線医科学研究所（南区）で長年研究した大瀧慈名誉教授（69）＝生物統計学＝は「広島で降ったのは、雨だけでない。放射性微粒子や放射能を帯びた粉じんを包んだ大気がどう移動したのかにも注目すべきだ」と話す。

「ピカッ」とさく裂した瞬間だけの問題ではない—。大瀧さんは、広島の爆心地から2キロ以内で被爆した人を対象に、後に固形がんで死亡するリスクを高めた主因を調査。直接被爆者でも、飛散した放射性微粒子を吸い込んだ影響を大きく受けていた、という結果を数年前に共同発表した。

「爆心地からの直線距離で健康被害を推定する考えは、改めないといけない」と大瀧さん。とはいえ、被爆者の被曝量の測定はもはや難しく、その人の染色体異常の量から推定するしかないという。

内部被曝については、未解明の部分が多い。戦後早い時期から被爆者の疫学調査を続ける放射線影響研究所（南区）などは、蓄積した線量が同じなら人体への影響は外部被曝と変わらないとしており、見解は割れている。

「ピカッ」で説明できない被害を巡る「空白」。原爆被害にとどまらない問題でもある。

⑧被爆2世

「遺伝」未解明 援護の外

生まれながら抱える「不安」

国に被爆２世への援護を求め、広島地裁へ提訴に向かう平野さん（前列右から２人目）たち原告と弁護士（2017年2月17日）

原爆は、被爆者に健康不安や病気の苦しみを一生背負わせてきた。さらには、生まれ出る前の命にも放射線被曝（ひばく）を強いた。被爆者健康手帳を持つ「胎内被爆者」は、２０１９年３月末時点で６９７９人。その中で、妊娠初期に強い放射線を浴びた母親から生まれ、知的、身体障害を伴う「原爆小頭症」の被爆者は少なくとも18人いる。

さらに数十年必要

原爆を含む核兵器が「最悪の非人道兵器」と言われる大きな理由は、戦争と何の関わりもない世代まで巻き込むからである。では、「被爆2世」についてはどうなのだろうか。

日米共同運営の放射線影響研究所（広島市南区）は、前身の原爆傷害調査委員会（ＡＢＣＣ）から70年以上、被爆者調査を続ける。2世についても死亡率や病気の発症率の調査をしている。ホームページの「よくあるご質問」には「これまでの限りでは遺伝的な影響は見いだされていない。しかし…結論を出すには、更に数十年が必要だと思われる」とある。

「私たちは、不安が解消されないまま生き続けなければならないのでしょうか」。小学校教諭の平野克博さん（62）＝廿日市市＝は憤る。広島と長崎の労働組合関係者らが活動する全国被爆二世団体連絡協議会（二世協）の事務局長だ。

母フクエさんは20歳で入市被爆し、13年後に平野さんが生まれた。やはり2世のいとこが30代で亡くなるなど、身の回りで起こる出来事に不安を持った。母は、平野さんを生む前と後に、身ごもった子2人を失っている。全てを打ち明けてくれたのは、２００９年に亡くなる直前だった。

2世が抱く「不安」―。米占領期に設置され、米軍の意向を調査に反映させていたＡＢＣＣも、「遺伝的影響」の有無に強い関心を注いだ。１９４８～54年、ＡＢＣＣは広島と長崎で約7万7千人を対象に新生児調査をした。死産だったり、生後すぐ死亡したりすると助産師に報告させて遺体を引き取り、臓器標本やカルテを作成。米陸軍病理学研究所（ＡＦＩＰ）に送った。

二世協は全国に30万～50万人の2世がいると推定する。厚生労働省は「健康不安」への対応として、79年度から無料で年1回の健康診断を受けられるようにした。とはいえ血液・尿検査や問診程度で、多発性骨髄腫の検査が最近加わったぐらい。しかも被爆者援護とは別の措置と位置付ける。

違憲と集団提訴

二世協はがん検診なども要望しているが、厚労省は「被爆2世への健康影響は科学的に確認されていない」と応じない。平野さんたち約50人は２０１７年、国が2世への援護措置を怠っているのは違憲だとして、広島地裁と長崎地裁に集団提訴した。「影響がない、と言い切れない以上は被爆者援護として2世を支援すべきだ」と平野さん。

地域によっては独自の制度を設けている。東京都は年1回の無料がん検診があり、一定の条件を満たせば医療費の自己負担分が無料になる。神奈川県も同様に、一部の疾病に対し医療費を助成している。

被爆地広島、長崎の両県市は「国がすべきだ」という立場。自治体単独の制度はなく、健康診断の充実などを国に要望している。

2世の施策を都に要請してきた東京の被爆者団体「東友会」相談員の村田未知子さん（69）は「本来は戦争を始めた国が責任を持つべき問題。地域格差があってはならない」と訴える。一方で差別などを恐れ、問題が顕在化することを望まない人たちもいるという。

健康影響があるかどうかは解明されていないという「空白」。生まれながらに不安を背負うが、「援護」の外に置かれたままだ。かといって、当事者の胸の内は一様でなく、親の被爆状況も千差万別。国は2世の思いにどこまできめ細かく対応するのか。戦争被害との向き合い方としても問われている。

⑨禁止と廃絶

「生き残った者の務め」

背向ける政府に失望

インドネシア大使館で核兵器禁止条約への批准を要請する田中稔子さん㊧と日本被団協の田中熙巳代表委員㊥

日本被団協などでつくる「核兵器廃絶日本NGO連絡会」の市民7人が、2020年に入って東京都内のインドネシアとモンゴルの両大使館を相次ぎ訪れた。17年に国連で「核兵器禁止条約」が採択されたが、参加国が発効に必要な「50」に達していない。そこで、条約に前向きな国に早期の手続きを促そうとした。

悲惨体験させぬ

「悲惨な経験を、もう誰にもさせたくないのです」。被爆者の田中稔子さん（81）＝広島市東区＝が語りかけた。連絡会の一員である非政府組織（NGO）ピースボート（東京）の船旅に参加し、海外各地で体験証言を重ねてきた一人だ。

田中さんは広島に原爆が落とされる約1週間前まで、爆心地から約700メートル南の水主町（現中区）に住んでいた。現在の原爆資料館本館辺りにあった幼稚園に通い、近所の中島国民学校に入学した。

被爆したのは、引っ越し先の牛田町（現東区）。爆心地から約2・3キロで、右腕や頭にやけどを負った。若い頃は耐えがたいほどのだるさに悩まされた。結婚して子ども2人を育て上げたが、「わが子の健康を案じ、被爆者は精神的にも一生重荷を背負う」。

幼稚園と国民学校の同級生の多くが原爆の犠牲になった。母のいとこは、「埋葬しなければ」と焼け跡で拾った肉親の頭部をバケツに入れて逃げてきた。夫の伯父の家族は、一家4人が全滅。今、亡き夫に代わって慰霊を続けている。

「あの日に命を絶たれた人たちの無念を思うと、じっとしてはいられない。核兵器を禁止し、廃絶することは生き残った者の務め」。日本政府も共に歩んでほしい、と強く願う。

だが国は、「核兵器廃絶という目標は共有している」と言いながら、「米国の核抑止力の正当性を損なわせる」と禁止条約に背を向けている。条約の制定交渉にも参加しなかった。米国の核兵器が日本にとって今は「必要悪」だと説いているのが実情で、被爆者たちを失望させている。

日本被団協は1984年に発表した「原爆被害者の基本要求」で、原爆被害への国家補償と、核兵器を「絶対悪」として禁止・廃絶するための行動を国に迫った。この二つの柱を強く掲げた背景に、戦争被害は皆で我慢すべきものだとする「受忍論」に、国が依拠していることへの反発があった。

基本要求は「広島・長崎の犠牲がやむをえないものとされるなら、それは、核戦争を許すことにつながります」と強調する。原爆被害を決して繰り返させないため、二つの訴えは必要不可欠だと位置付けた。

署名1000万筆到達

日本被団協は「ヒバクシャ国際署名」に2016年から取り組み、核兵器禁止条約を全ての国が批准するよう求めている。呼び掛け人に、被爆者運動の初期から活動を続ける日本被団協の岩佐幹三顧問（91）＝千葉県船橋市＝も名を連ねる。

75年前のあの日、猛火が迫るわが家の下敷きになった母清子さん＝当時（45）＝を残して逃げるしかなかった。「よっちゃん」と呼んでかわいがった妹好子さん＝同（12）＝も、遺骨すら見つかっていない。「家族の死を決して無駄にしない」と街頭に立ち、署名を集めてきた。

20年1月時点で、集まった署名は約1千万筆。普段は個人で活動する田中さんも協力し、約300筆を集めた。全国の自治体の7割、1232市町村の首長が応じ、与野党の国会議員の一部にも賛同の動きがある。被爆者たちが「最後の力」を振り絞り、輪を広げている。そこに日本政府はいない。

被爆者たちが死者の無念を胸に刻み、国の責任として求めてきた「償い」と「核兵器廃絶への行動」。いまだ満たされず「空白」が残るまま、被爆者なき時代が近づいている。それでいいのか―。年老いた背中が被爆国の政府、そして私たちに問い掛ける。

第 5 部

「朝鮮半島の原爆被害者」編

NEWS
中国新聞
2020.6.8付

朝鮮人被爆死 把握漏れ

韓国側の資料で判明

広島市 1945年末まで相当数か

朝鮮半島出身者で日本の植民地時代に広島で被爆し1945年年末までに死亡した人たちの一部が広島市の死没者調査で把握されていないとみられることが、韓国の被爆者団体の資料から明らかになった。漏れは相当数に上るとみられる。

中国新聞が韓国原爆被害者協会の陝川（ハプチョン）支部の許可を得て、70年代初めに作成されたとみられる協会員約250人分の「身上記録」など複数の資料を閲覧。広島原爆の犠牲者の名前を抽出し、うち死亡診断書や他の行政資料で情報の裏付けが取れたり、遺族の委任状を得ることができたりした11人の情報を市に照会した。

市はいまだ明らかになっていない原爆被害の実態をつかむため、79年度から原爆死没者の名前を集めて積み上げる「原爆被爆者動態調査」を続けている。市によると、そのデータの中に11人の名前や生年月日などが完全一致する情報は見つかっていない。

動態調査は、被爆者健康手帳の交付申請書に記入された「被爆時の家族状況」や、動員学徒の死没者名簿などを情報源にしている。しかし海外の被爆者団体や公的機関の資料は対象にしていない。今後、活用を検討するという。

在外被爆者を巡っては、日本政府が2003年まで被爆者援護の対象から排除していた経緯がある。市調査課の河野一二課長は「動態調査で11人の名前が見つからない理由は定かではないが、外国の被爆者に関する情報を把握しにくい時期はあった」と説明する。

米国によって原爆が投下された当時、貧困から逃れるため、あるいは徴用などで多くの人が朝鮮半島から日本に来ていた。市民団体「韓国の原爆被害者を救援する市民の会」の市場淳子会長（大阪府豊中市）は「植民地支配と戦争という日本の国策の中で犠牲になり、生き残った人も戦後に苦難を強いられた。この歴史を踏まえ、日本政府が自ら原爆被害の実態解明に努めるべきだ」と話している。

今回、韓国原爆被害者協会と会員たちに加えて、広島市、市に委託され動態調査のデータ整理などをしている広島大原爆放射線医科学研究所の協力により、韓国側の資料と広島側のデータの照合ができた。同協会が所蔵する資料は、実に膨大。関係者が連携し、海外にある情報を活用することが不可欠である。

市場会長は「日本政府は自ら被害調査に努めないまま、1965年の日韓請求権協定によって被爆者の日本に対する賠償請求権の問題は『解決された』としている」と批判する。

動態調査の実施主体は広島市だが、原爆被害の実態解明は本来、国が責任を持って行うべきことだ。理不尽な死を強いられたまま、日本側が忘れ去っている人たちを掘り起こすこと―。生き残って45年当時を記憶する現地の被爆者も、高齢化している。残された時間はそう長くない。

2020年6月8日掲載

〈特集〉埋もれた犠牲者 海外にも

広島原爆による1945年末までの犠牲者数は、推計値で「14万人±1万人」とされるが、実数として把握できているのは、2019年3月末現在で8万9025人。この数字の落差を巡る「空白」の少なくとも一部が、日本が植民地支配していた朝鮮半島の出身者であることが資料から明らかになってきた。生き延びて戦後帰還した人も、長らく日本政府の援護の枠外に置かれ続けた。そのため、戦後の早い時期に亡くなった在韓被爆者も、相当数が把握されていないとみられる。命を奪われて、あるいは生き残って、「空白」にされた人たちの苦難をたどる。

在外被爆者を巡る主な動き

年	出来事
1945年	広島と長崎に米国が原爆投下
57年	原爆医療法施行
67年	韓国原爆被害者援護協会（現・韓国原爆被害者協会）が発足
68年	原爆被爆者特別措置法が施行
70年	韓国の孫振斗さんが密入国し逮捕される。「広島で被爆し治療を受けたい」
71年	米国原爆被爆者協会が発足
72年	孫振斗さんが被爆者健康手帳の交付申請を却下され、福岡地裁に提訴
73年	広島市の河村虎太郎医師が在韓被爆者を招き治療へ
74年	厚生省が402号通達▽東京都が都内に入院中の在韓被爆者、辛泳洙さんに被爆者健康手帳を交付
77年	日本からの派遣医師団による初の在米被爆者検診
78年	孫振斗さん最高裁で勝訴
80年	日韓両政府の合意に基づき在韓被爆者の渡日治療を試行
84年	在ブラジル原爆被爆者協会（現・ブラジル被爆者平和協会）が発足
89年	広島県朝鮮人被爆者協議会の李実根会長が、北朝鮮を訪れ被爆者の存在を確認したと証言
90年	日韓首脳会談で日本政府が在韓被爆者への「人道的支援」として40億円の基金拠出を表明
94年	被爆者援護法が成立
98年	帰国により打ち切られた健康管理手当などを求め韓国の郭貴勲さんが大阪地裁に提訴
2002年	渡日を前提とする国の在外被爆者支援事業が開始▽郭貴勲さんの勝訴確定。国は翌年402号通達を廃止し在外被爆者への手当送金を開始
04年	広島市などが在外被爆者の医療費一部助成を決定
05年	手当の申請が来日せず可能に
07年	最高裁は402号通達が違法だったと認め、韓国人元徴用工らに1人当たり120万円の支払いを国に命じる
08年	改正被爆者援護法が施行。被爆者健康手帳の交付申請が来日せず可能に
10年	原爆症の認定申請が来日せず可能に。「黒い雨」地域の健康診断受診者証の申請も
11年	台湾被爆者の会が台北で発足
14年	国が在外被爆者への医療費助成の上限額を年約18万円から30万円に引き上げ
15年	最高裁が在外被爆者への医療費全額支給を認め、翌年から申請が可能に

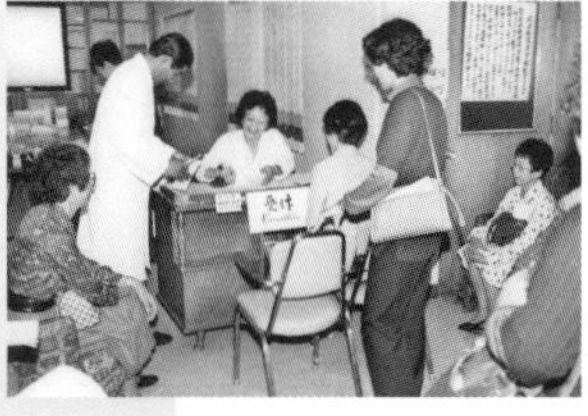

在米被爆者検診に詰め掛けた被爆者たち（1981年、ロサンゼルス）

控訴審で勝訴した郭さん㊨（2002年）

ブラジルの被爆者の現状を訴える在ブラジル原爆被爆者協会の森田隆会長（2007年）

陜川原爆資料館で、被爆者に関する資料をめくる中谷支部長㊧と沈支部長

韓国・陝川の資料館や被爆者をたどった

生きた証し「広島に残して」

貧困・差別 戦後も続く苦難

韓国第2の都市、釜山から北西約100キロの山間にある陝川郡。「韓国のヒロシマ」と呼ばれる。日本の植民地統治下、ここから広島へ移り住み、1945年8月6日に被爆した末、日本の敗戦後に帰還した人たちが多くいた。

2020年2月に現地を訪れた。広島市も日本政府もいまだに把握していない原爆死没者がいるはず—。手掛かりを求めた。

被爆者たちが入所する療養施設「陝川原爆被害者福祉会館」に隣接して、陝川原爆資料館がある。韓国原爆被害者協会の陝川支部が運営しており、資料室を併設している。

同協会はソウルで1967年に結成。多い時で約1万人の会員を抱え、さまざまな調査を行ってきた。70年代初めに会員から被爆体験や家族の死亡実態を聞き取って作成した「身上記録」や、原爆死没者の記録カード、健康状態の聞き取り調査などもある。資料室に膨大な量の文書が並ぶ。

父と姉を失った被爆後の苦しさについて、ネット電話で語る鄭さん

【身体不自由】

記者は、沈鎮泰支部長（77）の全面協力と会員たちの許可を得て、文書に目を通した。一部だが、それでも約5万ページに及んだ。

「徴用」「被爆の為 身体不自由」「子どもは爆死」「極貧」—。達筆な日本語の記録や「創氏改名」で強いられた日本式の名前が併記された名簿も。50年に始まった朝鮮戦争にも翻弄され、苦労を重ねた人生が浮かび上がる。

「二重、三重の苦しみを経験した人々の姿が、目の前に現れてくるようです」。記者が同行した「韓国の原爆被害者を救援する市民の会広島支部」の中谷悦子支部長（70）＝廿日市市＝が実感を込めた。在韓被爆者が日韓両国から捨て置かれていた70年代から、支援を続けている市民団体だ。

多くの在韓被爆者は、原爆死没者の遺族でもあるため、同協会が保管する文書のところどころに死没者情報がある。それらを生かすことによって今回、広島原爆の45年末までの犠牲者が広島市の「原爆被爆者動態調査」から漏れている可能性があると分かった。

ならば、平和記念公園（中区）の原爆慰霊碑に納められた「原爆死没者名簿」にも登載されていないことになる。確かに生きていた存在を、埋もれさせておくべきではない。新型コロナウイルスの感染が拡大する中、広島から取材を続け、同協会の会員とインターネット電話や手紙でやりとりした。

大邱市郊外に暮らす鄭良子さん（75）は、1歳の頃広島市内で被爆した。父・達相さん＝当時（31）＝と、姉・基仙さん＝当時（9）＝は、記録によると45年8月に被爆死。鄭さんは兄らと祖国へ戻ったが、生活は貧しく、父や姉の被爆死について考える余裕はなかったという。「学校に行けず、靴さえ履けなかった。生きるのに精いっぱいでした」。取材理由を説明すると「もし2人の名前が広島に残っていないのであれば、記してほしい」。

釜山市郊外に住む白栄鉉さん（82）の叔父・陽基さん＝当時（14）＝も、広島で被爆死し「遺骨は見つからなかったと聞いています」。やはり広島市の動態調査から漏れているとみられる。

日本の不作為

朝鮮人の原爆被害の実態は、不明な点が多く残されている。

79年に広島、長崎両市が刊行した「広島・長崎の原爆災害」（岩波書店）は広島市で2万5千～2万8千人が被爆し、5千～8千人の範囲で死亡したと推測。韓国原爆被害者協会は「3万人死亡」と推定している。広島の原爆資料館は、展示パネルなどであえて推計値には言及していない。

不明な点の多さは、日本の政策も大きく関係している。被爆者健康手帳の交付申請書は、日本側にとって原爆犠牲者の存在を知る手掛かりになる。しかし日本政府は長い間、在外被爆者の手帳申請自体に高いハードルを課していた。

日本の不作為に加え、終戦20年後の日韓国交正常化や、韓国国内での被爆者差別と沈黙、といった事情も絡み合う。朝鮮半島に「空白」は残されたままだ。

被爆者健康手帳を持つ在外被爆者は、厚生労働省によると2019年3月末現在で韓国の2119人をはじめ、米国やブラジルなど29カ国・地域に2966人。現地の国籍の人も、日本国籍のままの人もいる。

長年 援護の枠外に 謝罪や補償 届かぬ訴え

日本政府は、サンフランシスコ講和条約で原爆投下国の米国に対する賠償請求権を放棄しながら、自ら在外被爆者に対する責任を果たそうとはしなかった。在外被爆者と、支援する日本の市民が、国を相手に裁判を共に闘い、国会に働き掛けながら「格差」の厚い壁を突き崩していった。

日本国内では1957年の原爆医療法に基づいて被爆者健康手帳の交付が始まった。後遺症に苦しむ韓国人被爆者が「密入国」、あるいは日本の市民の支援で渡日し、手帳交付を求めて裁判で勝訴すると、対する旧厚生省は「日本国外で手帳は失効」と定めた「402号通達」を公衆衛生局長名で発した。

このため日本国外では健康管理手当を受給できなかった。また、海外からの手帳の交付申請や原爆症認定申請もできなかった。

司法判断に押されて国が通達を廃止したのは、2003年。健康管理手当の海外受給などは実現したが、格差はなおも残った。「被爆者はどこにいても被爆者」を合言葉に、韓国、米国やブラジルに住む被爆者は裁判を続けた。高いハードルだった医療費助成の上限額の撤廃に至ったのは16年だ。

在外被爆者の「格差」是正に一定の道筋は付いても、真の問題は解決されていない。本来、日本が遂行した戦争の被害に対して国が謝罪、補償すべきだ、と当事者たちは訴え続けている。

原爆被害者の中には中国から強制連行された人もいた。戦後北朝鮮に渡った1911人を確認した、という08年の調査もあるが、すでに多くが亡くなっているとみられる。日本と北朝鮮は国交がないため、在外被爆者援護の枠外に置かれ続けている。

第6部

「つなぐ責務」編

原爆犠牲者数を探る動態調査で、山口県内に残っていた被爆軍人のカルテを活用する広島市原爆被害対策部の職員（1990年）

広島市役所での市原爆死没者名簿の記帳作業。毎年、新たに死亡が確認された被爆者の名前を書き加え、8月6日の平和記念式典で原爆慰霊碑に納めている（2020年6月）【いずれもP78つなぐ責務特集】

2020年6月16日～23日掲載

〈特集〉被害に迫る営み 未来へ

広島と長崎の原爆被害の大規模な全容調査に、日本政府が率先して乗り出したことはいまだかつてない。そんな中でも被爆地の行政と市民は、地道に調査と記録を積み重ねてきた。医師たちは、生き延びて放射線の健康影響への不安を抱える被爆者と日々向き合う。広島市の原爆死没者名簿には、今年も新たに死者の名が記される。ヒロシマの「空白」を一片ずつ埋める努力は、これからも続く営みだ。被爆75年の夏から未来に向けて、何ができるか。「継承」の現在地から考える。

「継承塾」を開くANT-Hiroshimaの渡部理事長㊧と歩みを振り返る鎌田さん㊥。担当スタッフの渡部久仁子さん㊨は塾の1期生でもある

放射線 終わらぬ苦しみ

医師、被爆者に寄り添い調査

広島大名誉教授の鎌田七男さん(83)は、被爆者が抱える苦しみをこう表現する。「生涯、原爆から虐待を受け続けているようなものです」。被爆者と長年接する血液内科の医師であり、後になって病気を発症する「原爆後障害」研究の第一人者。鎌田さんの言う「虐待」は、自らの研究成果に基づく実感だ。

広島大原爆放射能医学研究所(当時)の所長も務めた鎌田さんは、爆心地から500㍍以内で奇跡的に一命を取り留めた78人を対象に、1970年代から健康状態の変化や死因を追跡調査している。「死亡率ほぼ100%」の距離で、大半が1シーベルト以上の線量を浴びたと推定される。

調査は、丁寧な問診や語り合いを伴う。鎌田さんによると、原爆放射線によって体が弱り、働くこともままならない生活を送った人が少なくない。周囲の偏見から、就職や結婚で困難に直面した。そんな調査対象者の心身両面を気遣いながら「人間としての付き合い」を続け、78人のうち何人かは自らみとった。

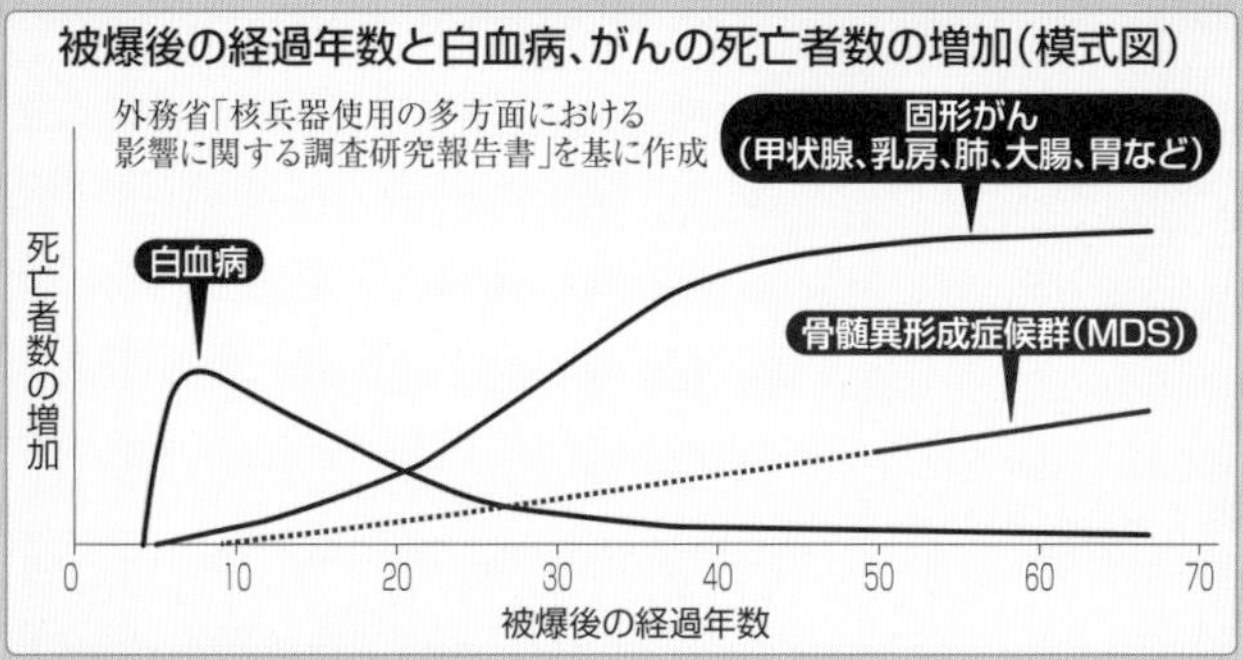

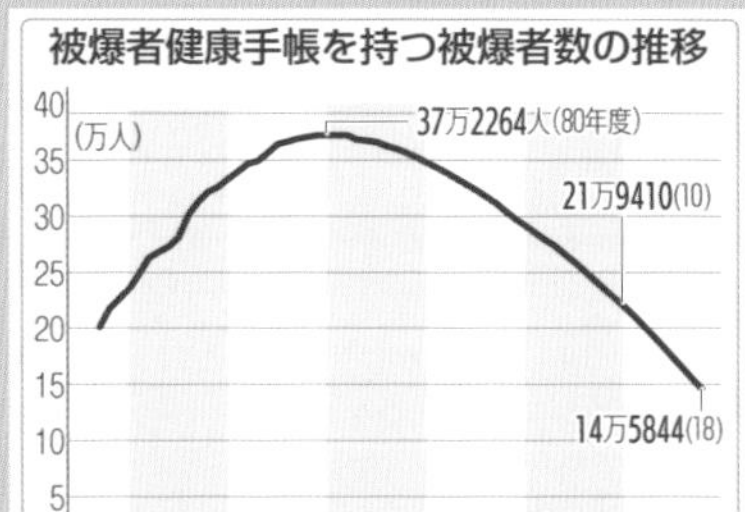

目立つ「多重がん」

一定量以上の放射線を浴びれば、下痢や脱毛などの急性症状に襲われることが知られている。一方で長期的な影響については、徐々に分かってきたことが多い。その一つが「多重がん」だ。高齢の被爆者の間で、「転移」とは違う複数の固形がんの発生が目立つという。78人の中には、病理解剖で4カ所目のがんを見つけたケースもあった。

鎌田さんたち研究者が少しずつ解明している医学的な「空白」。被爆者には、新たに突きつけられる残酷な科学的事実でもある。

白血病は原爆投下から5~10年後、死亡増加のピークに達し、以後減少した。しかし被爆から60年以上たって、今度は白血病の前段階という「骨髄異形成症候群(MDS)」の増加が明らかになった。「それだけ放射線がいろんな遺伝子を傷つけたということ」。核兵器の非人道性を物語る。78人だった調査対象は現在7人。追跡は続く。

被爆後の経過年数と白血病、がんの死亡者数の増加(模式図)

外務省「核兵器使用の多方面における影響に関する調査研究報告書」を基に作成

白血病
固形がん(甲状腺、乳房、肺、大腸、胃など)
骨髄異形成症候群(MDS)
死亡者数の増加
0 10 20 30 40 50 60 70
被爆後の経過年数

被爆者健康手帳を持つ被爆者数の推移

(万人)
37万2264人(80年度)
21万9410(10)
14万5844(18)
1957 60 70 80 90 2000 10 18年度

2019年に展示リニューアルを終えた原爆資料館(広島市中区)は、犠牲者の生涯にわたる健康被害と現状を巡る情報発信を強化した。館内の情報端末「メディアテーブル」に爆心地から約850㍍で被爆した児玉光雄さん(87)=南区=の「傷ついた染色体」の画像や「病歴」を新たに加えた。

児玉さんは胃、皮膚などのがん手術を20回以上繰り返し、3年前にMDSの診断も受けた。加藤秀一副館長は、国内外から訪れる要人を案内する際、この画像を見てもらうという。「70年以上たっても被爆者を苦しめているのが核兵器なのだと知ってほしい」

若者たちへの継承

被爆者健康手帳を持つ人は、19年3月末で14万5844人。放射線は、がんだけでなく心筋梗塞などの発生率も増加させていると報告されている。健康被害の解明を巡る研究者たちの努力は、まだ途上だ。

鎌田さんは、放射能を帯びたちりを吸い込むなどによる「内部被曝(ひばく)」の健康影響にも、研究の幅を広げている。合わせて、ヒロシマを若い人たちに多角的に学んでもらおうと、中区のNPO法人ANT―Hiroshima(渡部朋子理事長)が開く「継承塾」の講師を務める。決して「歴史」ではなく、現在も続く原爆被害。どう記録し伝えるべきか―。次世代に「思い」と「科学的知見」を託す。

犠牲者の把握 糸口残る

遺族や資料の取材で明らかに

1960年代後半から、原爆で消し去られた爆心直下の広島の街並みを戸別地図で再現する「復元調査」が行われた。官民挙げた調査を主導した広島大教授の故志水清さんは、78年刊行の調査報告書で、犠牲者の実数をつかむ努力を継続するよう訴えた。

「核の犠牲にかかわりのある市民にとっては、原爆被災の全体像が科学的に明らかにされるまでは、戦後は終わらないであろう」

復元調査は、1軒単位で被害を詳細に記録した。鎌田七男さんが近距離被爆した78人を追跡調査する基礎になった。復元調査で得られたデータを土台に、広島市は、79年度から死没者名を積み上げる「原爆被爆者動態調査」を続けている。

「45年末までの犠牲者数」としての推計値「14万人±1万人」に対し、市が動態調査を通じて2019年3月末時点で確認できたのは8万9025人。近年、手詰まり感は否めない。しかし「空白」が未来に持ち越され、固定化することは極力避けなければならないだろう。

一家が全滅してしまった世帯、単身で広島に来ていた軍人、朝鮮半島出身者ら—。動態調査から漏れていた実態が、遺族の証言聞き取りや、資料を掘り起こす取材から浮かび上がった。

大勢を一気に把握することは難しくても、一人一人の命と名前を見いだす糸口はまだあることが見えた。例えば都道府県が持つ戦没者の関連資料や、韓国など海外の被爆者団体の名簿類などが今も眠っている。国立広島原爆死没者追悼平和祈念館は、遺族からの申請で亡くなった人の遺影と名前を登録している。市の動態調査に反映されておらず、国と市の連携が必要だ。

志水さんは、復元調査の限界を踏まえて「国家的規模の調査」の必要性を説いた。しかし国は、被爆者健康手帳を持つ人を対象にした限定的な死没者調査しか行っていない。

存在が把握されにくい原爆犠牲者

- 一家全滅してしまった世帯
- 単身で広島に来ていた軍関係者
- 学童疎開した間に「原爆孤児」になった子どもの家族
- 朝鮮半島出身の人
- 就学前の乳幼児
- お年寄り

など

把握する手だては？

- 原爆死没者名簿に登載申請できる制度を遺族に周知
- 新資料を発掘、活用（各都道府県にある戦没者や被爆者の関係文書、海外の被爆者団体の資料など）
- 原爆犠牲者の名前と遺影の登録をしている「国立広島原爆死没者追悼平和祈念館」と、広島市が連携を強める

など

1979年に発行された「広島・長崎の原爆災害」

「白書」作り 世界へ 発信を

戦後、原爆被害の全容に迫りながら世界に発信する「白書」を作ろう、という運動が被爆地で盛り上がった。一般的には政府の公式調査報告書が「白書」と呼ばれるが、より広い、官民挙げての総合的な報告書を求める声でもあった。

「原水爆被害白書」を作って国連に提出を、と1964年に提唱したのが中国新聞論説委員を務めた故金井利博氏だった。「原爆は威力として知られたか。人間的悲惨として知られたか」と問うた。「核」を国家の論理ではなく、人間の痛みとして捉えるまなざしだ。研究者や文化人たちに賛同が広がり、「復元調査」などを加速させた。被爆地の行政も動いた。

白書作りは国の責任であるとして、要望活動も展開したが、政府は消極的だった。広島、長崎両市は、医学や社会学など多様な分野の専門家に編さんを依頼。79年、当時の知見を集約した504ページの「広島・長崎の原爆災害」として一冊に結実した。英語版も作成して世界に発信した。

同書は、原爆被害の実態は未解明の点が多いことを認め「国民の熱意が本書の不備を正す」よう「あとがき」で求める。

白書作りに自ら取り組もうとしなかった日本政府だが、2013年度に外務省の報告書は作成されている。「核兵器の非人道性」への関心の高まりを受けて、外務省は鎌田七男さんや、日赤長崎原爆病院の朝長万左男名誉院長ら専門家5人に核兵器使用の影響に関する研究を委託した。

日英両語で公表された83ページの報告書は、骨髄異形成症候群（MDS）の増加など、最新の科学的知見をふんだんに盛り込む。しかし外務省は冒頭に「必ずしも日本政府の見解を代表するものではない」とただし書きを加えた。「核兵器の本当の『非人道性』を世界に知らせたい」という鎌田さんたちの願いと裏腹に、政府がこの報告書を前面に生かしたとはいいがたい。

原爆がもたらした「人間的悲惨」を網羅し、世界に発信することは、被爆地と被爆国の変わらぬ務めだろう。国と広島、長崎両市、市民、被爆者、研究者が力を合わせて編むべき「21世紀の白書」が、未完の宿題ではないだろうか。

①市民の手で

75年経て肉親記載へ

死没者名簿 制度周知を

２０２０年６月５日、広島市役所で原爆死没者名簿の記帳が始まった。書き加えられる名前は19年８月６日以降に亡くなった人が大半だが、長年「空白」だった末に確認された人もいる。

山口剛弘さんは75年前、２歳で命を奪われた。「時間がかかって申し訳ない、という思いでいっぱいです」。おいの益田崇教さん（54）＝安佐南区＝が19年12月、名簿登載を市に申請した。益田さんの亡き母静江さんの弟だ。静江さんの家は、爆心地から７７０メートル。剛弘さんと両親、祖父母の家族５人が犠牲になった。

幼い頃から益田さんは、よく母と一緒に平和記念公園（中区）を訪れて原爆慰霊碑に手を合わせた。「アイスキャンディーをねだられたのに、１人で食べてしまって…」と後悔の念を明かされた。趣味は、被爆前の市内の写真の収集。モノクロのカットを通して、原爆に奪われた母たちの日常に思いを寄せている。

原爆死没者名簿が納められている原爆慰霊碑を前に、「当然名前が載っているものだと思い、今まで手を合わせていました」と話す益田さん

犠牲者に入らず

益田さんは、原爆慰霊碑に納められた原爆死没者名簿に５人全員の名前があると信じていた。しかし、本紙連載を読んでから気になりだした。名簿は非公開だが、遺族は市に照会できる。すると、剛弘さんの名前がなかった。

益田さんから連絡を受け、記者も市を取材すると、剛弘さんは原爆で亡くなった人たちの名前を積み上げる「原爆被爆者動態調査」からも漏れていることが分かった。19年３月末時点で市が確認している１９４５年末までの犠牲者数「８万９０２５人」に入っていないことを意味する。

何が理由として考えられるのか―。学校の名簿などに載りにくい就学前の子の被爆死は、行政による把握が確かに難しい。市と広島県が保管する被爆者健康手帳の申請書は、動態調査の情報源でもあるが、静江さんが交付申請をしたのは当時住んでいた山口県。国は85年、手帳を持つ生存被爆者に絞って家族の死没者調査をしたものの、静江さんは82年に亡くなっていた。

原爆死没者名簿への登載を申請しながら、心の中で「ようやく姉弟で一緒になれるよ」と母に語りかけた益田さん。同時に、疑問も覚えた。剛弘さんたちの名前を国立広島原爆死没者追悼平和祈念館に登録しており、来館者も自由に検索できる。しかしその情報は、同じ公園内の原爆死没者名簿には反映されていなかった。国が持つ情報を、市のためにも生かせないものだろうか、と思った。

児玉晃さん（85）＝東広島市＝も２０１９年12月、連載記事に背を押され、父千里さんの名前を原爆死没者名簿に登載申請した。「１人の名前の『空白』を埋めることの大切さを思いました。父の霊も浮かばれるでしょう」

旧豊栄村（現東広島市）の医師だった千里さんは、建物疎開作業で広島市中心部に動員されていた村民を救護するため、原爆投下直後から連日市内へ入った。トラックで負傷者を連れ帰り医院に収容した。翌年から高熱に襲われて床に伏し、１９４７年に47歳で亡くなった。「放射能の影響だと思えてなりません」

死没者名簿への登載申請をした経緯をまとめた紙を手に、亡き父への思いを話す児玉さん

行動が重要な鍵

45年末までの死者はもとより、被爆者健康手帳の交付が始まる57年より前に亡くなった人たちも、市が持つ資料からこぼれ落ちやすい。だからこそ、児玉さんのような市民の行動が「空白」を埋める重要な鍵となる。

「原爆死没者名簿への登載確認をしたい」「母の名前が載っていないかもしれない」。読者から取材班への相談が相次いだ。遺族も高齢化が進む。国や他の自治体と連携して名簿の登載申請制度を周知し、動態調査への理解を求めることが急がれる。

２０１９年８月５日までに原爆死没者名簿に載ったのは計31万９１９６人。剛弘さん、千里さんが新たに加わり、20年の平和記念式典で原爆慰霊碑に納められる。

②遺族捜し

「まだ発見あるはず」

次世代継承　被爆者願う

「推定7万人」とも説明される平和記念公園（広島市中区）の原爆供養塔に眠る遺骨のうち、814人は名前が分かっている。広島市は名簿ポスターを毎年作成して全国に配布するが、遺族への返還は最近10年間でわずか2例。本紙取材を通して、名簿にある「鍛治山はる（皆実町三丁目）」さんの遺骨が返還に至る可能性が高まった。

市原爆被害対策部調査課は裏付け調査を終えており、新型コロナウイルスの感染拡大の影響で時間を要しているが、遺族の意思確認が完了すれば返還に応じる方針だ。

判明の手掛かりは、公園内にある国立広島原爆死没者追悼平和祈念館が収集している遺影と名前のデータだった。2万3千人分。同姓同名、あるいは似た名前がないかどうか、記者は814人の名簿と照合した。

「当初、米兵捕虜の被爆死については目撃者も話したがりませんでした」。追悼平和祈念館に登録した元捕虜の遺影や、遺族からの手紙を前に語る森さん

すると、「広島市皆実町3丁目　梶山ハル」さんの遺影が、画面に現れた。

市内に住む孫の武人さん（84）を捜し当て、状況を説明した。武人さんは「漢字は間違っとるが祖母でしょう」と語り、おえつを漏らした。原爆供養塔にあるとは思ってなかったという。

先人重ねた苦労

遺骨と、いまだに遺骨を手にできない遺族を結ぶ―。取材は、「先人」と言える故佐伯敏子さんが重ねた苦労を思うことの連続だった。原爆で家族や親類13人を失い、40年以上供養塔の掃除を続けながら遺骨の引き取り手を捜し歩いた。

年月という壁はさらに高く、厚くなる。4例目、5例目、と続けることは並大抵ではない。佐伯さんの時代にはなかった、新たな情報収集のすべが必要だろう。困難でも、何とかして死者に対する佐伯さんの思いを継ぎ、遺骨の「空白」を埋める努力を官民で続けるべきではないか。

「私も人生を通して、忘れられた死者という『空白』と向き合ってきました」。被爆者の森重昭さん（83）＝西区＝は、広島市内で死亡した米兵捕虜や、長崎の連合軍捕虜たちを長年調査。広島と長崎の追悼平和祈念館に、30人余りの名前や遺影を登録している。

被爆死した米兵捕虜の遺体が母校の広島陸軍偕行社付属済美国民学校で見つかっていた、と後に知ったのがきっかけだった。爆心地から700メートル。森さんは被爆前に転校しており助かったが、人ごとと思えなかった。

とはいえ米兵捕虜については、不明な点も多かった。資料を集め、原爆資料館が所蔵する「市民が描いた原爆の絵」に関連する描写を見つけると、作者に体験を聞いた。米国の電話番号案内や米軍資料を手掛かりに「被爆死した肉親の最期について真実を伝えるため」遺族を捜し続けた。

「今更何がしたいのか」と周囲から心ない言葉をかけられたことも。1998年、米兵捕虜が収容されていた場所に私費で銘板を設置し、独りで慰霊祭をした。「あなたたちの死を世の中に知ってもらうから待っとれ」と語りかけ、涙した。

徐々に協力者が増え、情報も集まり始めた。12人の米兵捕虜の遺族の所在を突き止め、登載済みの2人を除く10人の名前を原爆死没者名簿に刻んだ。

努力のこれから

森さんは2016年、広島を訪問した当時のオバマ米大統領と面会し、その活動が世界に知られた。実際には米兵捕虜たちだけでなく、市内の修道院にいたフランス人やイタリア人のシスターを原爆死没者名簿に登載する橋渡しなどもしている。「まだ新しい発見があるはず。若い人もやってほしい」と願う。

ロシア革命を逃れた白系ロシア人をはじめ、名前すら分からない、あるいは遺骨が見つからない原爆犠牲者は大勢いる。失われた命の重みと遺族の悲しみは、皆同じ。一人一人の死を決して忘れない―。森さんの変わらぬ決意は、「空白」を埋める努力のこれからを、私たちの世代に問う。

③資料の活用

公開情報に眠る事実

国と体系的保存を

追悼平和祈念館は、厚生労働省が被爆者実態調査に合わせて収集した被爆体験記など計14万編以上を所蔵している

被爆体験記、写真、研究論文、医学標本…。原爆被害の実態や戦後の被爆地の歩みを知るには、多種多様な「資料」の保存がいかに大切であるか。取材を通して痛感させられた。

原爆資料館東館（広島市中区）の辺りは、米国の原爆投下まで「旧天神町」の商店や民家などが立ち並んでいた。市は被爆75年事業の一環で、焼け落ちた住居の土壁などを「遺構」として公開する計画を立てた。

刊行証言に糸口

公園内には旧天神町の説明看板があり、被爆前の一帯の詳細な「街並み復元図」が掲げられている。約20年前の本紙連載の中で作られた地図だが、よく見ると「空白」が残る。66番地。被爆前に誰が住んでいたのか、確認できないままだった世帯だ。

体験を証言できる元住民は少なくなった。さらなる確認は困難か―。頭をよぎったが、糸口はあった。市内の臨床心理士らが2018年に刊行した「被爆者の人生を支えたもの」。故大草節郎さんの体験証言に、「66番地」住民だった祖父三五郎さんと祖母タメさんの被爆死が記されていた。

まさに市が公開する「被爆遺構」の「近所」だ。新型コロナウイルスの影響で、公開は21年度にずれ込んだ。遺構の展示を推進してきた市民団体の多賀俊介さん（70）＝広島市西区＝は「現場と周辺にどんな人が住み、犠牲になったのか。公開までに市は本気でデータを集めてほしい。私たちも協力したい」

体験者の生の証言記録だけでなく、過去の刊行物などの「公開情報」のいたるところに事実が眠っている。国立広島原爆死没者追悼平和祈念館（中区）が所蔵する被爆体験記は、14万編以上。資料は日本各地に散在している。それらをつなぎ、犠牲者の名前を丁寧に拾い上げる取り組みを進めれば「空白」はさらに埋まる。

取材班は、日本がかつて植民地支配していた朝鮮半島にも赴いた。韓国・陜川（ハプチョン）の韓国原爆被害者協会は、会員や家族が広島と長崎で被爆した際の状況などを記録した大量の文書を所蔵する。そこに、広島市が把握していない犠牲者が含まれていた。

文書の一部は、現地の嶺南（ヨンナム）大の学生たちがデータ化して冊子にもまとめた。20年2月、同協会に労作を寄贈した。大学院生の金東虎（キムドンホ）さん（28）は「韓国人被爆者の存在や長期の苦痛の歴史を知ってもらいたい」。崔範洵（チェボムスン）教授は「日韓が国と地方両方のレベルで連携し、活用してほしい」と力を込める。

取り戻せぬ証人

「資料」の大切さが浮き彫りになる一方で、被爆75年を前に、多くが保存の岐路にある実態も目の当たりにした。被爆者が書きため、自宅に保管する大量の手記や活動記録が持ち主の「終活」に直面している。資料の「劣化」も進む。当事者たちの連携により行き場を見いだす必要がある。

広島大原爆放射線医科学研究所（原医研、南区）は、戦後占領期に米軍に接収され、30年近く後に返還された原爆犠牲者の組織標本などの経年劣化に頭を痛めている。先立つ予算は限られる。現状を報道すると、医療関係のNPO法人理事長の井内康輝・広島大名誉教授（71）が資料のデジタル化に向けた協力を申し出た。今後も新たな研究への活用が期待できそうだ。

被爆者たちが全4棟の保存を訴える県、国所有の被爆建物「旧陸軍被服支廠（ししょう）」、公的機関だけでなく個人宅にも眠る被爆前の街の写真の数々…。失われたら取り戻せないヒロシマの「証人」だ。国が関与して、重層的、体系的に保存するよう求める声は半世紀以上前から根強い。

インターネット環境の進展で、世界規模の情報交換は格段に容易になった。記録し、「空白」を埋め、将来の歴史の検証に託すには―。官民がともに考える「場」を被爆地から提起していくことはできないか。

④問い直す

援護の外 見えぬ被害

遠い実態解明 現在の「宿題」

どのような「原爆被害」が、よく分からないままなのか。現状を把握するとともに、そうなった背景を知ることが、新たな事実に迫る土台となる。取材の中で、被爆者健康手帳を持つ人にとどまらない「被害」が抜け落ち、「空白」になりがちである理不尽さが浮かび上がった。

厚生労働省で、被爆者援護対策室の担当者に問うた時のことだった。広島市が今も遺骨の遺族を捜していることに関して国の対応を質問すると、「知らなかった」と返答された。「ここは生存被爆者の援護、救済をする部署。死没者の遺骨返還を国が支援すべきものでしょうか」とも。

戦後史をたどれば、生存被爆者の援護に的を絞ろうとする政府の姿勢は、一貫している。

広島の被爆者７団体と安倍晋三首相（手前左端）が出席した2019年８月６日の「被爆者代表から要望を聞く会」

孤児の人数不明

例えば、学童疎開などで親と離れていた原爆孤児は、被爆者健康手帳を持っていないと何ら援護を受けられなかった。

被爆者援護の枠外に置かれた人たちは、把握されにくい。原爆孤児は人数もはっきりしていない。学童疎開していた児童の世代はすでに80歳代。今こそ、孤児の苦難の歩みや、失った家族の存在を記録すべきだろう。両親たち家族５人を奪われた久保陽子さん（81）＝広島県海田町＝は「私のような被害者がいることを知ってほしい」と語る。重い一言だ。

日本被団協などの被爆者団体は、戦争を遂行した国の責任で、全ての死没者を調査して遺族に補償をするよう長年訴えている。政府は決して進んで動かない。その意図と背景は明確だ。

「特殊兵器の原爆によって生命や健康に被害を残したことを国家補償の対象にすると、一般の戦災犠牲者にも広がりはしないかと大変恐れていた」。橋本龍太郎厚生相（当時）が１９７９年、私的諮問機関の有識者会合でこう述べたと、開示資料に記されていた。

韓国原爆被害者協会の沈鎮泰陜川支部長㊧に冊子を手渡す金さん㊨と崔教授

世代超え関心を

戦後75年の２０２０年、東京大空襲などの遺族は、国に救済や実態調査を迫る声を強めている。広島県被団協（坪井直理事長）も、８月６日の平和記念式典に合わせた政府要望の席で、全ての原爆犠牲者・遺族に弔慰を表すよう、あらためて政府に求めるつもりだ。

原爆や戦争の被害に迫る努力は、将来に持ち越される。世代を超えて関心を持ち続けることが不可欠だ。ならば、基礎となる「学び」はどうなっているだろうか。小中高の社会と歴史の教科書78冊に目を通した。現状ではほとんどが、原爆被害に関する説明を２、３行程度にとどめている。

多くは、45年末までの広島原爆の犠牲者を「約14万人」と記すが、推計値にすぎず、名前が不明の犠牲者が多数いることや、市の死没者調査が今も続くことを説明したくだりはない。

「原爆の悲惨さは、教科書だけでは分からないのが現実です」。原爆で深い傷を負いながら、高校教員として長年平和教育に携わった森下弘さん（89）＝佐伯区＝は強調する。広島、長崎の教職員組合などで74年に平和読本「明日に生きる」を編さん。生徒の声を聞きながら版を重ねた。市が小中高向けに副読本を作り始める前だ。

森下さんは、旧制中学の同級生を対象に調査を重ね、母校の原爆被害に迫ろうとした当事者でもある。「被爆者の体験証言に加え、客観的な事実を通じて原爆の悲惨さを実感してもらうことが必要です」。未完の「宿題」を提示してこそ、自ら追究を志す若い世代が増えると考える。

取材班には、「あの日」を知る被爆者からも「14万人という数字を疑ったことはなかった」などと次々に反響があった。解明に遠い原爆被害の実態。現在の問題として問い直したい。

⑤被害実態の発信

「絶対悪」繰り返させぬ

若者も非人道性訴え

戦後占領期の情報統制や、米軍による研究資料の接収。実態調査に消極的だった日本政府の姿勢。そして、一発で行政や医療、あらゆる都市機能を瞬く間に壊滅させるという核兵器の「特殊性」―。原爆被害の解明を阻む壁であり続けている。

爆心地に近いほど、一家全滅した世帯が少なくない。特に周囲とのつながりが乏しかった場合、広島市の死没者調査でも把握されにくい。転入して間もなかった富山県出身の軍人の家族は、夫を除く妻子ら4人の名前が最近まで調査から漏れていた。

身元確認も困難

平和記念公園（中区）内の原爆供養塔には、多数の遺骨が眠る。爆心地付近の地表は3千～4千度に達したとされ、超高温で身元確認も困難になるほど、生きたまま焼き尽くされた。

生き残った被爆者は、原爆放射線の健康影響のリスクに直面する。被爆から時間がたって現れる「後障害」の研究は続く。被爆後60年を過ぎて、骨髄異形成症候群（MDS）の増加が見えてきた。血液内科医で広島大名誉教授の鎌田七男さん（83）は「被爆者は生涯、原爆から虐待を受け続けているようなもの」と語る。

「被爆2世」への遺伝的影響の有無も結論は出ておらず、不安を抱えて生きる人たちがいる。原爆は、戦争に関わりのない世代まで苦しめているのだ。

解明されていない事実の多さ、それ自体が「核兵器の非人道性」を物語る。自らの体験に裏打ちされた思いから、被爆者団体は死没者への補償や生存者援護に加えて、「核兵器廃絶」を懸命に訴えてきた。

2017年、まさに「核兵器の非人道性」という考えに基づいて、122カ国・地域の賛成により核兵器禁止条約が採択された。被爆者の訴えが議論を後押しし、条約の前文に「被爆者」の言葉が刻まれた。

しかし日本政府は、核保有国の側に同調し、国連であった交渉会議に加わらなかった。米国の「核の傘」に依存する安全保障政策を取っているからだ。家族を失い、人生を残酷なまでに変えられ、病気と闘う当事者にとって、自国の政府がその兵器を「必要悪」としている事実は、耐えがたい苦しみだ。

代弁姿勢見えず

外交努力を担うべき政府に、国際社会に向けて被爆者の声を十分に代弁する姿勢が見えない中、「核兵器の禁止、廃絶は生き残った者の務め」と20年に入り被爆者の田中稔子さん（81）＝東区＝たち一行は、インドネシア大使館などを訪れた。核兵器禁止条約の早期批准を要望した。

一緒にいたのは、慶応大2年の高橋悠太さん（19）＝横浜市＝だ。盈進高（福山市）在学時から被爆証言の聞き取りや平和活動を続け、今は核兵器廃絶を訴える「ヒバクシャ国際署名」に取り組んでいる。

東京で「原爆被害を遠い過去の歴史のように感じる若者も少なくない」と温度差を感じている。新型コロナウイルスの影響で被爆者の証言活動が制限される中、20年3月と5月に「オンライン被爆証言会」を仲間と開催。大学生たちがビデオ会議システムを通じて被爆者と対話した。「漠然としたイメージで『被爆者』を捉えるのではなく、名前を持つ一人一人であることを実感し、奪われた命の重さと、悲惨な体験に触れる機会をつくりたい」と話す。

たった一発が、どれほどの被害を引き起こしたのか―。被爆者、市民、被爆地の行政、研究者らが事実を掘り起こし、「空白」を埋め、発信しようとする努力は、決して「絶対悪」を繰り返させない、というヒロシマからの意思表示でもある。被爆国や核兵器保有国の政府は、誠実に向き合っているか。世界には、なおも1万3千発を超える核兵器が存在している。

広島で胎内被爆した浜住治郎さん㊧を迎えた2020年3月のオンライン被爆証言会。高橋さん㊨ら「ヒバクシャ国際署名」に取り組む若者が企画した

⑥諦めない

一人一人の命 忘れぬ

遺族の悲しみ あの日のまま

「もしかしたら生きているのかな、と心のどこかで思ってきました。でも、もう無理でしょう…」。広島市安佐南区に住む瀬川美智子さんは、4歳上の夫舜一さんの顔写真をいつも財布に入れている。時折取り出し、見つめると涙がこぼれる。

104歳。本紙連載を読んで連絡してきた。75年間会えないままの夫への思いを、記者に語った。

「足のけがで召集されなかったんです。戦争に行った方が命が助かっていたかもしれない」。舜一さんの顔写真を前に、目に涙をためて話す瀬川さん

幸せだった10年

瀬川さんは、幼い頃から父の仕事の関係で日本各地を転々とした。1923年の関東大震災で被災し、広島県内の親戚宅に身を寄せたことも。舜一さんと見合いし、34年に18歳で結婚。再び広島で暮らした。

県会計課の職員だった舜一さんは、第一印象通りの「とにかく優しい人」。4人の子どもとよく遊び、風呂に入れてくれた。「私が『シュークリームが食べたい』とねだると買ってきてくれたの」。戦況が厳しくなってからも、愛情あふれる日常は続いた。

瀬川舜一さん

しかし45年8月6日朝、「行って参ります」と、現在の高須（西区）にあった自宅を出たきり戻らなかった。爆心地から約900メートル南の県庁舎は全焼。県職員計1140人以上が犠牲になったとみられている。舜一さんの弟が焼け跡を捜したが、見つけることはできなかった。

あの頃の記憶をたどると、胸が詰まる。取材に同席した長女章子さん（84）が言葉を継いだ。「母は毎日縁側に出て、ただただ燃える街を見つめていました」

瀬川さんの自宅があった場所

後に県から「ころころと堅い物が入った木箱」を受け取った。本当に遺骨なのかどうか、そうだとして夫の遺骨なのかも分からない。中を見ず墓に納めた。「埋まっているなら県庁跡のどこか」と信じ、舜一さんの名前がある県職員の慰霊碑に手を合わせてきた。

4人の子を育て上げた瀬川さんは孫、ひ孫、やしゃご合わせて20人以上に恵まれ、穏やかに暮らしている。それでもなお「夫との最も幸せな10年間」を思う切なさは変わらない。

瀬川さんのように、肉親を今日も思い続けている遺族がいる。原爆被害は、大きな数字や兵器の破壊力で語られがちだが、一人一人の命を、私たちはどれだけ意識してきただろうか。

取材で特に浮き彫りになったのは、公的記録から漏れ、あるいは人々の記憶からも忘れ去られた死者の不在という「空白」だ。

生後数時間で被爆死し、市の原爆死没者名簿にも載らない「名前のない赤ちゃん」について報じると、被爆者から「私も同じような子を救護所で見た」と電話が入った。近所の一家が全滅した、という読者は「あの家族も市の死没者調査で『空白』ではないか」と心配する声を寄せてきた。

瀬川舜一さんの名前（右端）が刻まれている広島県職員の原爆犠牲者慰霊碑の銘板

帰れぬ遺骨なお

消息も名前も知らない犠牲者に関する情報の提供。調査は困難だと分かっていても、今語らねば「空白」を埋める道が完全に閉ざされかねない―。「あの日」の体験者たちから、そんな危機感が伝わってきた。

市の「原爆被爆者動態調査」で名前が確認できた45年末までの犠牲者数は、2019年3月末時点で「8万9025人」。よく知られた「14万人±1万人」の推計値と大きな開きがある。まだまだ埋もれた死者がいる。おびただしい数の「帰れぬ遺骨」が眠っている。

記者たちは「空白」を追いながら、「1人」を突き止める困難さを何度となく痛感した。同時に、できることが到底やり尽くされていないことも、確信した。

国と市の持つ資料を突き合わせることで、原爆供養塔に眠る1体の遺骨が遺族返還へと前進した。韓国側の記録から朝鮮半島出身の原爆犠牲者の存在を突き止めたが、氷山の一角だろう。現在は原爆資料館となった、まさにその場で被爆死していた住民の名前も新たに確認できた。民間だけでここまでできる、と記者数人で証明した。

市民、行政が力を合わせ、資料や情報を持ち寄れば、さらに「空白」は埋まるはずだ。私たちには、努力をつなぐ責務がある。人ごとと思い、忘却にまかせるなら、原爆被害を「仕方がなかった過去」と見なすに等しい。そうであれば、いつか「人間的悲惨」は繰り返される。

諦めてはならない。

第 7 部

「75年後の夏」編

NEWS
中国新聞
2020.8.5付

投下前の写真3000枚寄贈

理髪店主ら撮影 資料館が整理

被爆前の広島の街や市民生活などを記録した写真3千枚以上が原爆資料館（広島市中区）に寄贈された。現在の中区の本通り商店街の近くで理髪店を営み、被爆死した鈴木六郎さんが残していた。資料館は、原爆で壊滅させられる前の広島の姿を伝える貴重な資料として整理を進めている。

1920年代前半から40年代前半にかけて、本通り商店街など市内の繁華街をはじめ、広島県産業奨励館（現中区の原爆ドーム）、広島駅、広島城などで、家族や市民の姿を表情豊かに撮った。大半はカメラが趣味だった六郎さんの撮影。多くはアルバムに撮影日や場所を記してあった。

六郎さんと妻子の家族6人は、米国の原爆投下で一家全滅した。写真は、おいの鈴木恒昭さん（88）＝広島県府中町＝が保管していた。2014年に一部の写真データを資料館に提供したが、将来への保存を願って今回、プリントの全てを資料館へ託した。

鈴木六郎さん

原爆資料館に寄贈された被爆前の広島の街や家族の写真。被爆死した理髪店主の鈴木六郎さんが3千枚以上残した

2020年8月3日～7日掲載

①家族全滅

8・6前日 笑顔のわが家

「奪われた日常 伝えたい」

広島市中区十日市町の茶葉専門店「綿岡大雅園」に、原爆で両親と妹3人を失った綿岡智津子さん（2011年に82歳で死去）が大切にしていた家族写真が保管されている。原爆投下の前日の撮影とみられる。「75年前に奪われた日常を伝えたい」。店を継ぐ長女の岩田美穂さん（62）は20年7月末、店内にささやかな展示スペースを設けた。

爆心地から740㍍

ワンピース姿ではにかむ2人の女の子。口元から、生え替わり始めた歯ものぞく。智津子さんの妹の裕乃さん＝当時（6）＝と公乃さん＝同（3）＝だ。「戦争中とは感じさせない。今の子どもと変わらない笑顔です」と岩田さんが目を細めた。

1923年創業の綿岡大雅園は智津子さんの父・重美さんと母・光子さんが西九軒町（現十日市町）で営む茶問屋だった。主に軍納品を扱い、従業員も数十人いたという。各地で空襲が激しくなる中、一家も郊外へ疎開することになり、写真館に頼んで自宅で数枚記念写真を撮った。8月6日、爆心地から約740㍍の自宅と一帯は壊滅した。

16歳だった智津子さんが動員先の軍需工場から自宅跡に戻ると、黒焦げの父と裕乃さんが横たわり、公乃さんは母と抱き合ったまま息絶えていた。もう一人の妹香代子さん＝同（12）＝も犠牲になった。生前の5人を最後に捉えたカットは、写真館で焼失を免れた。

結婚後に夫と店を再建した智津子さんは「家族についてぽつり、ぽつりと話すだけでした」と岩田さんは振り返る。家族写真のうちの1枚は2006年に出版された絵本「いわたくんちのおばあちゃん」（作・天野夏美、絵・はまのゆか）を通し、広く知られるようになったが、他の写真は仏壇の引き出しにしまい込んでいた。本紙連載「ヒロシマの空白　街並み再現」の取材を受けたのを機に、被爆前の写真を店に並べようと思い立った。一番目立つ場所に、家族写真や姉妹の写真とともに、茶葉に囲まれた祖父母の姿や、戦前の店舗の外観を捉えた写真を額に入れて展示した。

涙ぐむ来店客も

生前の智津子さんの思いを、来店客も感じ取ってくれている。買い物に訪れた野坂和子さん（68）は写真に見入り「家族が一瞬のうちに消されたのだと実感させられます」と涙ぐんだ。

岩田さんは、小中学校の平和学習で講師を依頼されることも多い。被爆75年の原爆の日も、市内の小学校で戦前の写真を見せながら、母の体験を語った。「今の子どもたちは、原爆の悲惨さを言葉で訴えるだけでは、なかなか伝わらない。写真を通し、家族や暮らしていた街が一瞬にして消え去ったことを想像してほしい」と話している。

1945年8月に撮影された綿岡家の家族写真。智津子さん（右端）は、両親と3人の妹を原爆に奪われた（岩田美穂さん提供）

店内の棚に被爆前の綿岡家の写真を並べる岩田さん。手前の1枚が裕乃さん㊨と公乃さん

②姉の記憶

生きた証し 語る反物

爆心直下の呉服店で購入

平和記念公園（広島市中区）内の「レストハウス」は、かつて大正屋呉服店だった。1929年から太平洋戦争中の繊維統制令により廃業する43年まで、ここで営業した。爆心地から170メートル。原爆ドームに次いで、爆心地に最も近い被爆建物である。

その大正屋呉服店で購入した黒染めの反物2枚と浴衣3着を、医師の天野友直さん（94）＝西区＝が大切に保管している。

活況ぶりも映す

反物は男性用。「大正屋呉服店」と印刷された畳紙（たとうし）に包んであり、「若狭」と筆書きされている。同店支配人だった故若狭金治郎さんの名前だ。浴衣は女性用1枚と男性用2枚で、値札も残る未使用品。うち1着には、価格統制品であることを示す38年8月付のマークが付いている。原爆資料館によると、特に同店の反物はこれまで確認されておらず、学芸課の菊楽忍さんによると「保存状態も良好。店のにぎわいが伝わる貴重な資料です」。

これらの反物と浴衣は、天野さんにとって、原爆に命を奪われた姉の形見のようなものだ。

実家は、父進作さんが白島西中町（現中区）で開いていた精神科の「廣島（ひろしま）脳病院」。100床ほどで、自宅を兼ねていた。天野さんは5人きょうだいの4番目で、6歳違いの姉孝さんは「賢くて優しかった」

原爆が投下された時、孝さんは自宅1階にいて倒壊した建物の下敷きになり、25歳で亡くなった。爆心地から約1・5キロの病院は全焼した。反物と浴衣は、家財道具とともに疎開させており無事だったらしい。

当時19歳だった天野さんは、慶応大医学部予科の学生だった。東京で広島壊滅の一報を聞き、列車の切符が取れた19日に広島市内へ。その後、合流した父から孝さんの死を聞かされる。「戦時中だから家族が命を落とすことがあっても仕方がない、と覚悟はしていた。それでも米国に対する憎しみが心の底から湧いてきました」

4年後の49年、父が焼け跡近くに「天野病院（現天野医院）」を再建。天野さんは、61年に院長を引き継いだ。自身が入市被爆をしたことは家族以外には語らず、被爆者健康手帳も取得せずに生きてきた。2006年に一線を退いた。

その後肝臓がんを患い、苦しい療養を続ける中で、亡き姉と過ごした日々を振り返るようになる。「私の最後の使命として、原爆を経験した家族史を残そう」。そんな思いが募り、記憶をたどりながら被爆前の病院の見取り図を書いたり、当時の写真を探したりしている。

大切に子と孫へ

20年7月上旬、天野さんは「若狭」の筆書きのある反物を携えて「わかさ屋呉服店」（広島市中区）を訪れた。若狭さんが後に独立して開いた店だ。「たくさんの商品を持って来て、玄関に並べながら熱心に説明していた若狭さんの姿をよく覚えています」。店を継ぐ孫の利康さん（64）に思い出を語った。

天野さんのまぶたに今も焼き付いているのは、着物姿でほほ笑む孝さんの姿。「姉が生きた証しを大切に残し、わが子たちと3人の孫に引き継ぎたい」

新築当時の大正屋呉服店＝1929年（清水建設提供）

大正屋呉服店の反物や浴衣を前に、被爆前の暮らしや亡き姉について若狭さん㊧に話す天野さん

③韓国の被爆者

75年後の健康手帳取得

全体像不明 申請難しく

広島で被爆した在韓被爆者の金殷明（キムウンミョン）さん（77）＝慶尚南道固城郡＝がこの夏、被爆者健康手帳を取得した。証人が見つからないため申請を諦めかけたが、市民団体の支えをはじめ、偶然の出会いにも助けられて取得にこぎ着けた。在韓被爆者の全体像は今なお分かっておらず、その「空白」は被爆から75年を経ても埋まっていない。

金殷明さん

偶然 証人と遭遇

金さんは1945年8月6日、福島町（現広島市西区）の自宅で父能白（スンベク）さん＝当時（33）、母趙富信（チョブシン）さん＝同（24）＝と被爆した。朝食後で屋内にいたため熱線による火傷は免れたが、バラックは倒壊。2歳だった金さんは頭の骨を折る大けがをした。一家は己斐国民学校（現己斐小、西区）に避難し、数日後に郊外の知人宅へ。治療を受けながら過ごす間に韓国へ戻る方策を探り、宇品港（現南区）から「ヤミの船」に乗って帰国した。

父は被爆時に腰を痛めて働けず、金さんは小学生の頃から働いて母を支えた。成人し、結婚した後も妻子を家に残して各地の建設現場を転々とする暮らし。父母は手帳を取得しないまま他界し、申請制度を知る機会はなかった。知った後も、申請のために広島を訪れるための旅費を用立てることはできなかった。

金さんが申請に動いたのは、ようやく暮らしが落ち着いた2012年ごろだった。「韓国の原爆被害者を救援する市民の会広島支部」の安錦珠（アンクンジュ）さん（56）＝西区＝が支援のため何度も現地を訪れ、本人からの聴き取りや、当時を知る証人捜しに奔走した。

作業は何重にも難航した。幼少期に被爆した金さんは、当時の状況や広島の地理の記憶が乏しい。安さんは「幼かったからだけではなく、人に語ってこなかったからでもある。厳しい貧困にあえいだ戦前戦後の暮らしを語るのは、人前で裸になるような恥ずかしさがあるだろう」と、在韓被爆者が置かれた厳しい生活環境を推し量る。

証人捜しも、あまりに時間がたちすぎていた。金さんの周りにも、広島で被爆して手帳を取得している人はいた。しかし、取得時に証人となった親世代は既に亡く、金さんの同世代では証人としては幼すぎるケースがほとんどだった。

転機は18年。金さんの娘が営む食堂に、日本語で話す夫婦の客が訪れた。懐かしさから話しかけてみると、同じ広島生まれで、住んでいた場所が近かった。一家で工場を営んでいたという。詳しく聞いてみると、金さんの両親の勤め先だった工場だと分かった。証人が見つからない現状を話すと、快く引き受けてくれた。

申請は08年から、在外公館でできるようになっていた。金さんは18年12月、韓国・釜山の日本総領事館で正式に申請手続きをした。長い審査を経て、ことし6月12日に手帳を手にした。金さんは「諦めかけたが、悔しくて続けてきた。ようやく認められてうれしい」とコメントした。

制度知らぬ人も

1979年に広島、長崎両市が刊行した「広島・長崎の原爆災害」（岩波書店）は、広島市で2万5千～2万8千人の韓国・朝鮮人が被爆し、5千～8千人の範囲で死亡したと推測。一方、韓国原爆被害者協会（韓国）は72年、広島で5万人が被爆し、うち3万人が死亡したとの推定を発表している。同協会には2020年8月3日現在で2130人が登録し、うち57人は手帳を持たない。手帳や協会の存在さえ知らない人も多く、在韓被爆者の全容は今も不明だ。安さんは「幼い頃に被爆した人や、親を失った人たちには申請すら難しい。こうした人たちを捜し、救うのは、本来は公の仕事だ」と訴えている。

④父の面影求めて

今向き合う「あの日」

遺品見返し無念さ思う

医師の松本隆允（たかのぶ）さん（74）＝広島市中区＝は1945年8月、軍医だった父清徳さんの被爆死から1週間後に生まれた。同じ医師の道を歩みながら、父のことや親子を引き裂いた原爆について振り返らずに生きてきた。だが75年がたとうとする今、「空白」となっている父の面影を探し始めた。

「うちがあったのはこの辺ですかね。おふくろは馬に乗って出かけるおやじに手を振りよったそうです」—。原爆ドームを望む本川小（中区）近くの川べりで、松本さんが被爆者の西敦子さん（84）＝西区＝に尋ねた。「松本家はあの端の方です」と西さんが応じた。

西さん㊨に戦前、両親が暮らしていた場所を確認する松本さん。対岸には原爆ドームが見える

軍医として被爆

2人の出会いは、4月に本紙掲載の被爆75年企画「ヒロシマの空白　街並み再現」（本書114ページ）がきっかけだ。松本さんの両親は鍛冶屋町（現中区本川町）に住んでいた。本川地区の被爆前について語る西さんの記事を読み、「父について手掛かりを知りたい」と連絡した。

清徳さんは、旧制広島高（広高、現広島大）を経て42年に東京帝国大（現東京大）医学部を卒業し、広島に戻った。あの日、広島城付近の中国軍管区砲兵補充隊で被爆し、1週間後に搬送先の広島第一陸軍病院戸坂分院（現東区）で息絶えた。27歳だった。

松本清徳さん

その翌週、母光恵さん（2008年に85歳で死去）の古里、十日市町（現三次市）で松本さんは産声を上げた。周囲は光恵さんに「負傷者の治療で忙しくしている」と清徳さんの死を伝えなかった。後に知ると、赤ん坊を連れて自死しようと線路上をさまよい歩いたという。光恵さんは77年に出版した短歌集の巻頭に、夫が「元気な赤ちゃんを抱いて帰る日を待つ」と帰省時に見送ってくれたことを記している。

松本さんは、光恵さんが戦後に再婚した家庭で育った。実父の存在を知らされたのは12歳のころ。以来、母はよく「清徳さん」との思い出を語ったが「聞く気になれず、右から左へと流していた」と振り返る。

母の期待に応えて東京の医大を卒業し、72年に医師免許を取得。現在の広島赤十字・原爆病院などで勤務した後、診療所を開業した。74年に結婚した妻の父親は、日本被団協の初代事務局長を務めた故藤居平一氏。反核運動は身近だったが、被爆者に献身する義父の活動から距離を置いた。「おやじと祖母、叔母も原爆で亡くなったのに、被爆者は生きている」という複雑な思いもあったという。

「夢」の文字熱く

その心境は、徐々に変わっていく。年を重ねるうちに、両親の遺品を見返すようになった。広高の卒業アルバムを開くと、父の筆跡とみられる「夢！」の文字と、息づかいまで伝わってくるような熱い言葉が躍っている。突然、未来を絶たれた父の無念さを思った。父を知る人たちは既に他界しており「早く聞いていれば」と後悔の念が募る。

「原爆は遠く年月隔てども許せぬ怒り　今も変（かわ）らず」—。母が詠んだ短歌はきっと、多くの遺族が抱いた思いだろう。松本さんは近く、清徳さんの卒業アルバムのデータを広島大文書館（東広島市）に寄贈する。

⑤弁当箱と母の日記

捜し歩いた日々克明に

被爆の記憶　家族で継承

「お兄さんがこの道を歩いて行くのを、姿が見えんようになるまで見送ったんよ」。あの日を振り返る芳枝さん㊧と雄介さん（2020年8月6日、広島市安佐北区）

米軍が広島に落とした1発の原爆に焼かれた少年の弁当箱が残されていた。その少年を捜し歩いた母の日記が2020年7月に見つかった。わが子を見つけられず黒焦げの弁当箱だけを持ち帰り、原爆投下の10年後に亡くなった母。残された家族は今、母の深い悲しみと、家族史に刻まれた原爆の傷痕に向き合っている。

作業に出たまま

弁当箱の持ち主は県立広島工業学校（県工、現県立広島工業高）1年だった山根秀雄さん＝当時（12）。「あの日の朝、兄はこの道を何度も振り返りながら歩いていった」。妹の芳枝さん（86）＝広島市安佐北区白木町＝は6日、自宅から近くの駅へと続く道を指した。

秀雄さんはあの日、中島新町（現中区）での建物疎開作業のため白木町の自宅を予定より早く出発し、戻らなかった。

「列車ノ度毎、走セツケタガ秀雄ノ姿ハ求メラレヌ」（1945年8月6日、引用は全て原文のまま）

母初恵さん（55年に43歳で死去）の日記は、営んでいた酒造店の請求書をノート代わりに45年8月5日から46年3月31日まで残る。芸備線でけが人が次々と運ばれてくる中、初恵さんは7日、列車で見つけた県工2年生から「一年ハ全滅」と聞き、たまらず市内へと向かう。

連日、早朝に出発し、暗くなるまで救護所や病院を訪ね歩いた。似島や廿日市も訪れ、列車の切符が入手できなければ無賃で乗り込んだ。「何一ツ手ガカリ無シ」（7日）「死亡帳及生存患者両方ニナシ」（10日）「秀雄ノ姿ハ求メルコトガ出来ナカッタ」（11日）「帳簿ニナシ」（12日）

13日、焼け跡で秀雄さんの弁当箱を見つける。県工1年生の作業現場の近くを「セメテアノ子ノ思出ニ」と歩いていた時だった。「秀雄ノ辨当箱ガ佐古君ノト重ネテアツタ。スイ附ク様ニシテ手ニ取リ中ヲシラベタ」

端がねじ切れ、黒焦げの中身が残る弁当箱。あの朝、初恵さんが卵焼きやホウレンソウのあえ物を詰めた。雑穀が目立つ他の弁当と比べて「スグニ判別シタ」。初恵さんはそれを持ち帰り、仏壇に収めた。

つらい胸中記す

日記には、時とともに募る悲しみも刻まれていた。「母ト子ノ霊ハ一日々々遠クナッテ段々追イテ行カレル気ガシテ淋シイ」（11月13日）

「母は毎日のように涙していた」と芳枝さん。被爆から10年後、肺を患い、亡くなった。「被爆による病ではなかったか」と今も思う。

弁当箱は芳枝さんが引き継いだ。3年前に同居を始めた孫の雄介さん（35）の勧めもあり、昨秋に原爆資料館（中区）に寄せた。

初恵さんの身の回りの品は当時、肺の病の感染を恐れてか全て焼却されたという。それが先月、偶然日記が見つかった。店の帳簿類の中に紛れていた。読んでほしかったのだろうか―。雄介さんたちは、日記だけは家族の記録として手元に残すことにした。

「十三年前、オ前（秀雄さん）ニ乳房ヲフクメテ横ニナッタ母ノ希望ニ満チタ姿ヲ想出シ　タマラナクナリマシタ」（11月13日）

3月に長女が生まれた雄介さんは、この一文の重みを実感する。「これからは8月6日を家族の痛みを思い返す日にしたい」。家族が受け継ぐ被爆の記憶は、ヒロシマの「空白」を埋める断片でもある。

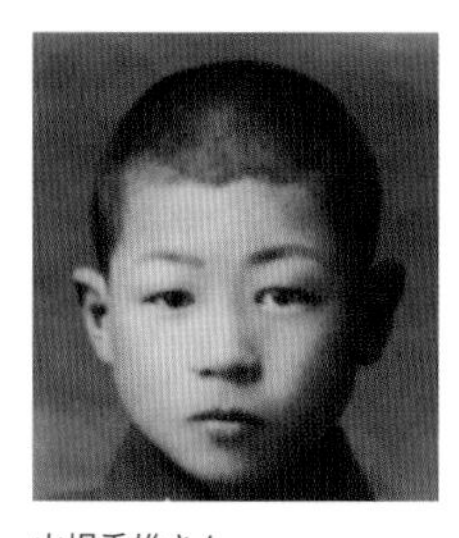

山根秀雄さん

山根さん宅
広島市
芸備線
建物疎開作業現場
爆心地
山陽線
N

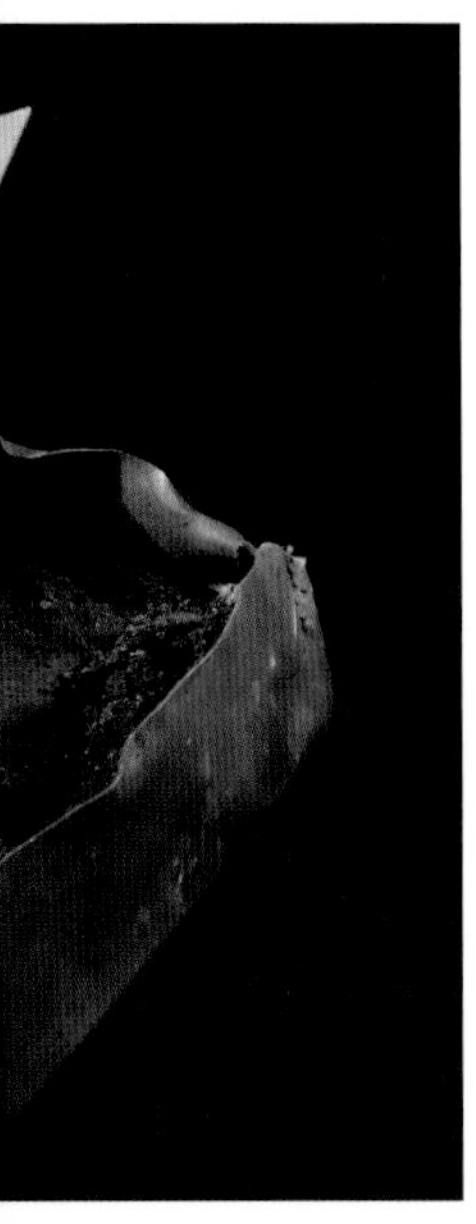

炭化した中身が残る秀雄さんの弁当箱と母初恵さんの日記

⑥検視調書

叔母の最期 初めて知る

名前刻まれた碑に折り鶴

広島市西区の中原里枝さん（76）は、叔母弥生さんの被爆死について家族から聞かされないまま、胸のつかえを抱えて生きてきた。今月に入り、市が公開している「原爆罹災者名簿」の検視調書から発見。約75年をへて、叔母の最期をめぐる「空白」を埋めた。「もっと生きたかったことでしょう」。記憶にはない肉親の命に、思いを寄せている。

弥生さんの名前が刻まれた石板に、23羽の折り鶴をささげる中原さん

語らなかった父

中原さん一家は、広島駅近くの猿猴橋町（現南区）で「つかさ屋呉服店」を営んでいた。自宅を兼ねており、父政司さんの妹の弥生さん＝当時23歳＝も中原さんたちと同居していた。

安田高等女学校の教師だった弥生さんは8月6日の早朝、自宅を出たまま戻らなかった。爆心地から約1・4キロの西白島町（現中区）にあった校舎は全焼。1歳だった中原さんは母と兄、祖父母と自宅で被爆した。「父は原爆の話をせず、叔母のことも『学校で死んだ』としか教えてくれませんでした」。子ども心に、父の悲しみを察した。

中原弥生さん（中原里枝さん提供）

年齢と同じ23羽

2019年、兄の敬司さんが亡くなり、原爆死没者名簿に登録された。弥生さんのことがふと気になり、市に確認すると未登載だった。被爆から数年後に他界した母と祖父の名前も漏れており、3人は同年8月6日に書き加えられた。

「弥生さんのことをもっと知りたい」。そんな思いから20年8月3日、いちるの望みを掛け、6日まで「原爆罹災者名簿」が公開中の広島国際会議場に足を運んだ。すると「東警察署　検視調書」に記載があった。1945年9月5日付の文書で、学校の事務室で焼死したと書かれていた。

中原さんは5日、自らの母校でもある安田女子中高の原爆慰霊碑を訪れた。弥生さんの当時の年齢と同じ23羽の折り鶴をささげ、手を合わせた。石板には、弥生さんを含む教諭13人と生徒311人の犠牲者名が刻まれている。「原爆に奪われた命なのだと、これまで以上に実感しています」。6日朝、石板の前で同校主催の慰霊祭が行われた。

ヒロシマの空白

街並み再現

2019年12月31日～20年7月20日掲載

買い物客たちが歩く中島本通り。右手前が「廿日市屋」で、右奥の「大正屋」の看板は「大正屋呉服店（被爆時は燃料会館）」。1938～39年の撮影と推定（広島市公文書館所蔵）【P110旧中島地区と周辺】

ヒロシマの空白

街並み再現

すずらん灯で飾られた1930年ごろの本通りの中心部。アーチ形の窓が連なる左手の建物は鴻池銀行広島支店で、被爆時は大林組広島支店（益田崇教さん提供）【P100 本通り】

すずらん灯が輝く旧革屋町の夜景。すずらん灯は1925年に設置され、第2次世界大戦中の43年、金属供出のため撤去された（広島市公文書館所蔵）【P100 本通り】

八百金や赤松薬局、ライト眼鏡店の看板が掲げられた本通り。下部にごく薄く、昭和17（1942）年の検閲済みの印が見える（岡本勇関係文書、広島大文書館所蔵）【P107 本通り】

鈴木美髪院のガラス戸に絵を描く公子さん。父六郎さんが「悪戯書（いたずらが）」と題して1940年に撮影（鈴木恒昭さん提供）【P103本通り】

勤労奉仕とみられる女性たちが兵器支廠で機関銃の整備をしている。1935〜44年撮影（広島市文化振興課所蔵）【P116基町と周辺】

犬を抱き上げる鈴木公子さん（1938年）。奥に本通りが見える（鈴木六郎さん撮影、鈴木恒昭さん提供）【P103本通り】

皇太子（現上皇さま）誕生を祝う1934年ごろのパレード。あるいは40年の皇紀2600年の祝賀行事とみられる市民の列（松本若次さん撮影、川本静枝さん提供）【P100本通り】

長崎屋の店内で体操する従業員。1937年ごろ撮影（長崎清信さん提供）【P100本通り】

今中圭介さんが通った誓願寺の無得幼稚園のお遊戯会。境内で園児が日の丸を掲げ、万歳している（今中さん提供）【P112旧中島地区と周辺】

1940年ごろの中島本通りの「矢野靴店」前に立つ現在84歳の橋垣勉さん（西区）。この斜め向かいにあった「藤本製菓」を営む伯母宅で一時期を過ごした（橋垣さん提供）【P110旧中島地区と周辺】

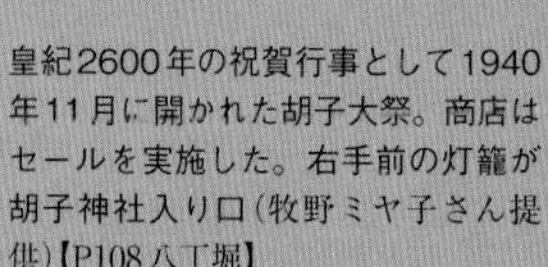

皇紀2600年の祝賀行事として1940年11月に開かれた胡子大祭。商店はセールを実施した。右手前の灯籠が胡子神社入り口（牧野ミヤ子さん提供）【P108八丁堀】

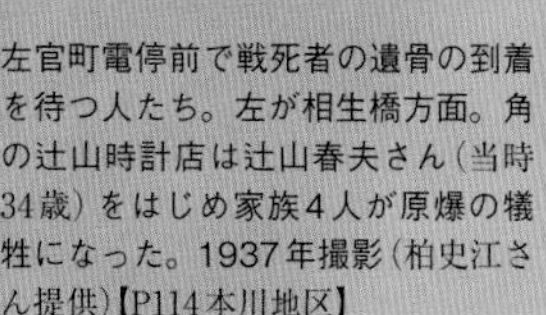

左官町電停前で戦死者の遺骨の到着を待つ人たち。左が相生橋方面。角の辻山時計店は辻山春夫さん（当時34歳）をはじめ家族4人が原爆の犠牲になった。1937年撮影（柏史江さん提供）【P114本川地区】

広島市沖合の似島（現南区）に日露戦争中の1904年に開設された陸軍第二検疫所。被爆直後は臨時野戦病院となり、推定1万人が収容された。左上に陸軍の昭和11（1936）年検閲済の印（益田崇教さん提供）【P116基町と周辺】

木造家屋が密集し「ヤスリ」「旅館林」などの看板が並ぶ。現在の広島記念病院の西側付近とみられる。1937年撮影（柏史江さん提供）【P114本川地区】

1935年秋、被服支廠の現1号棟を背に仮装行列の記念撮影。ここで働いていた切明千枝子さん（90）＝安佐南区＝の母が2列目で「爆弾三勇士」にふんしている。被爆直後から負傷者が収容された。「被服支廠は戦争の加害と被害の歴史を伝える物言わぬ証人です」（切明さん提供）【P116基町と周辺】

戦前の猿猴橋東詰めからの風景。橋の往来はにぎやかだった（広島市公文書館所蔵）【P120広島駅】

米軍の原爆投下目標となった相生橋。右奥に県産業奨励館のドーム屋根が見える。右の新宅和子さんは第一県女1年で被爆し、遺骨は不明。1934年撮影（鈴木恒昭さん提供）【P124街並み再現特集】

生活の場だった中島本通り。大正屋呉服店から西を望む。1939年ごろ撮影（奥野勝彦さん所蔵、広島市文化振興課提供）【P110旧中島地区と周辺】

中島本通りの藤井商会前（緒方昭三さん提供）【P110旧中島地区と周辺】

島薫さん（前列左から2番目）の膝の上で日の丸を持つ一秀さん。1938年前後の撮影（島一秀さん提供）【P122島病院】

〈特集〉本通りで生きていた 被爆前

原爆が広島上空でさく裂した瞬間、街は壊滅し、多くの命が奪われた。家族や友人との思い出が刻まれた写真も失われ、今なお、被爆前のわが家を捉えた一枚を探し続けている人たちがいる。被爆75年の節目となる2020年、写真の数々に光を当てながら、原爆に消し去られた街の全体像に近づく努力を始めたい。まずは、近年新たなカットが相次いで確認されている広島市中心部の「本通り」とその周辺から、確かにあった日々の営みを見つめる。

すずらん灯で飾られた1930年ごろの本通りの中心部。アーチ形の窓が連なる左手の建物は鴻池銀行広島支店で、被爆時は大林組広島支店だった。被爆建物として残り、山口銀行本通支店に使われていたが2002年に解体。跡地のビルに窓の飾りが展示されている（益田崇教さん提供）

被爆翌日の1945年8月7日の惨状。左が爆心地から490㍍の大林組（旧鴻池銀行）、奥中央は下村時計店、右は安田銀行。手前に脚を折り曲げた遺体が見える（岸田貢宜さん撮影、岸田哲平さん提供）

田中眼鏡店があった辺りから「キリンビヤホール」の方角を望む

時計台が人目を引いた下村時計店。1930年ごろ撮影（下村光則さん提供）

中央は旧堀川町に1913年に開業した田中眼鏡店（現メガネの田中チェーン、広島市中区）。原爆で焼失し、同社に被爆前の同町店舗写真は残っていないという。43年以前の撮影。同店の東側はまんじゅう店の「とらや」、西側はかばん店などが軒を連ねていた（益田崇教さん提供）

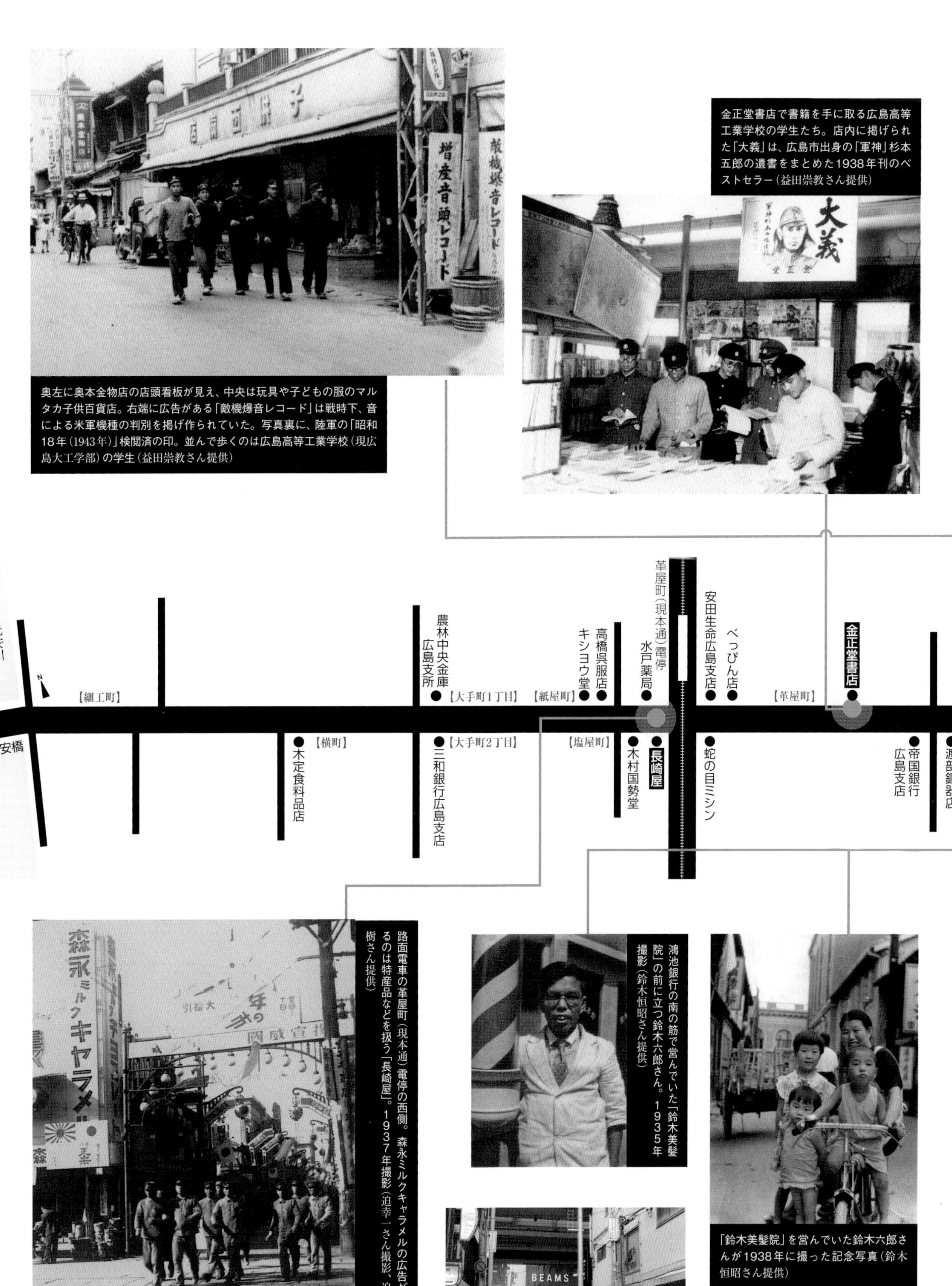

奥左に奥本金物店の店頭看板が見え、中央は玩具や子どもの服のマルタカ子供百貨店。右端に広告がある「敵機爆音レコード」は戦時下、音による米軍機種の判別を掲げ作られていた。写真裏に、陸軍の「昭和18年（1943年）」検閲済の印。並んで歩くのは広島高等工業学校（現広島大工学部）の学生（益田崇教さん提供）

金正堂書店で書籍を手に取る広島高等工業学校の学生たち。店内に掲げられた「大義」は、広島市出身の「軍神」杉本五郎の遺書をまとめた1938年刊のベストセラー（益田崇教さん提供）

路面電車の革屋町（現本通）電停の西側。森永ミルクキャラメルの広告があるのは特産品などを扱う「長崎屋」。1937年撮影（迫幸一さん撮影、迫青樹さん提供）

鴻池銀行の南の筋で営んでいた「鈴木美髪院」の前に立つ鈴木六郎さん。1935年撮影（鈴木恒昭さん提供）

「鈴木美髪院」を営んでいた鈴木六郎さんが1938年に撮った記念写真（鈴木恒昭さん提供）

「BEAMS」の建物（奥）は大林組（旧鴻池銀行）があった場所

一枚の写真 記憶呼び戻す

マルタカ子供百貨店があった商店街の同じ場所で当時の暮らしを懐かしむ奥本さん

2019年夏、原爆資料館（広島市中区）で開催中の新着資料展を見学した奥本博さん（89）＝同＝は、被爆前の本通り商店街を捉えた一枚の写真に目を奪われた。「八　奥本金物店」。屋号と店名が読み取れた。「ああ、うちの看板じゃ」。あの日の朝以来74年ぶりに、懐かしいわが家と「再会」した。

祖父が旧播磨屋町12番地に創業した金物店は、奥本さんの生家でもあった。3軒隣の玩具店「マルタカ子供百貨店」は、木馬や滑り台で遊べる遊園地のような場所。近所の「金正堂書店」は2階が食堂で、家族と一緒に―。思い出は尽きない。

広島市中心部を東西に延びる本通りは、当時から地方随一の繁華街。しかし太平洋戦争の戦況が厳しくなり、物資の統制が進むと店は一つ、また一つと閉店していった。奥本金物店は、金属供出により品物が少なくなると、煮炊きに使う素焼きの「竈（くど）」を扱うなどして存続した。

本通りでは1945年8月当時も、約160軒が店を開けていたという。原爆が、その全てを焼き尽くした。

旧制修道中3年だった奥本さんは、爆心地から4・1キロ離れた動員先で被爆した。猛火に阻まれ、本通り周辺に近づくことができない。翌日、自宅前にたどり着き、「博　健在」と書いた紙を倒れていた電柱の上に置いた。爆心地から約430メートル。「家族はどこかへ逃げているに違いない。そればかり思っていた」。何日も歩き回った。

父八重蔵さん＝当時（43）＝ら家族6人を失い、生き残ったのは奥本さんと祖母だけだった。末の妹妙子さん＝同（4）＝は店の焼け跡で小さな骨になっていた。妹文子さん＝同（13）、弟の克彦さん＝同（8）＝と直通さん＝同（6）＝は、遺骨すら見つかっていない。避難先で再会できた母の寿子さん＝同（38）＝は下痢に苦しみ、足をさすると「もうええよ」と言い残して被爆の8日後に亡くなった。

戦後は高松市の親戚宅へ身を寄せたが、古里への思いは消えない。5年後に自宅跡へ戻り、紳士洋品店を約40年間続けた。今も同じ地で暮らし、郵便受けにはかつての屋号を刻む。しかし被爆前のわが家の記憶は、まぶたの奥に浮かぶたたずまいだけだった。

その「空白」を埋めたのが、安佐南区の会社員益田崇教さん（54）だ。インターネットのオークションも駆使して被爆前の広島の写真を入手するたび、「研究に役立てて」と画像データを原爆資料館などに寄贈している。「奥本金物店」もその中の一枚だった。

益田さんの母静江さんは現在の十日市町（中区）に自宅があり、5歳で被爆。両親ら家族5人を奪われた。益田さんが高校2年の時、白血病を患い42歳で亡くなった。

母はどんな街に暮らしていたのだろう、と始めたのが写真収集だった。「祖父母もこの景色を見たのかな」。写真が残っていない家族もおり、面影すら知らない肉親に思いを巡らせてきた。

あの写真と奥本さんを引き合わせた益田さんは「何よりうれしい縁です」と胸を熱くしている。奥本さんは、小学生と幼稚園児のひ孫2人を連れ新着資料展を再訪した。「私の体験をもっと知りたい、と実感しながら見てくれたはずです」

理髪店主のアルバム

全滅一家 写真が語る

今に伝える3000枚

東西に走る本通り商店街（広島市中区）を、衣料品店「ビームス広島」前から南に折れた筋。鈴木恒昭さん（88）＝広島県府中町＝はそこに立つと、75年前まで西側の並びにあった理髪店「鈴木美髪院」で暮らしていた6人家族への思いで胸がいっぱいになる。「本当に仲の良い家族でした」

美髪院は叔父の鈴木六郎さんが経営していた。恒昭さん自身は約2キロ離れた広島駅の東側に住んでいたが、店から近い袋町国民学校（現袋町小）に通い、下校時によく立ち寄った。家族同然だった。2学年下のいとこ英昭さんたちと店の前の道に絵を描いたり、相撲をしたりして遊んだ。

成長記録も記す

写真が好きな六郎さんは「子どもや動物をかわいがるやさしい人」。店の前で遊ぶ子どもによくカメラを向け、笑顔を収めた。アルバムには成長の記録も記した。「初めて立ち上つた」「小学一年生になつた」。長男の英昭さんたちが川でエビをすくう姿には「僕の子供時代ソツクリだ」とも。

店の前の通りに立つ英昭さん（1940年4月）。「小学一年生になつた」と書き添えてある（鈴木六郎さん撮影、鈴木恒昭さん提供）

「あの日」の前日も、袋町国民学校6年だった英昭さんは川でエビを捕って遊んだ。いつものように、広島高等師範学校付属中（現広島大付属中・高、現南区）へ進学し2年生だった恒昭さんも一緒。「ほいじゃあの（それじゃあね）」。また、遊ぶはずだった。

翌朝、英昭さんは袋町国民学校の校舎内で被爆。同じく校内にいて大やけどを負った3年生の妹、公子さんを背負い救護所に逃げた。「連れに戻って来る。待っとって」。助けを求めに行こうとする兄に、妹は苦しい息で「お兄ちゃん、カタキとってね」と言ったという。公子さんのその後の行方は、分からない。

英昭さんは親戚に出会えたものの、高熱や出血に苦しみ1週間ほどで息を引き取った。六郎さん＝当時（43）＝は収容先で死去。次男護さん＝同（3）＝と次女昭子さん＝同（1）＝は、店の焼け跡で骨になっていた。妻フジエさん＝同（33）＝は、重傷を負いながらも親類の家にたどりついた。だが夫と子ども4人が誰も助からなかったらしいと知らされると、井戸に身を投げた。

約3千枚を収録する10冊以上のアルバムが、全滅した一家の生きた証しとして残った。大切にしていたからか、被爆前に市中心部から多少離れた恒昭さんの家に移していたとみられる。

反響呼んだ展示

「ろうそくを吹き消すように消えてしまった」―。自宅にいて助かった恒昭さんは、被爆60年を前に筆を執り、一家全滅に関して絵と手記にした。それが被爆者の「原爆の絵」として原爆資料館（中区）に所蔵されたことをきっかけに、恒昭さんの手元で眠る写真の存在にも光が当たった。

鈴木恒昭さんとの関係

■いとこ　昭子さん
■いとこ　護さん
■いとこ　公子さん
■いとこ　英昭さん
■叔母　フジエさん

■叔父　六郎さん

「六郎叔父さんはこの通りでたくさんの家族写真を撮りました」。鈴木美髪院があった筋で懐かしむ恒昭さん

人形遊びをする英昭さんと公子さん、手をつなぐ家族…。命が存在した記録すら原爆に消されることにあらがうかのように、残ったアルバム。同館は2014年に恒昭さんから画像データの提供を受け、一部を紹介した企画展は大きな反響を呼んだ。

担当した高橋佳代学芸員は「原爆に奪われた『生』を伝える大切さ」を実感した。それは、美髪院があった筋を行き交う若者たちに向けた恒昭さんの思いと重なる。「ここで六郎叔父さん一家が生きていたと知ってほしい」

キリンビヤホール

酒と食事 家族に憩い

日常に戦争の影も

「ええっ、あったんですか」。ビールスタンド店主の重富寛さん（57）＝広島市中区＝は、記者が3枚の写真を見せると驚きの声を上げた。中区本通にあった「キリンビヤホール」の被爆前の店内が写っている。キリンビール（東京）も画像は持っていないという。

　重富さんは、こだわりのビール注ぎで全国に知られる。ホールについて調べ始めたのは2017年。原爆の日の8月6日に東京の広島県アンテナショップで注ぐ機会を得た際、身近なビールから被爆と復興に関心を持ってもらおうと展示パネルを作った。被爆前のホールの写真も入れたかったが見つからなかった。

　モダンな造りのホールは1938年に開店。ドイツに倣ったレストラン形式で、家族連れがビールと食事を楽しむ人気店だった。開業と同じ年に撮影された店内写真に、着飾った家族連れの姿が見える。「家族で『ハレの日』にレストランに行く楽しみを思い出させてくれます」と重富さん。

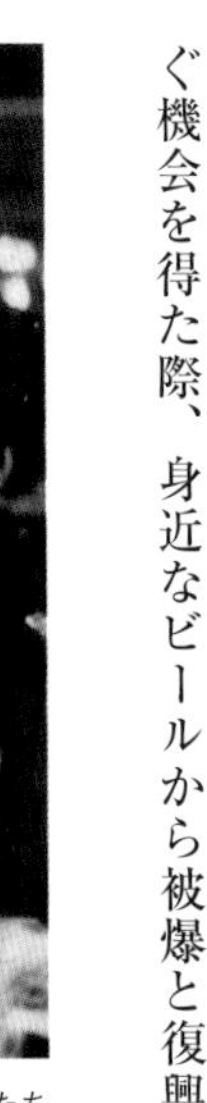

キリンビヤホールの店内で食事する新宅和子さん（左から3人目）と父逸吾さん（同2人目）たち（1938年）。米国の原爆投下で和子さんは行方不明となった（鈴木恒昭さん提供）

「被爆前の写真があったとは驚きました」。広島パルコ本館の壁にあるキリンビヤホールの被爆タイル㊧の前で語る重富さん

広島市　中区
本通
本通り商店街
広島パルコ本館
キリンビヤホールがあった場所

ビール求めて列

「新修広島市史」によると、戦時下に酒が配給制になるとホールは市内の酒類の約7割を供給し、45年3月にも夕方はビールを求める「百五十人もの老若」が券を手に並んだという。45年8月6日、内部をほぼ全焼したが建物は残り、早くも年末に営業を再開した。

　重富さんは「市民はビールを癒やしに復興への希望を膨らませたのだろう」と思いをはせる。被爆に耐えた建物は91年に解体。後に建った広島パルコ本館の外壁にモニュメントが残る。

　貴重な3枚は、近くで美髪院を営んでいた故鈴木六郎さんがのこした家族写真だ。アルバムを保存してきたおいの鈴木恒昭さん（88）＝広島県府中町＝によると、親戚でホールに集まり食事を囲むこともあった。

親思いな子 不明

　六郎さんのめい新宅和子さんが、父逸吾さんと並ぶ一枚も。その7年後、県立広島第一高等女学校（現皆実高）1年で建物疎開作業に動員され、行方不明のままだ。「和ちゃんは明るく親思いな子で、ピアノが上手でした。被爆の翌日、『和子が帰ってこんのんじゃ』とわが家に捜しに来た父逸吾さんの悲痛な声と涙が忘れられません」

　玩具店や帽子店の店内、呉服店の店頭…。六郎さんのアルバムの約3千枚の写真は、本通りやその周辺の街と市井の暮らしぶりを子どもの愛らしい笑顔とともに伝える。同時に、戦時下の空気も色濃く映す。

　戦争と平和について考える催しを開いている中区のカフェ、ハチドリ舎。六郎さんの写真に関心を寄せる店主の安彦恵里香さん（41）は複写を繰りながら、「擧国一致」と書かれたのぼりや、戦地に赴く兵士が銃を担いで美髪院の前を歩くカットにも目を留めた。

　「今と変わらない家族の日常の中に『戦争』があった。写真を見ながら、現在の世の中と照らし合わせ考えることも大切ではないか」。被爆前の写真が現代の若者にとって持つ意味をそう感じる。

袋町国民学校

亡き級友の姿 後世に

有志で卒業アルバム

袋町国民学校で1941年か42年にあった運動会。綱引きをする児童の後ろに、原爆で焼失した講堂（奥左）と北校舎が写る（今田さん提供）

白い体育着に帽子姿の男子児童たちが懸命に綱引きをしている。3年生か4年生だという。袋町国民学校（現袋町小、広島市中区）の運動会を収めた写真で、1941年あるいは42年の撮影。青空に響く子どもたちの歓声が、時を超えて聞こえてきそうだ。

児童はほぼ助からず

学校は、現在の本通り商店街から南へ約150メートル。広島原爆が落とされる前の45年春に卒業した今田宏行さん（87）＝中区＝が「自分は写っていませんが、親が見に来ていたので同級生と一緒に大いに張り切ったのを覚えていますよ」と懐かしそうに振り返った。

写真は「戦争中で、母校では手にすることがかなわなかったから」と、99年に同級生たちと手持ちのカットを持ち寄り作成した「卒業アルバム」の中の1枚だ。撮影時期は、太平洋戦争の開戦と重なる。43年には運動会が中止に。45年8月6日、爆心地から500メートル圏の同校は原爆に焼かれ、校内にいた児童はほとんど助からなかった。

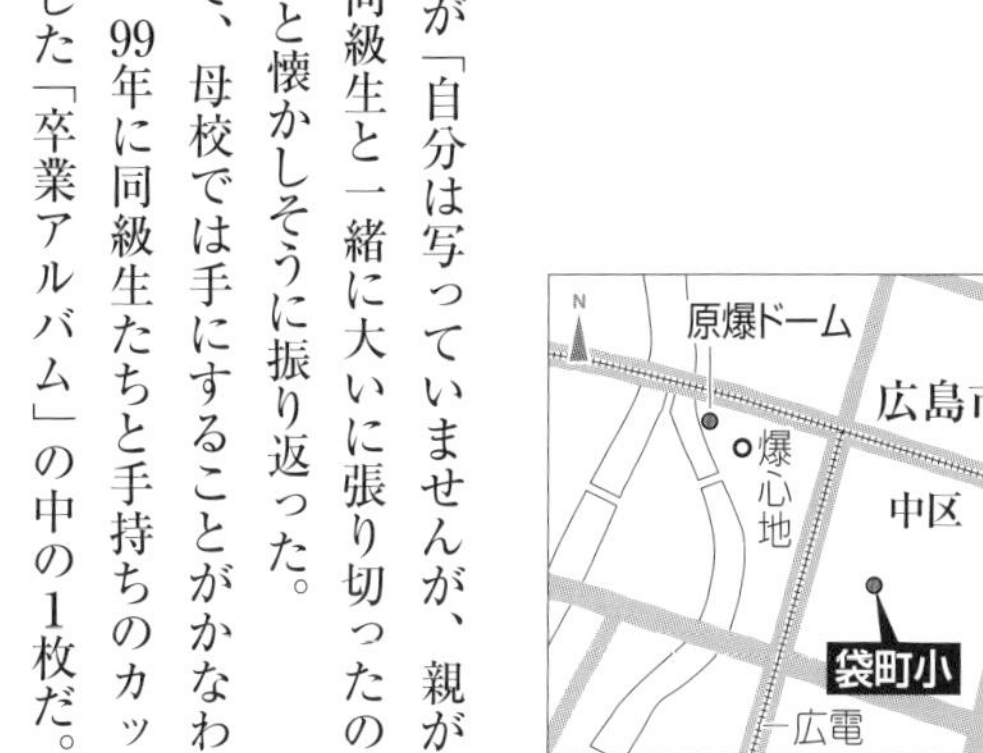

卒業アルバムを見せながら福田校長㊨と話す今田さん。奥左は被爆建物の旧西校舎の一部で、現在は平和資料館になっている

今田さんの生家は、猿楽町にあり、現在の原爆ドームのそばだった。父の応召を機に45年春、八幡村（現佐伯区）へ家族で疎開していたが、自身は爆心地から約2キロで被爆し顔や手に大やけどを負った。市立第一工業学校（現県立広島工高）に入学し、建物疎開作業のため皆実町（現南区）へ向かっていた。

戦後に父が復員すると、市中心部に住まいを戻した。忙しく働き、家庭を築いた40代の時、近所で袋町国民学校の同級生と再会し話が及んだ。「どのくらい生き残ったんだろう」。旧友の消息をたどり始めた。

被爆死71人判明

男子児童を今田さんが調べ、女子児童の所在については同級生だった宍戸和子さんが協力してくれた。約60人とつながり、住所録を作った。そして皆で実現させたのが「修学旅行」とアルバム作成だった。表紙タイトルは、校歌から引用した「帽影」。白神社であった新1年生の「入学祈願」、運動会や6年生時の集合写真などを並べた。加えて、児童が進学した各学校の慰霊碑や資料を手掛かりに、被爆死した同級生の名前を捜して記した。分かっただけで71人。「こんなに多かったんか」と悲しみがこみ上げた。

あれからさらに二十余年。県立広島第一高等女学校（現皆実高）の同級生の原爆犠牲者223人の慰霊も続けた宍戸さんは、2019年8月に他界した。再会を喜び合った友も、すでに亡くなった人が少なくない。

今田さんは同年12月、母校を訪れグラウンドに立った。アルバムを手にしながら、福田忠且校長（53）に「思い出しますよ」と語りかけた。「ここで学んでいた同級生たちの存在を、写真の記録にして将来に残したかった。それが、生き残った者の務めだと」。今田さんは19年、アルバムの写真データを原爆資料館（中区）に提供した。

商店街

市民の元 残る「歴史」

茶箱に写真 驚き

2019年4月に改装を完了した原爆資料館（広島市中区）は、展示の冒頭部分に被爆前の広島の街の写真を並べている。「被爆後の惨状と比べて見れば、被害をより実感してもらえる」と同館。家族の記念写真でも、背景に写る街の姿が「資料」になり得るという。市民の手元には、資料館のような公的機関にはないようなカットも含めてまだ眠っている—。そう考え、本通り商店街を歩いた。

「3階建てでハイカラな建物だったんですよ」。共同ビルの「本通ヒルズ」にある食器専門店「渡部陶苑」を訪ねると、渡部聡会長（67）が被爆前の店頭を捉えた2枚の写真を見せてくれた。同じ場所で祖父母たちが「渡部銅器店」の名で営んでいた。

木定食料品店に近所から集められたとみられる鍋ややかん。1943年2月の金属供出品の一部だと書かれている（木本泉さん提供）

被爆前の渡部銅器店の写真を手に、同じ場所に立つ渡部さん。奥は広島アンデルセンの建て替え工事現場

旧キシヨウ堂
原爆ドーム
本通り商店街
渡部陶苑（旧渡部銅器店）
爆心地
現在のキシヨウ堂
広島市中区
広島アンデルセン（旧帝国銀行広島支店）
木定楽器店（旧木定食料品店）

その建物も家族も、原爆に消し去られた。祖父岩助さん＝当時（67）＝と祖母ソノさん＝同（66）、伯母喜代子さん＝同（43）＝は遺骨が見つかっていない。市内にいた伯父良徳さん＝同（29）＝も犠牲になった。

疎開で焼失回避

戦後、父勲さん（10年に86歳で死去）が進学先の東京から帰郷し、親類と力を合わせて店を再建。跡を継いだ渡部さんは「被爆前の写真はすべて焼けたと思っていました」。ところが06年、本通ヒルズの建設に伴い倉庫を整理中、古びた茶箱の中に写真を見つけて驚いた。被爆前に郊外の親類宅に疎開させており、焼失を免れていた。

1枚には、道を挟んで西隣の銀行が写る。1945年当時は帝国銀行広島支店だった。被爆後も使われた建物は67年、アンデルセン（現広島アンデルセン）の店舗に。現在、被爆外壁を一部残しながらの建て替え工事が進む。本通りの歴史と、かつての姿を伝える写真。渡部さんは、来店者から見えやすいよう、レジの後ろに飾っている。

熊野真さん（71）が経営するワッペン・バッジ店「キシヨウ堂」にも、39年撮影の店頭写真が1枚だけ残っていた。当時は軍服の縫製や帽章、胸章などの販売をしていた。

金属供出 伝える

店を切り盛りしていた曽祖父秀吉さん＝同（70）、祖母恵美子さん＝同（42）＝のほか、叔母3人と店に住み込みだった従業員数人が命を奪われた。「原爆で何もかもを失っても立ち直ってきたんです」。戦後生まれの熊野さんは、写真を通して店の復興を思う。

商店街西端の「木定食料品店」（現木定楽器店）には戦時下の「金属供出」を伝えるカットがあった。店内とみられる一角に、鍋ややかんが並ぶ。当時の店主だった故木本定吉さんの孫の泉さん（77）＝廿日市市＝は「祖父が町内会の役員だったため、各家庭から店に持ち込まれたのでしょう」

被爆前の街並み。戦争協力と隣り合わせの生活。かけがえのない家族や従業員の犠牲。焦土からの復興—。一枚一枚が、戦争と原爆に強いられた苦難と悲惨を物語る。

探し続けて

店・家族の姿 知りたい

発見した一枚 遠い記憶今に

「被爆前の店の写真は焼けてしまって一枚もないんです」。広島市中区本通の赤松薬局を取材した2019年11月、赤松偕三会長(92)がつぶやいた。

赤松薬局は約400年前創業の老舗。赤松さんは1945年7月、薬剤師を目指して岐阜の薬学専門学校に進学した。その翌月、米国は古里の上空で原爆をさく裂させた。

店は爆心地から約480メートル。赤松さんは8月9日ごろ市内に入った。店の焼け跡で、わずかな望みは悲しみに変わる。見慣れた腕時計のそばで父幹一さん＝当時(57)＝の骨を見つけた。座敷付近の遺骨は、傍らにあった眼鏡から母ユクヱさん＝同(52)＝だと分かった。

八百金や赤松薬局、ライト眼鏡店の看板が掲げられた本通り。下部にごく薄く、昭和17(1942)年の検閲済みの印がある(岡本勇関係文書、広島大文書館所蔵)

看板と店頭写る

戦後、復員した兄と店を再建し、本通りを代表する存在に再び育てた。ただ、両親が大切にしていた被爆前の店は、写真がないままという。赤松さんの寂しそうな表情が忘れられず、取材を続けた。すると、広島大文書館(東広島市)の所蔵資料に「くすり 赤松薬局」の看板と店頭が写る42年ごろ撮影の写真を見つけた。

「おお、うちはここじゃ」。赤松さんに複写を届けると懐かしそうに見入った。「乾物店の八百金には豆がたくさん。ライト眼鏡店は、戦地に赴く前に予備のめがねを買い求める兵隊さんで繁盛していて…」。遠い記憶がよみがえった。

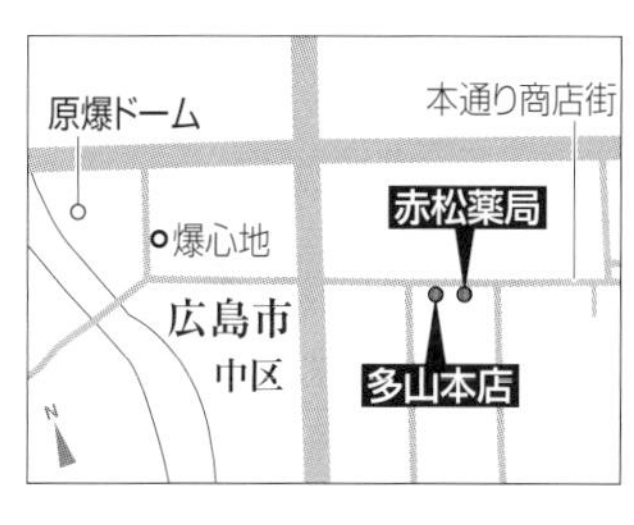

赤松薬局の5軒隣にある婦人服地の店「巴里馬 多山本店」を営む多山共栄さん(77)は、今も被爆で焼失する前の店舗の写真を探し続けている。

店内で1枚の絵を見せてくれた。「合資會社 多山本店」の看板を構える住居兼店舗の鉛筆画。25年前、昔を知ろうと親戚たちに聞き歩く中で、戦時中に従業員だった人が描いてくれた。「大きな店だったんだ」―。かつての姿を確かめたい、との思いはさらに募った。

戦前から洋反物問屋として営業していた多山本店。42年ごろに店を閉じ、被爆時は西警察署の寮として貸していたため、そこで暮らしていた伯母のほか署員数人が亡くなった。3歳だった多山さんは廿日市市へ疎開しており、記憶はない。

現在の赤松薬局

市民の輪に期待

戦後、父幸男さん(85年に77歳で死去)が店を再建した。店名に、かつての町名「播磨屋町」の名残を刻む。大切な店や家族を失うとは、どういうことだったのだろう。どんな気持ちで復興に臨んだのか。「家族の歴史を知りたい」。写真が手掛かりになると信じる。

原爆で市中心部が壊滅した広島は、行政機関や報道機関なども甚大な被害を受けた。現存する被爆前の写真の数は、限られる。それでも、街の記憶をたどろうとする市民の輪が広がれば、記録の「空白」を一つずつ埋めることができるはずだ。

「写真があれば店の歩みを知る手掛かりになる」。店の前に立ち、被爆前の外観が描かれた絵を手にしながら語る多山さん

にぎわう八丁堀 戦前から

八丁堀（広島市中区）は被爆前から広島を代表する繁華街だった。1912（大正元）年、広島駅と市中心部を結ぶ路面電車が開通すると、路線沿いの八丁堀に金融機関や行楽施設が集積。買い物客でにぎわった。だが、爆心地から1キロ圏だった地区は壊滅する。戦後の百貨店や商店街の再建は、広島の復興の象徴となった。焼失を免れた貴重な写真と当時の住民の証言を通して、原爆に奪われた街を見る。

映画館 商店 神社 ここが遊び場
すべて奪った原爆

弟子たちに囲まれ、バルコニーで満面の笑みを浮かべる帽子とちょうネクタイの男性。正面の壁とガラス戸には、店名の「たけさん」や「図案・肖像」「和洋劇画」「諸かんばん」の飾り文字が見える。

胡町（現中区堀川町）で生まれ育った武永舜子さん（89）が手元に置いてきた写真だ。「これが父。私が生まれた昭和5（1930）年ごろだと思う。家の外観を写したのはほかにないんよ」

父三太郎さんは20代だった大正期、胡子神社の向かい側に立つ自宅で看板店を開いた。「太陽館」「東洋座」「歌舞伎座」など八丁堀に映画館や劇場が相次ぎできた時期だ。店頭に大きな看板が並ぶ「たけさん」は近所でも目立っていた。

「家の前は『尼子』のしょうゆ屋さん。たるが並ぶ蔵でかくれんぼをした。暗いから迷うんよね」「その奥の方が太陽館。弟子たちが大八車で看板を運ぶのに付いて、しゅっと中に入って映画を見た」

胡町に隣接する商店街「金座街」も含めた八丁堀一帯には、約80軒の商店が軒を連ね、29年には広島初の百貨店、福屋も開店。華やかだった。

しかし、市民の娯楽と結びついていた看板の仕事は、戦況の悪化とともに減少。三太郎さんは古美術商に業態を転換した。周りでは、空襲時の延焼を防ぐため家屋を壊して防火帯を造る「建物疎開」により、立ち退きになる家が増えた。

45年8月6日、八丁堀一帯は原爆の爆風や熱線をもろに受け、福屋や銀行など鉄筋のビルを残して焼け野原と化す。

武永さんの母シンさんは自宅で被爆死し、16歳だった姉尭子さんは近くの泉邸（現縮景園）で亡くなった。2人の遺骨は見つかっていない。12歳の妹瑛子さんは、市中心部で建物疎開作業に出ていて大やけどを負った。体にうじがわき、終戦の8日後に息を引き取った。「何の罪もない子があんなひどい目に遭った。かわいそうで…」

胡子神社かいわい

❶

「胡子神社が遊び場じゃった」と子どもの頃を懐かしむ武永さん㊨と牧野さん。戦前の神社は現在より西側にあった

❷

「たけさん」の2階に並んで立つ武永さんの父三太郎さん（左から6人目）と弟子たち。1930年ごろ（武永舜子さん提供）

新天地

❸

劇場やカフェ、食堂が立ち並ぶ「新天地」。左の建物が「帝国座（被爆当時は「帝国劇場」）」。1935年ごろ（豊田正一さん撮影、豊田健二さん提供）

❹

戦争中の1944年、燃料に使う統制物資の薪を校舎に運ぶ幟町国民学校の児童たち（幟町小提供）

幟町国民学校❹

広島駅へ

当時
現在

被爆直後

被爆後の1945年秋に撮影された八丁堀周辺。木造家屋は焼失し、左に焼け焦げた路面電車が見える（川本俊雄さん撮影、川本祥雄さん提供）

❺ 八丁堀

1940年前後とみられる八丁堀。「千日前」とも呼ばれた。電車通りを挟んで右手が福屋新館。左手が旧館。福屋新館の並びの奥のビルは中国新聞社で、現在は広島三越（広島市公文書館所蔵）

ビルが並ぶ現在の八丁堀交差点付近。被爆建物の福屋八丁堀本店が戦前の面影を残す

広島女学院高等女学校（現広島女学院中高）3年だった武永さん自身は、動員先の広島財務局にいた。爆心地から約800㍍。がれきの下敷きになりながら必死で逃げ、三太郎さんの古里の大林（現安佐北区）に生き残った家族で身を寄せた。父子ともに脱毛や吐血など被爆の急性症状に苦しんだ。

それでも三太郎さんは「絶対胡町に帰る」と約半年後から毎日、自宅まで約20㌔を自転車で通って焼け跡にバラックを建てた。生き残った住民と復興に尽くした。武永さんは、父が残した場所に現在も暮らす。

幼なじみの牧野ミヤ子さん(85)＝廿日市市＝の実家は、金座街の呉服店「ベニヤモスリン」だった。両親を原爆で失い、祖母に育てられながら小学校を転々とした。今も毎週のように古里を訪れている。

その金座街から遊び場だった胡子神社まで一緒に歩いた2人。「境内で『陣地取り』をして友だちと遊んだでしょう」。思い出話が止めどなく出てくる。「でも、古里も家族も、街も一度になくなってしまったんよね」

きょうも買い物客でにぎわう八丁堀の街並み。原爆の爪痕を見つけることは難しいが、武永さんたちの「あの日」までの記憶は確かに刻まれている。

金座街

❻ 現在の福屋八丁堀本店の西側から見た金座街。1935年11月ごろ。胡子大祭の装飾がにぎやかだ（豊田正一さん撮影、豊田健二さん提供）

❼ 金座街の「川野夜具店」の物干し場で姉と遊ぶ現在84歳の川野哲生さん㊨。1938年撮影（川野さん提供）

被爆前の八丁堀周辺

当時の白島線
現在の白島線
福屋旧館
❺福屋新館（現福屋八丁堀本店）
太陽館
中国新聞社（現広島三越）
胡子神社
❶
❷
現在の胡子神社
「たけさん」
❻金座街
ベニヤモスリン店
❼川野夜具店
本通り
広島パルコ本館
中央通り
アリスガーデン
❸
並木通り

平和公園 ここは街だった

元安川と本川に挟まれたデルタ地帯に広がっていた旧中島地区は、商店や住宅がひしめく生活の場だった。第2次世界大戦末期の1945年8月6日、地区の北側に架かる相生橋を目標に、米軍が原爆を投下。爆心直下の街は徹底的に焼き尽くされた。その地に戦後整備されたのが、緑豊かな平和記念公園（広島市中区）である。地区の中でも特に「あの日」までにぎわっていた中島本町の被爆前を、写真からたどる。

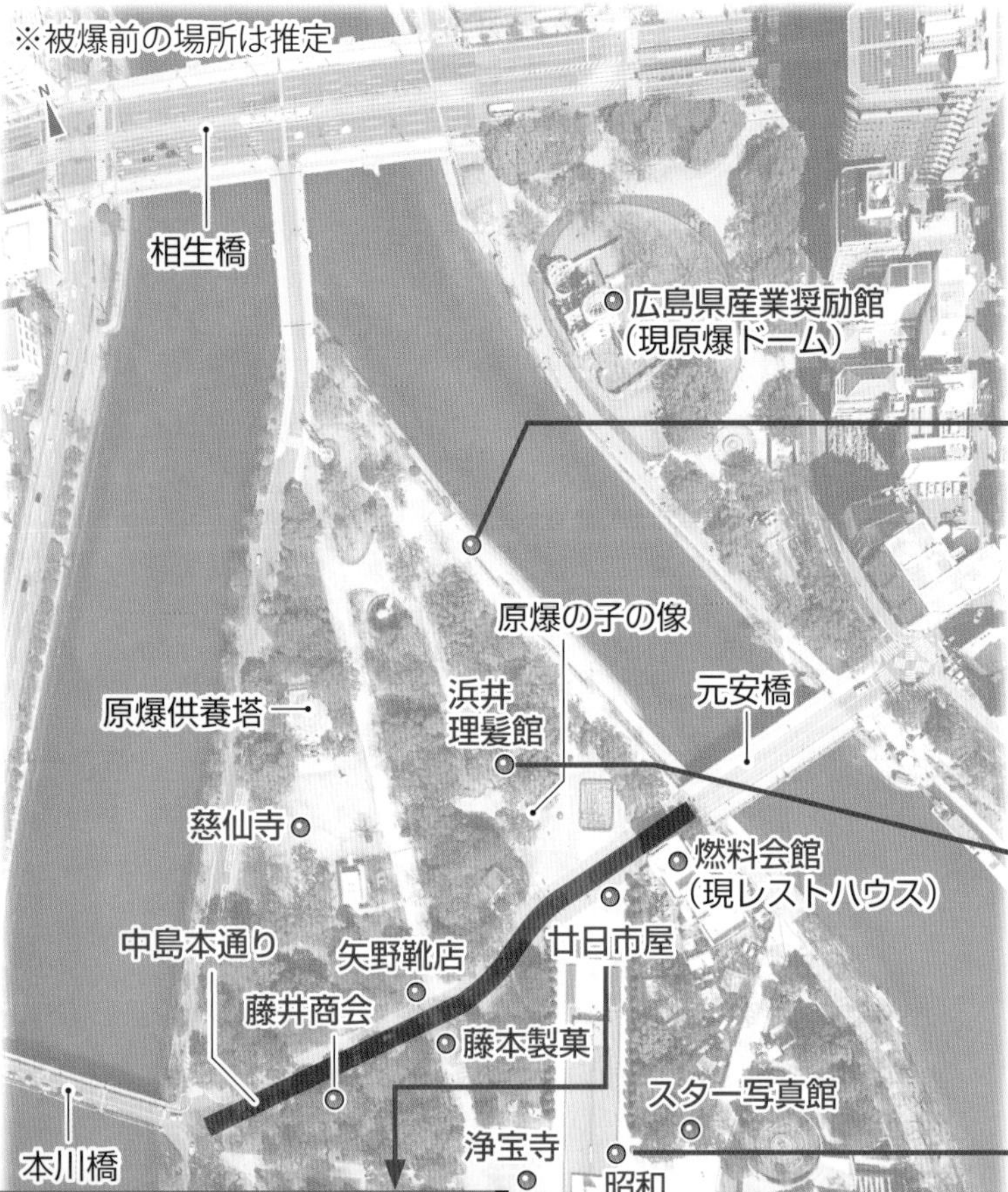

※被爆前の場所は推定

相生橋
広島県産業奨励館（現原爆ドーム）
原爆の子の像
原爆供養塔
浜井理髪館
元安橋
慈仙寺
燃料会館（現レストハウス）
中島本通り
矢野靴店
廿日市屋
藤井商会
藤本製菓
スター写真館
本川橋
浄宝寺
昭和シネマ
原爆慰霊碑

産業奨励館（現原爆ドーム）の対岸で写真に納まる浜井徳三さん（2列目中央）と近所の子どもたち。1938年撮影（浜井さん提供）

「できることならここに戻り、暮らしたい」。「浜井理髪館」があった場所で、原爆ドームを背に語る浜井さん

生家「廿日市屋」の場所に立ち「家の前でよくまり突きをして遊んでいました」と懐かしむ高松さん

昭和初期の浄宝寺。原爆で焼失し、孤児となった前住職の諏訪了我さん（2019年85歳で死去）が戦後、中区大手町に寺を再建した（浄宝寺提供）

洋画を上映していた映画館「昭和シネマ」（元「世界館」）。看板にある「チャルダス姫」は1934年のドイツ映画（広島市公文書館所蔵）

犠牲の家族 生きた証しを

「私の家です。こんなに古びていたのね」。広島市南区の高松翠さん（86）が、モノクロ写真を手に取り、懐かしそうに笑った。中島本通りを、着物姿の女性や学生が行き交う。「かもじと化粧品」と書かれた看板の一部が見える建物は、父の木原真一さんが営んでいた店「廿日市屋」。高松さんの生家でもある。

写真は、現在の原爆慰霊碑近くにあった「スター写真館」の経営者遺族が2014年、広島市公文書館に寄贈した一枚。原爆に全てを焼かれてしまった高松さんにとって、被爆前のわが家のたたずまいを目にするのは75年ぶりだ。

廿日市屋は、大正屋呉服店（現レストハウス）の2軒西隣にあった。高松さんは、学校が終わると元安川で泳ぎ、広島県産業奨励館（現原爆ドーム）の対岸でままごと遊びを楽しんだ。

1945年4月、中島国民学校6年だった高松さんは、家族から離れて県北に学童疎開した。木原家は、空襲時の火災に備えて空き地をつくる「建物疎開」でほどなく立ち退き、慈仙寺近くに移った。現在の原爆供養塔の北側に当たる。

8月6日、原爆が投下された。家を出て学徒動員先へ向かっていた姉と兄は無事だったが、両親と弟2人が犠牲になった。自宅跡に真一さん＝当時（48）＝と母政子さん＝同（42）＝とみられる遺骨があったと姉から聞いた。弟寛さん＝同（4）＝と稔さん＝同（1）＝は行方不明のままだ。

長年、平和記念公園にはどうしても足が向かず、原爆に関して進んで語ろうとしなかった。そんな高松さんの心境が変化し始めたのは、20年ほど前。元住民との交流を深める中で、レストハウスの保存・活用策にも関心を寄せるようになった。「公園内で唯一残る被爆建物を残していくことは、家族が生きた証しにもなる。最初から公園だったと誤解されたくない」

被爆75年の節目を控えた2020年7月に再オープンし、旧中島地区について伝える展示スペースが設けられた。

大正屋呉服店は、戦争中の繊維統制令で1943年に閉店。被爆時は県燃料配給統制組合の「燃料会館」として使われていた。爆心地から約170メートル。職員37人のうち8人が建物から脱出できたものの、奇跡的に助かった1人を除き全員が犠牲となった。

浜井徳三さん（85）＝廿日市市＝の親戚、浜井ミサ子さん＝当時（22）＝もその一人だ。地下室で被爆後、元安橋の下で一晩過ごした。翌日、浜井さんが疎開していた宮内村（現廿日市市）へ逃げてきた。

その後、浜井さんの祖母宅に身を寄せたミサ子さん。目立った外傷はなかったが、8月23日に大量の血を吐いた。浜井さんは、手を振りながら息絶えたミサ子さんの最期が忘れられない。「廿日市屋」に近い「浜井理髪館」で育った浜井さん自身、家族4人を奪われ一人生き残った。遺骨は見つかっていない。「今も家族がどこかに隠れているのではないか、と感じて」。時間を見つけては平和記念公園に足を運ぶ。

高松さんと浜井さんは、爆心直下の元住民の証言を集めている市民団体「ヒロシマ・フィールドワーク実行委員会」で語るなどして、旧中島本町の記憶を次世代に伝えている。「父たちは一生懸命、ここで生きていた」。国内外からの観光客や修学旅行生に、自分たちが暮らした街の姿を実感してもらいたいと願う。

1945年9月ごろ
被爆直後

かつて石田和子さんが手押し車を押した辺りの被爆後の惨状。奥右は燃料会館。1945年9月ごろ、佐々木雄一郎さん撮影

本川橋東詰めから東を望む。生家「藤井商会」近くで手押し車を押す現在84歳の石田和子さん（西区）。撮影した父藤井末治郎さんは被爆死した。1938年ごろ撮影（石田さん提供）

買い物客たちが歩く中島本通り。右手前が「廿日市屋」で、右奥の「大正屋」の看板は「大正屋呉服店（被爆時は燃料会館）」。1938～39年の撮影と推定（広島市公文書館所蔵）

下町の薫り　今は祈りの地

「間口が狭く、奥行きのある家が立ち並んでいました」。かつての自宅付近で、旧材木町の街並みについて語る今中さん

平和記念公園（広島市中区）のおおよそ南半分は、かつての材木町、天神町北組と元柳町。毎年8月6日には平和記念式典の会場となり、芝生広場と周辺に世界各国の代表や市民、約5万人が参列する。観光客が原爆慰霊碑に手を合わせ、原爆資料館でヒロシマに触れている。ここに、どんな日常があったのだろうか。

姉に連れられ映画館へ

原爆投下で途切れた思い出

東西に高床式の建物が延びる原爆資料館本館。改装と耐震補強を機に2015年11月から約1年5カ月間、発掘調査が行われた。敷石がはぎ取られ、「封印」されていた焼け跡が姿を見せた。黒焦げのしゃもじ、溶けた牛乳瓶…。「今中圭介」と彫られたすずりも出土した。

「ここで生まれ育ったことを、長い間明かしていませんでした」。本館の北東側に立ち、今中圭介さん（84）＝安佐南区＝が語った。

貿易商を営む両親の元に育った。生家「今中商会」は、現在の資料館本館や芝生広場をほぼ南北に走っていた「材木町筋」沿い。近所の誓願寺にあった無得幼稚園に通い、境内で竹馬、墓地では肝試しをした。下町情緒の残る一角だった。

1945年春、今中さん一家は八木村（現安佐南区）へ疎開した。8月6日、紙屋町（現中区）の住友銀行広島支店に勤めていた姉博子さん＝当時（17）＝は、朝早く家を出たきり行方不明に。娘を捜し歩いた父圭三さん＝同（49）＝も2カ月後、被爆の急性症状に苦しみ亡くなった。「洋風の外観が目立っていた」自宅は焼け落ちた。

生家「今中商会」前に立つ今中圭介さん。1940年ごろ撮影（今中さん提供）

行動的だった生前の博子さん。女学生1人での映画観賞はご法度だった時代に、幼い今中さんを同行させ、近くの中島本町の映画館で「弟が見たがっている」と入り口をくぐった。「帰りに『一銭洋食』を買ってくれました。親への口止めです」。年の離れた姉との数少ない思い出だ。

そんな博子さんの写真を、同じ材木町に住み、広島女子商業学校（現広島翔洋高）の同級生だった高橋昌子さん（91）＝埼玉県川口市＝が大切にしている。制服姿の2人の記念写真。仲の良さが伝わってくる。

広島女子商に通っていた頃の高橋さん㊨と博子さん（高橋昌子さん提供）

博子さんは、体が弱くてよく寝込んでしまう高橋さんを見舞う優しい友人だったという。高橋さん自身は岡山県内の祖母宅にいて直爆を免れたが、軍需品を扱う家業「井上商工」の作業場にいた姉の井上濱（はま）子さん＝当時（21）＝や従業員を失った。戦後は埼玉県原爆被害者協議会で活動し、国内外で被爆証言を続けてきた。

記者は、高橋さんから写真の複写を預かった。それを見た今中さんは「こんなに鮮明な一枚があったとは」と驚き、高橋さんに初めて連絡した。記憶を語ってもらいながら、あらためて痛感したという。「姉の青春を奪った原爆がいかにむごいものかと」

爆心直下の旧中島地区。今中さん宅の近所でも一家全滅が少なくない。地中に眠っていたすずりとの「再会」を機に、今中さんも体験証言を始めている。

被爆直後

被爆後の1945年10月29日の旧中島地区。原爆資料館本館北側辺りから北を望む。中央に広島県産業奨励館（現原爆ドーム）、その右に燃料会館（現レストハウス）。写真右端から燃料会館の方向へ延びる一本道が材木町筋（米戦略爆撃調査団撮影、米国立公文書館所蔵）

衣料品店や酒店などが沿道に並んでいた1943年ごろの「材木町筋」（高橋昌子さん提供）

本川沿いの元柳町にあった森永食糧工業広島支店。1927年までは芸備銀行（現広島銀行）本店だった建物（森永製菓史料室提供）

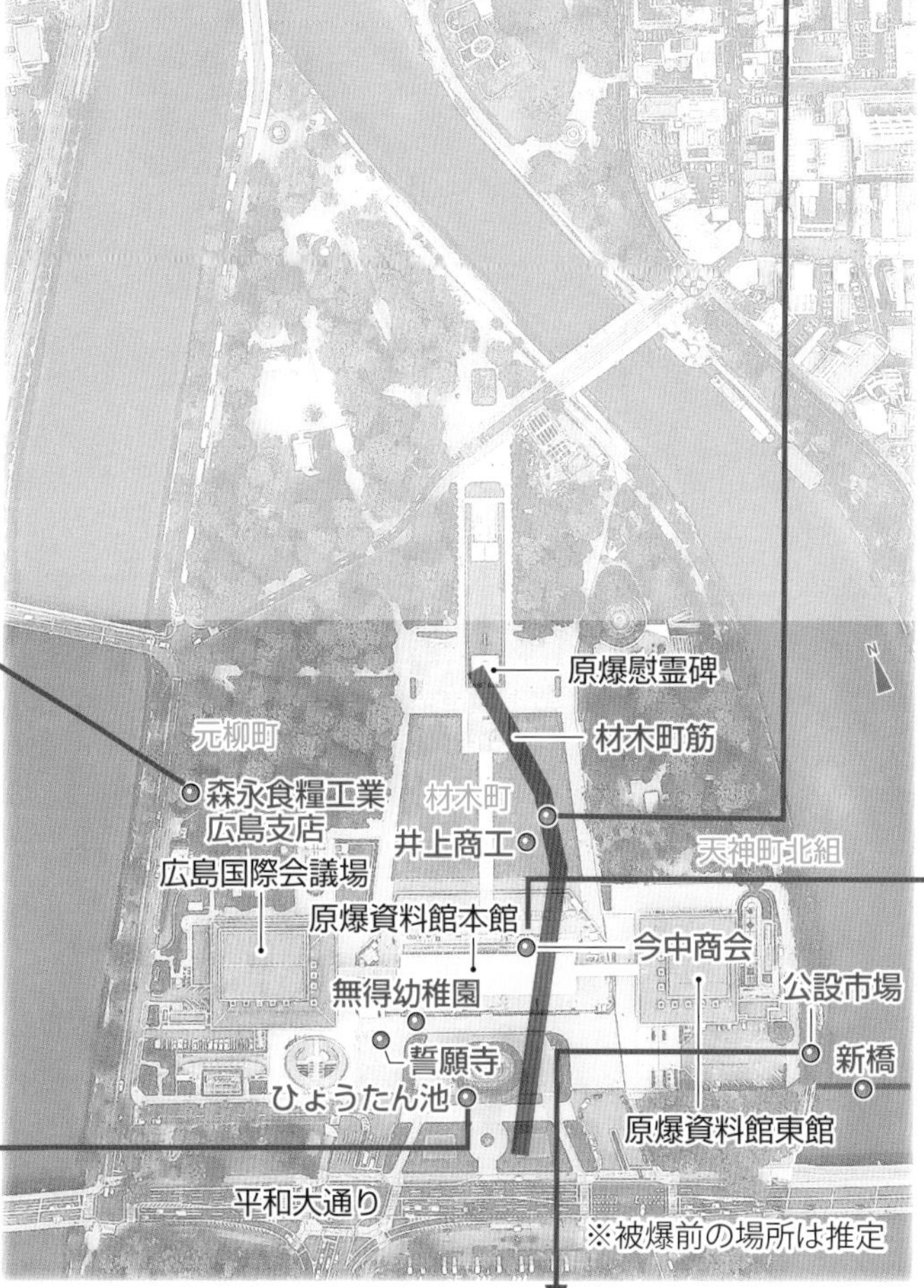

誓願寺の「ひょうたん池」前に座る現在88歳の大西安子さん（左端）＝高知県土佐清水市。隣は、後に原爆で行方不明となる妹の畦田桂子さん。原爆資料館本館南側の噴水「祈りの泉」辺り。1940年ごろ撮影（大西さん提供）

天神町北組の公設市場には青果店や鮮魚店、精肉店が並び、にぎわった。1940年ごろ撮影（菊地繁三さん提供）

本川地区 児童や職人で活気

鍛冶屋町、左官町、油屋町―。戦前の町名が示すとおり、相生橋（広島市中区）西詰めの本川地区には、問屋や商店、銀行とともに町工場が並んでいた。1945年8月6日に米軍は、T字形をしたこの橋を目標に原爆を投下。大半の住民が即死し、爆心地から最も近い学校だった本川国民学校（現本川小）は壊滅した。奇跡的に残され、元住民や遺族が大切に保管してきた写真が、かつての暮らしを今に伝える。

しゃれた校舎に憧れの師

原爆で一変 火葬場

本川沿いに立つ校舎の前で児童が、「祝」の人文字をつくり日の丸の旗を高く掲げている。1937年に地元出身者が大蔵大臣に就任したことから、お祝いしようと開かれた行事の一こまだ。学びやの活気とともに、市民が国策に動員された時代の雰囲気が伝わってくる。

本川国民学校前にあった自宅跡付近で戦前の思い出を語る西さん。当時の校舎は川岸にあり、現在の本川小の敷地に鉄工所や旅館が並んでいた

アーチ型の窓が特徴的な校舎も見える。28年に鍛冶屋町（現本川町）に建設され、市内の公立小では第1号の鉄筋建物。「窓がおしゃれだった。1年の担任だった遠藤キヨコ先生は、オルガンがとても上手で、憧れましたよ」

西（旧姓徳田）敦子さん（83）＝西区＝は43年に入学した。自宅は学校正門の斜め前。父が運送店を営んでいた。「隣は酒店で、向かいが商人宿。よく子ども同士で行き来して、ご飯を一緒に食べよったよ。いい街でした」

しかし、本土空襲が激しくなった45年4月、千人余りいた児童のうち約700人が集団疎開や縁故疎開で郊外へ移る。西さんも、父の古里の水内村（現佐伯区）に疎開した。6月ごろ、自宅は防火帯用の空き地を作る建物疎開のため、取り壊されることに。両親は相生橋西詰めの近くに引っ越した。

あの日、爆心地から約350㍍の至近距離の校舎は外郭を残して全焼。遺体が次々に運びこまれて火葬場と化し、一帯は凄惨（せいさん）を極めた。広島原爆戦災誌によると、当時確認できただけでも、疎開せずにいた児童218人が死亡。「大好きな遠藤先生」も犠牲になった。

西さん自身、母を失った。12月になって校舎に足を運ぶと「地下の階がむき出しになり、友達とかくれんぼをしたらしゃれこうべが見えた」。その校舎の一部は、今も本川小平和資料館として使われている。

8割以上の地区住民が死亡した。原爆孤児になった人も多い。左官町（現本川町）で両親が「大下鉄工所」を経営していた大下徳務さん（86）＝中区＝は光道国民学校の6年生だった。現在の北広島町志路原へ学童疎開している間に、両親や親族を奪われた。

「海軍の仕事を請け負い、毎日夜10時まで動いていた」鉄工所は、被爆から約1週間後に訪れると跡形もなく「焼けた機械の周りに遺骨が5体分くらいあっただけ」。49年に叔父たちが鉄工所を再建し、後に大下さんが継いだ。「原爆のことを思い出すと商売ができん。封印し、誰にも話さずにいた」と明かす。

問屋街だった西九軒町（現十日市町）の茶問屋「綿岡大雅園」では、綿岡重美さん＝当時（45）＝と38歳だった妻光子さん、3歳と6歳の娘が被爆死した。建物疎開に出ていた12歳の次女も亡くなり、16歳だった長女の智津子さん（2011年に82歳で死去）だけが生き残った。智津子さんの長女岩田（旧姓綿岡）美穂さん（62）が、現在も被爆前と同じ場所で営業している。

岩田さんは約15年前から本川小平和資料館のボランティアガイドを務め、修学旅行生たちに母の被爆体験を語っている。店には、生き生きと働く祖父母の写真や、被爆前日に撮られた家族写真を展示する。「ここにどんな店があり、原爆で何があったかを知ってほしい。ヒロシマは決して昔話ではなく、日常の中で起こったことなんです」

左官町の「大下鉄工所」。海軍の仕事を請け負い、工場は戦時中もフル稼働だった。1941年撮影（大下徳務さん提供）

「綿岡大雅園」の倉庫。後列右端に座る男性が重美さん。後列左から４人目の女性が光子さん。長女を残し３人の娘とともに原爆に命を奪われた。1937年10月撮影（岩田美穂さん提供）

堺町１丁目にあった「山音合名会社」。山崎恭弘さん（87）の祖父音助さんが創業し「関西タクシー」やガソリンスタンドを経営。1928年ごろ、自宅兼店舗前に立つ山崎さんの父太佳司さん（右から３人目）と従業員たち（山崎恭弘さん提供）

被爆直後

本川国民学校の校庭とみられる遺体の火葬場。1945年８月８日に広島県警察部写真班員の川本俊雄さんが撮影（川本祥雄さん提供）

地元出身の賀屋興宣氏が1937年に大蔵大臣に就任したのを受け、校庭で「祝」の人文字をつくり日の丸を掲げる本川尋常高等小学校の児童（本川小提供）

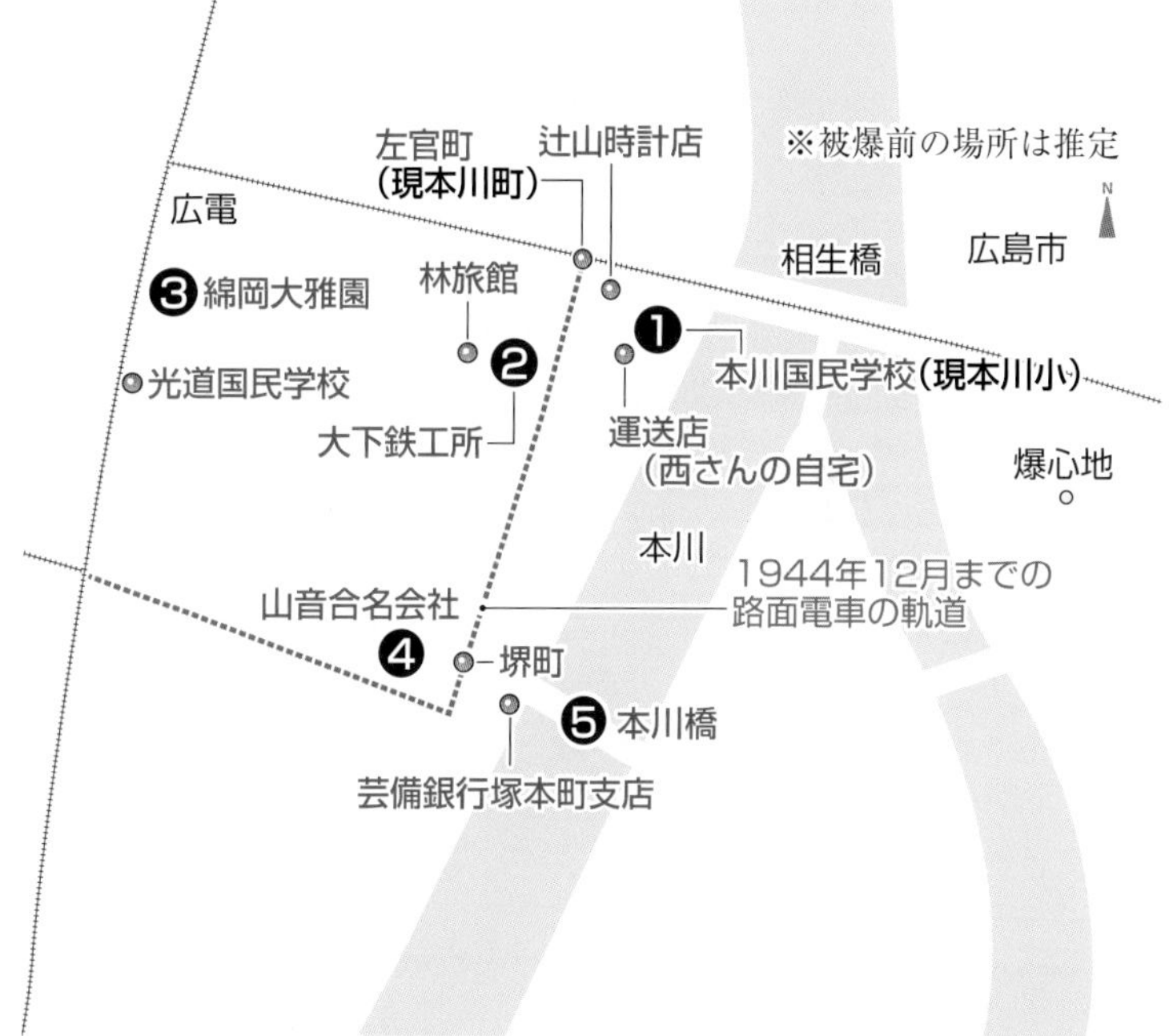

戦前の本川橋。中島本町と問屋街の堺町を結んだ。奥右のレンガの建物は1913年に広島商業銀行本店として建てられ、20年に芸備銀行（現広島銀行）塚本町支店になった。20～40年代の撮影（広島市公文書館所蔵）

現在の本川橋

基町と周辺 軍都の象徴

広島市は、原爆の惨禍を経た「平和都市」であると同時に、旧陸軍の一大拠点であり続けた歴史を持つ。特に基町(中区)と周辺は、明治時代に陸軍第5師団が編成されて以降、広島城を中心に軍の部隊や施設が集積した。繁華街の八丁堀や紙屋町と道路一つ隔てて、全く雰囲気を異にしていた。基町だけでなく、市内各所に軍施設や民間の軍需工場が点在した。写真を通して、被爆までの「軍都」広島を振り返る。

被爆直後 現在のひろしま美術館辺りにあった広島第一陸軍病院の焼け跡。第一、第二合わせて職員738人が死亡。患者は550人が即死したとされているが実数は定かでない。1945年秋ごろ米軍撮影(原爆資料館提供)

将校目指し訓練の日々

兵員も多数犠牲

菊の紋章が輝く建物の門前で、日本とナチス・ドイツの国旗が交わり、若者が行進している。1938年ごろの広島陸軍幼年学校とみられる写真。「(青少年組織の)ヒトラー・ユーゲントだよ。日独防共協定の締結を受けて日本を交流訪問した時でしょう」。広島大名誉教授の高崎禎夫さん(89)=広島市佐伯区=に見せると即答した。

学校は広島城(中区)の北東側にあった。現在、修復された正門の門柱が残る。全国から成績優秀な13、14歳の少年が集まり、寮生活を送りながら3年間教育を受けた。香川県出身の高崎さんは44年春、将校を目指し入校した。

国語や数学に加え「術科」の剣道と教練、軍人らしい立ち方や歩き方を学んだ。演習場では「2年秋からの実弾演習を心待ちに修練を積んだ」。

しかし45年6月、教育総監部の指示で全生徒が郊外へ疎開。2カ月後、爆心地から1・3キロの幼年学校は一部の建物を残して跡形もなく焼かれた。「われわれはすでに逃げていて助かった。広島に残った人たちに申し訳ない思い」と高崎さんは語る。

「広島原爆戦災誌」は、広島城周辺で兵員約1万人が死傷したと推定する。歩兵第一補充隊(中国第104部隊)に所属していた浅原晃さん(93)=安芸高田市=は、広島城近くの兵舎から演習先の東練兵場(現東区)へ向かった直後に被爆した。高宮町原爆被爆者友の会が編んだ手記集に「共に整然と行進中であった戦友の体は溶けて、見る姿すらなかった(中略)広島城の堀には爆風により頭から沈み、黒焦の両足が数え切れないほど見受けた」と寄せた。初年兵150人の中で、生き残ったのは浅原さん1人だったという。

基町には戦後、県庁や市民病院ができた一方で、戦災者らのバラック建ての家が密集。その後高層アパートが整備され、緑豊かな一帯となった。現在、サッカースタジアムの建設計画も進む。「軍都」「被爆」と「復興」。どの面影も、年々薄くなっていく。

広島陸軍幼年学校の正門跡で「24時間、同期生と衣食住を共にして厳しい訓練に励みました」と振り返る高崎さん

広島陸軍幼年学校の正門を行進するナチス・ドイツの青少年組織ヒトラー・ユーゲント。1938年11月の広島訪問時とみられる(益田崇教さん提供)

日清戦争で明治天皇が指揮を執った大本営跡。2階建ての木造洋館は原爆で倒壊し、基礎部分のみが現在残る(益田崇教さん提供)

被服支廠でミシンに向かう女性たち。昭和初期の撮影とみられる。石木信昭さん（77）＝佐伯区＝の祖父信助さんが勤めていた。「気候に合う軍服を作るため、旧満州へ調べに行ったこともあるそうです」（石木信昭さん提供）

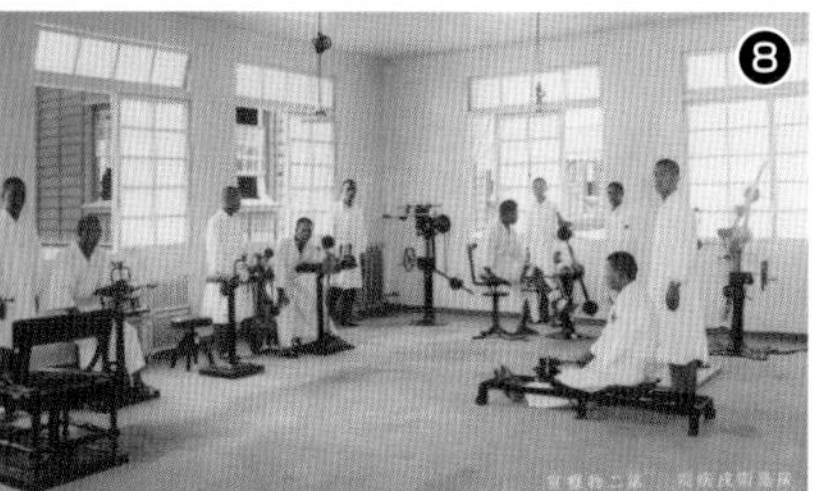

広島衛戍（えいじゅ）病院「第二物療室」の傷病兵たち。被爆時は広島第二陸軍病院で、主に重症患者が収容されていたという。1937年以前の撮影（益田崇教さん提供）

西練兵場が広がっていた現在の広島県庁周辺

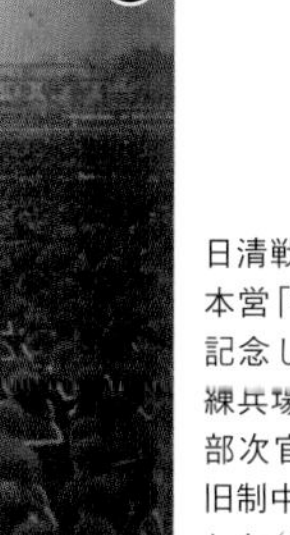

日清戦争時の明治天皇の大本営「御進転」から40年を記念し、1934年11月に西練兵場で開かれた式典。文部次官や県知事らが登壇。旧制中学の生徒も多数参列した（益田崇教さん提供）

広島市内にあった主な軍用施設など

1. 中国軍管区司令部
2. 広島大本営跡
3. 広島地区司令部
4. 中国憲兵隊司令部
5. 歩兵第一補充隊
6. 西練兵場
7. 広島第一陸軍病院
8. 広島第二陸軍病院（旧衛戍（えいじゅ）病院）
9. 広島陸軍幼年学校
10. 第二総軍司令部
11. 東練兵場
12. 広島陸軍兵器補給廠（しょう）
13. 広島陸軍被服支廠
14. 陸軍電信第二連隊
15. 船舶通信隊補充隊
16. 陸軍運輸部
17. 広島陸軍糧秣（りょうまつ）支廠
18. 陸軍飛行場
19. 江波射撃場
20. 陸軍運輸部似島検疫所（第二検疫所）
21. 陸軍運輸部似島馬匹（ばひつ）検疫所
22. 陸軍運輸部金輪島工場

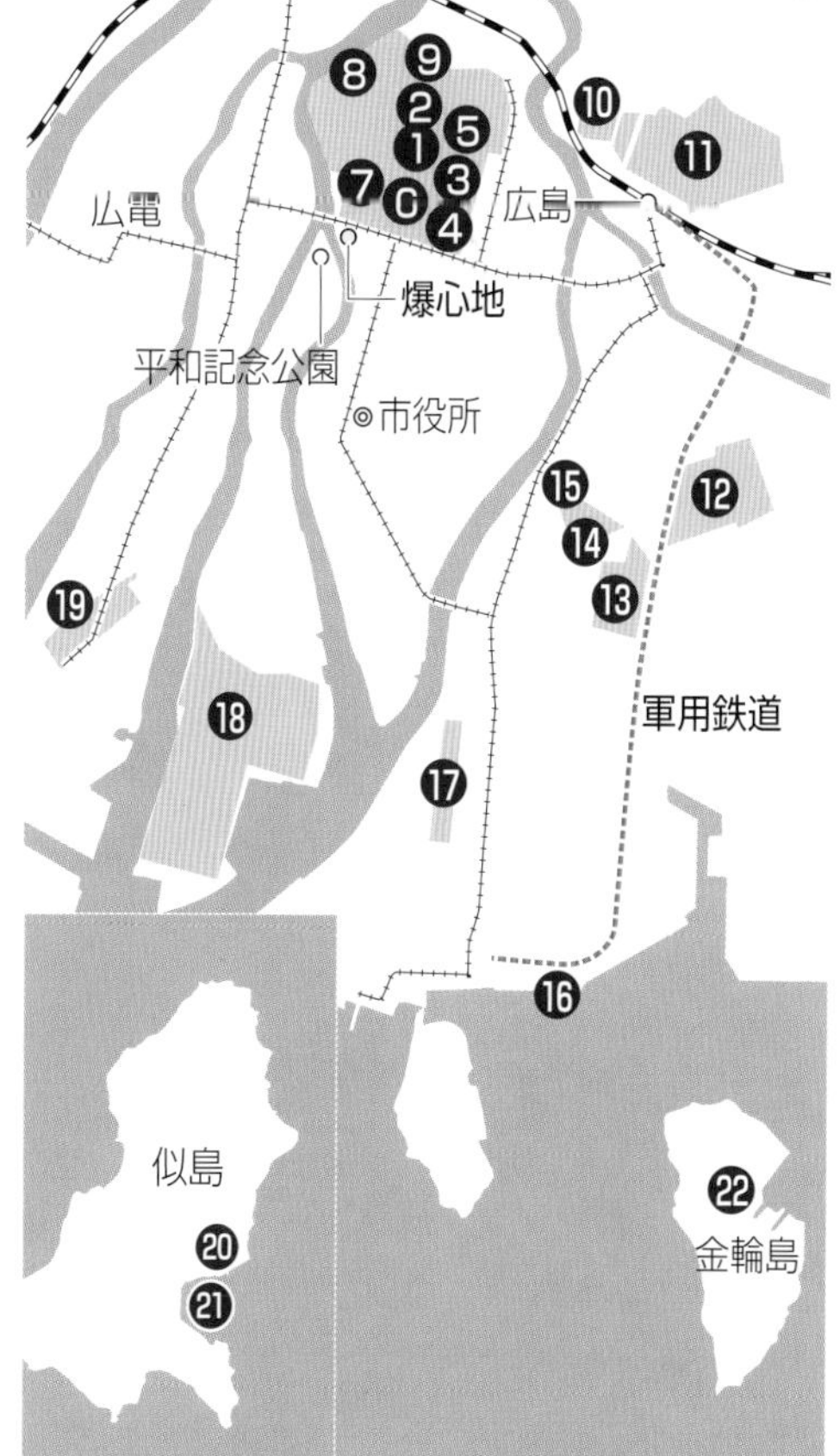

軍関連施設 各地に 「お国のため」10代も勤労

川を船が行き交う水運の街に1889年、宇品港（現広島港、南区）が完成。その5年後に日清戦争が始まり、広島駅との間に軍用鉄道の宇品線が敷かれると、広島は中国大陸への兵員輸送拠点となる。戦時における明治天皇直属の最高司令部「大本営」が広島城内に一時的に移され、臨時帝国議会も招集された。

日露戦争を経て、軍の施設は市内各地に広がった。戦地の食糧を賄った「広島陸軍糧秣（りょうまつ）支廠（ししょう）」、軍服を供給した「広島陸軍被服支廠」や銃などの補修を担った「広島陸軍兵器補給廠」といった拠点が次々とできた。多くの市民の勤務先や取引先となった。

太平洋戦争が厳しさを増し、若い働き手が戦場に送られると10代の少年少女が作業に動員された。三菱重工業広島機械製作所、三菱重工業広島造船所、東洋工業…。民間の軍需工場にも、現在でいう中高生たちが駆り出された。

旧制修道中3年だった岡島元信さん(89)＝佐伯区＝は、兵器支廠で薬きょうに火薬を詰める危険な作業をした。教室で学ぶ機会を奪われながら「お国のため」にと働いた。

原爆は、軍の施設も市民も無差別に焼いた。爆心地から2・8キロの兵器支廠は被爆後から臨時救護所になり、負傷者が押し寄せた。戦後に取り壊される際、同級生の元動員学徒たちで外壁のれんがをはめ込んだ碑を制作。元動員学徒で日本画家の故平山郁夫氏が「歴史に生きる」と揮毫（きごう）し、母校修道中・高の校庭に設置された。

「国や天皇陛下のために生きる以外に喜びがない時代に二度としてはならない」と平山さんの同級生、石本芳郎さん(90)＝中区。軍国主義を生きた少年が、今の若い世代に伝えたい教訓だ。

糧秣支廠の缶詰工場で、陸軍部隊に送る牛肉の大和煮の缶詰の製造作業にいそしむ女性たち。昭和初期撮影（広島市郷土資料館所蔵）

国泰寺町 夢抱いた学びや

広島市中心部のデパートや商店、金融機関が集積するエリアからわずかに南へ下った国泰寺町（現中区）とその周辺には、市役所や広島赤十字病院があり、地元有名校が門を構えていた。多くの少年少女の命が絶たれた。赤十字病院は、瀕死の負傷者であふれかえった。原爆で奪われた街の姿を、学校や同窓会が保管するアルバムなどを手掛かりにひもとく。

戦争の影 授業わずか

動員中 多数が犠牲に

必死の形相でたるをくぐり抜ける男子生徒や、リレーの選手たち。広島県立広島第一中学校（広島一中、現国泰寺高）の1942年3月の卒業アルバムに、運動会の躍動感あふれる様子が収められている。

「素晴らしい先生や友だちに恵まれた。一中に通ったことは今でも誇りです」。44年入学の福間駿吉さん（88）＝西区＝が懐かしそうに語った。しかし、授業の記憶はわずかだ。戦時下の労働力不足を補うため8月に国が「学徒勤労令」を公布。中学生も軍需工場や畑での作業をさらに強いられるようになった。

45年のあの日、1年生約300人のほぼ全員が雑魚場町（現国泰寺町）の校内やその近くで息絶えた。

当時、戦争遂行に欠かせない施設を空襲時の延焼から守るとして、広島市役所付近の民家が立ち退きの対象になっていた。奇数学級の生徒が家屋を取り壊す「建物疎開」の作業に駆り出され、偶数学級は校内で待機していた。いずれも、爆心地から1キロ圏だった。

一中は教職員を含め計369人を失った。2年生の福間さんは、広島市の西にある廿日市市の工場に動員されていた。生き残りとして、戦後を通じて後輩らの無念を胸に刻んできた。「慰霊碑に佇てば聞こえてくるんです 被爆学徒の校歌絶唱」。2019年7月末、母校の慰霊祭で自作の短歌をささげた。

広島では各校の12～14歳の生徒らが建物疎開作業に動員され、原爆資料館などによると8200人以上が主に市中心部の6カ所で熱線を浴びた。約6300人が死亡したと推定されている。「雑魚場町」は、戦争動員がもたらした少年少女の犠牲を伝える代名詞の一つになった。

一中の約250メートル北の下中町（現中町）にあった県立広島第一高等女学校（第一県女、現皆実高）も、校舎は壊滅。爆心地から約800メートル南西の小網町で建物疎開作業に出ていた1年生ら生徒281人が亡くなった。

校舎跡に正門の門柱が残り、死没者を慰霊する「追憶之碑」がたたずむ。2年生だった佐々木（旧姓三浦）和恵さん（89）＝中区＝は、近くを通ると必ず立ち寄る。「毎朝一緒に登校した下級生が犠牲になった」ことが心に重くのしかかっている。

現在の国泰寺町かいわいから国道2号を挟み、旧広島大理学部1号館が残る。隣接地には高層マンションが並ぶ。れんが張りの被爆建物は老朽化が著しい。所有する広島市は一部保存へと腰を上げ、平和研究拠点として活用する計画を前に進め始めた。

1945年秋 被爆直後

被爆後の1945年秋、広島市役所本庁舎屋上から北東方向を撮影。奥右に延びる堀の辺りが広島一中の焼け跡（林寿麿さん撮影、広島原爆被災撮影者の会提供）

現在の国泰寺高のグラウンドに立ち「この周りで広島一中の1年生が大勢亡くなりました」と語る福間さん。背後のビルは広島市役所

1937年12月の日中戦争「南京陥落」を祝い、銃を担いで広島市役所前を行進する兵士の列（迫青樹さん提供）

1942年の卒業アルバムに掲載された広島一中の運動会の様子（鯉城同窓会提供）

校庭で測量の実習をする県女の生徒たち。1935年ごろ撮影（皆実有朋会提供）

広島市　中区

爆心地

広電

平和記念公園

広島県立広島第一高等女学校

平和大通り

広島県立広島第一中（現国泰寺高）

広島市役所

国道2号

広島文理科大（現広島大）

広島赤十字病院（現広島赤十字・原爆病院）

広島電鉄本社

元安川

N

御幸橋

広島文理科大本館は戦後に広島大理学部1号館となり、1991年に閉鎖。所有する広島市は、E字形の被爆建物のうち、正面の棟だけをI字形に減築して保存する方針

広島文理科大（現広島大）本館の屋上で園遊会を楽しむ広島高等師範学校の学生たち。1935年10月とみられる。東千田町周辺の街並みが写る。建物は被爆時に内部を全焼した（森岡正美さん提供、広島大文書館所蔵）

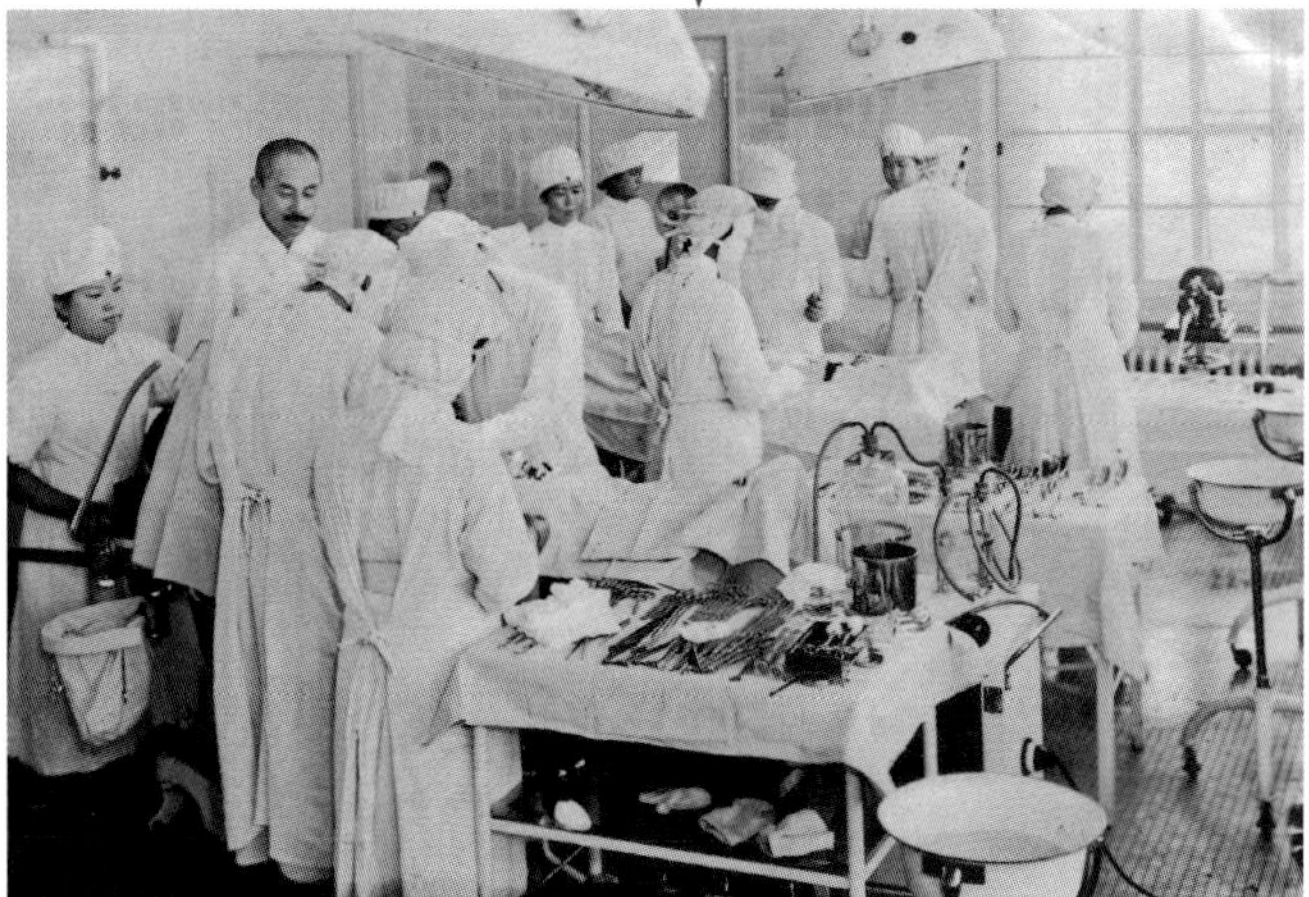

竹内鈖院長が指導する赤十字病院の実習風景。竹内院長は被爆時の骨折を押して負傷者の治療に当たった。1940年撮影（広島赤十字・原爆病院提供）

1939年5月に開院したころ撮影された日本赤十字社広島支部病院。直後に広島陸軍病院赤十字病院、43年には広島赤十字病院に改称（広島赤十字・原爆病院提供）

広島駅「軍都」の玄関口

広島市の玄関口、JR広島駅（広島市南区）は75年前も多くの人が行き交っていた。その北側に陸軍の演習場「東練兵場」が広がっており、太平洋戦争末期になると「本土決戦」に備えた「第二総軍司令部」が近くに設置されるなど、一帯は「軍都広島」の一翼を担うエリアでもあった。被爆と復興を経て今、再開発事業で街の姿は大きく変わり続けている。写真を通して、かつての街を思い起こしたい。

北側に練兵場 人馬「頼もしく」

原爆で負傷者多数避難

軍人が馬にまたがり、障害物をさっそうと飛び越えていく。「頼もしく見えました」。山本定男さん（88）＝東区＝が尾長国民学校（現尾長小）の教室から眺めた光景だ。現在の広島駅北口から延びる一帯。東練兵場の広大な敷地だった。

日清戦争が始まる4年前の1890年、綿畑の跡地に東練兵場はできた。西側の一角に騎兵第五連隊の兵舎が隣接しており、ほふく前進などの訓練が連日行われていたという。「軍国少年だった」山本さんにとって憧れだった。

しかし太平洋戦争が厳しさを増すと、状況は急速に変化する。軍人たちが戦地に送られ、東練兵場は人けもまばらになったという。

1945年8月6日。広島二中（現観音高、西区）の2年生で14歳だった山本さんは、同級生約250人と東練兵場にいた。軍用地も食糧不足でサツマイモ畑になり、その日は草取り作業の動員日。点呼の直後にごう音、熱風に襲われた。顔の左半分を焼かれ、同級生数人と裏手の山にある尾長天満宮へ必死に逃れた。

高台から見ると広島駅は、もうもうと煙を上げていた。「駅近くの愛宕踏切辺りから民家に次々と火が燃え移るのを、ぼうぜんと見るしかありませんでした」

その頃、大勢の負傷者が東練兵場に逃げ込んでいた。近くの第二総軍司令部で被爆したカナダ在住のサーロー節子さん（88）もその一人。「私のけがは軽かったので、布を水に浸しては水を求める人の口元に運びました。瀕死の人がチュー、と弱々しく吸った時の感触が手に残っています」

爆心地から1・9キロの広島駅は内部を全焼。多くの乗客が駅舎やホームで被爆した。戦後、周囲の焼け跡に闇市とバラックがひしめいた。

市中心部と駅を結ぶ猿猴橋の近くで理容店を営む秋信隆さん（71）は、復興に向けて懸命に生きる家族や地域住民に囲まれて育った。曽祖父の仙太郎さんが自宅兼店舗で被爆。東練兵場に避難し息絶えた。曽祖母と祖母、中国大陸から復員した父が店を再建した。

数年前まで「昭和」が色濃かった地域だが、高層ビルや商業施設が並ぶエリアに変貌した。JR広島駅の駅ビル新築計画が進む。かつての街の面影も、復興期の雑踏のにおいも、感じ取ることは難しい。だからこそ秋信さんは「原爆でたくさんの人が命を落とし、生き残った人たちが懸命に立ち上がった歴史は変わらない」との思いを強める。

山本さんは、尾長天満宮から見た惨状を、修学旅行生らに証言している。あの日、広島二中の1年生は爆心地から約500メートルに動員されて全滅した。下級生らへの鎮魂と、「二度と繰り返させない」との思いを込めて語り続ける。

尾長天満宮から東練兵場があった一帯を望む山本さん。高層ビルが立ち並ぶ奥中央が広島駅方面

東練兵場で軍馬にまたがり訓練する軍人たち（広島市公文書館所蔵）

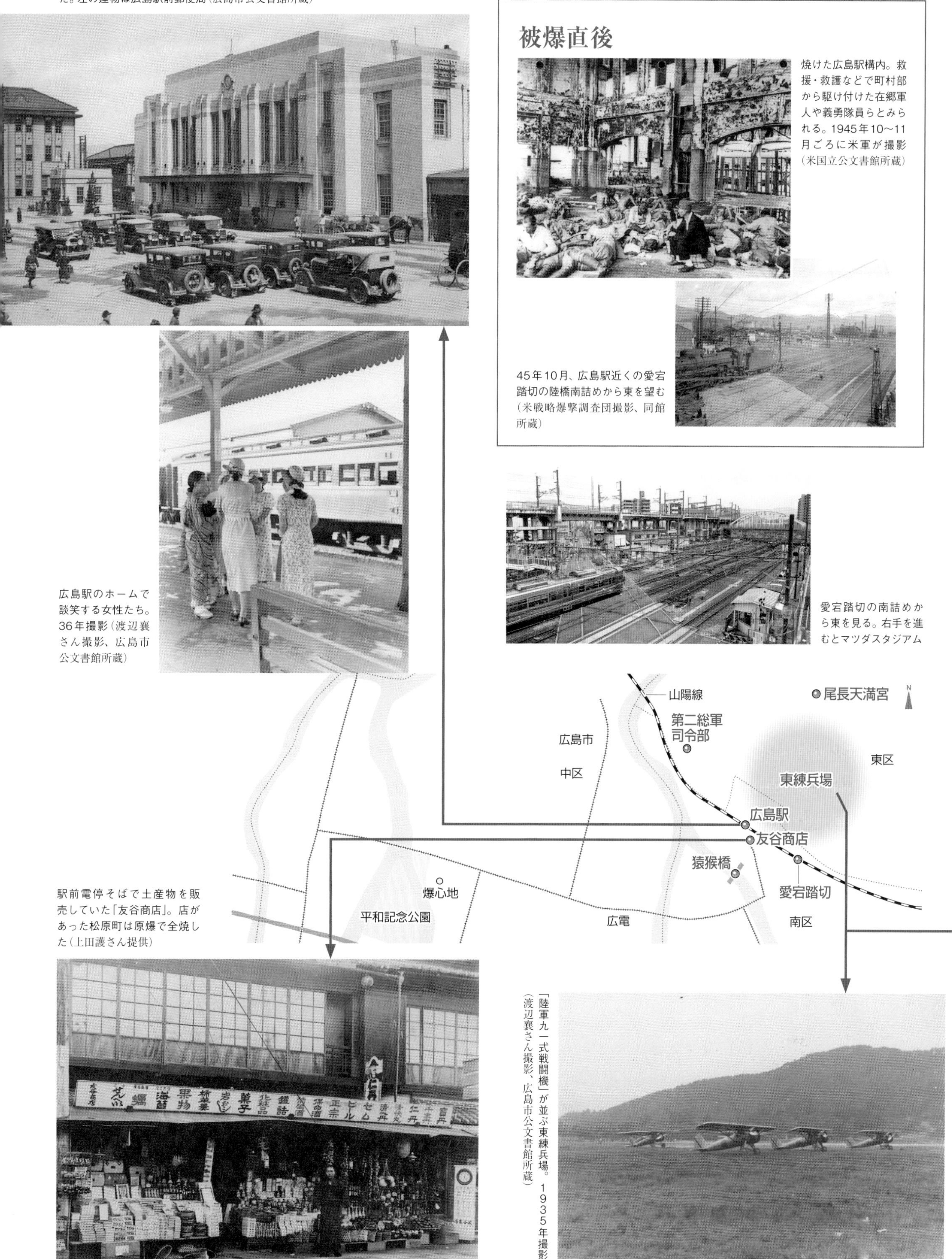

広島駅は1922年に新築。客待ちのタクシーや人力車が並んだ。左の建物は広島駅前郵便局（広島市公文書館所蔵）

被爆直後

焼けた広島駅構内。救援・救護などで町村部から駆け付けた在郷軍人や義勇隊員らとみられる。1945年10〜11月ごろに米軍が撮影（米国立公文書館所蔵）

45年10月、広島駅近くの愛宕踏切の陸橋南詰めから東を望む（米戦略爆撃調査団撮影、同館所蔵）

広島駅のホームで談笑する女性たち。36年撮影（渡辺襄さん撮影、広島市公文書館所蔵）

愛宕踏切の南詰めから東を見る。右手を進むとマツダスタジアム

駅前電停そばで土産物を販売していた「友谷商店」。店があった松原町は原爆で全焼した（上田護さん提供）

「陸軍九一式戦闘機」が並ぶ東練兵場。1935年撮影（渡辺襄さん撮影、広島市公文書館所蔵）

爆心地の島病院 継ぐ思い

爆心地の代名詞のように知られる「島病院」は1933年、故島薫さんが広島市細工町（現中区大手町）に開いた。45年8月6日朝、病院の上空で原爆がさく裂し、医師や看護師、患者など約80人が犠牲になったとされる。被爆前に撮影され、病院関係者宅で焼失を免れた写真を、現在も同じ地で医院を営む島家が大切に保管している。

「地域のため」戦時中も奮闘

（左）薫さんの遺影の前で「時代を超えて、地域医療への奉仕は変わらない」と語る秀行さん㊧と一秀さん
（右）被爆前と同じ場所に立つ島内科医院。爆心地を伝える説明板がある

左腕に十字の腕章を着け、カメラを見据える軍医たち。戦地に赴く前の記念だろうか。院長の薫さんの膝の上で、日の丸の旗を手にした幼子も写る。「中庭で撮った写真です。4歳ごろの私でしょう。隣は母と二つ下の妹です」。長男の一秀さん（85）が遠い記憶をたどり寄せた。

戦前の繁華街、旧中島地区から元安川を隔てて東側に広がる細工町周辺は、広島県産業奨励館（現原爆ドーム）や広島郵便局など、洋風の建物が並んでいた一帯。中でも約1300平方メートルの敷地に立つ島病院は、米国の病院を模した近代的なデザインが目を引いた。

猿を5、6匹飼っており、中庭の小屋を近所の人がよく見に来たという。「患者さんを楽しませるためでしょうね。餌をあげるたびによう逃げよったです」と一秀さん。

「壁の厚みは1メートル以上あり、空襲に耐え得る」と薫さんが自慢していたれんが造り2階建ての病院は、原爆により玄関付近を残して廃虚と化した。医師も看護師も患者も即死し、白骨が散乱した。

最近、島家の物置から「島病院戦災記録」と、「島病院戦災者（死亡）名簿」も見つかった。死没者41人分が記録されている。

戦災記録の冒頭には、薫さんの筆跡で「森田正雄　医師　宿直」「新谷和夫　レントゲン技術員」など4人の名前や遺族の連絡先が並ぶ。「宮本イチミ」さんら看護師7人の名前のほか、「22　胆嚢摘出」「外傷　中野の人」など入院患者の病室番号や病名のメモ書きもあった。一秀さんは「遺骨も見つからない中、せめて名前を、と父が必死で思い出そうとしたのだろう」と推測する。

患者一覧には、2歳児や、山口県の在住者、朝鮮半島出身者も含まれ、「広島外科会の父」と称された薫さんの技術が戦前から広く知られていたことを物語る。医療費が払えない患者も治療し、代わりに野菜が届けられることもあったという。

あの日、薫さんは知人に手術を頼まれ、甲山町（現世羅町）に出かけていて無事だった。「広島全滅」の一報を受けて細工町へと急いだが、熱に阻まれたため、焼け残った銀行などに寝泊まりしながら、袋町国民学校（現袋町小）の臨時救護所で負傷者の治療にまい進した。83年出版の回想録には、薫さんが職員と患者たちを捜し歩いたことや、遺族が訪ねて来ると、誰のものかも分からない骨の代わりに、一握りの土を持って帰るよう伝えたことなどがつづられている。

医師で警防団員でもあった自分があの日病院にいなかったことを「胸に五寸くぎを打たれた気持ち」と悔い、人前で原爆について語ることはほとんどなかった。「8月になったら休みが欲しいと懇願するお手伝いさんに『忙しいけえ、盆まで働いてくれ』と頼んだ、と涙をこらえて言うちゃったことがある」。一秀さんの妻直子さん（76）にとって忘れられない、義父の一面だ。

一秀さんは県北に疎開しており無事だった。終戦から3年後、薫さんは焼け跡に病院を再建する。77年に薫さんが79歳で他界した後は、一秀さんが外科病院を継ぎ、現在は孫の秀行さん（49）が内科医院を営む。玄関横には「爆心地」の説明板が立ち、国内外から見学者が絶えない。「時代や周りの景色が変わっても、戦前同様、この地で地域医療に奉仕していく」。秀行さんは、そう力を込める。

円い窓が特徴的な島病院の外観。1933年の開業時とみられる（被爆前の写真はいずれも島一秀さん提供）

被爆直後

1945年10月の島病院付近（米戦略爆撃調査団撮影、米国立公文書館提供）

正面玄関の円柱に「第一地区救護所」の看板が見える。薫さん（2列目左から3人目）は警防副団長だった

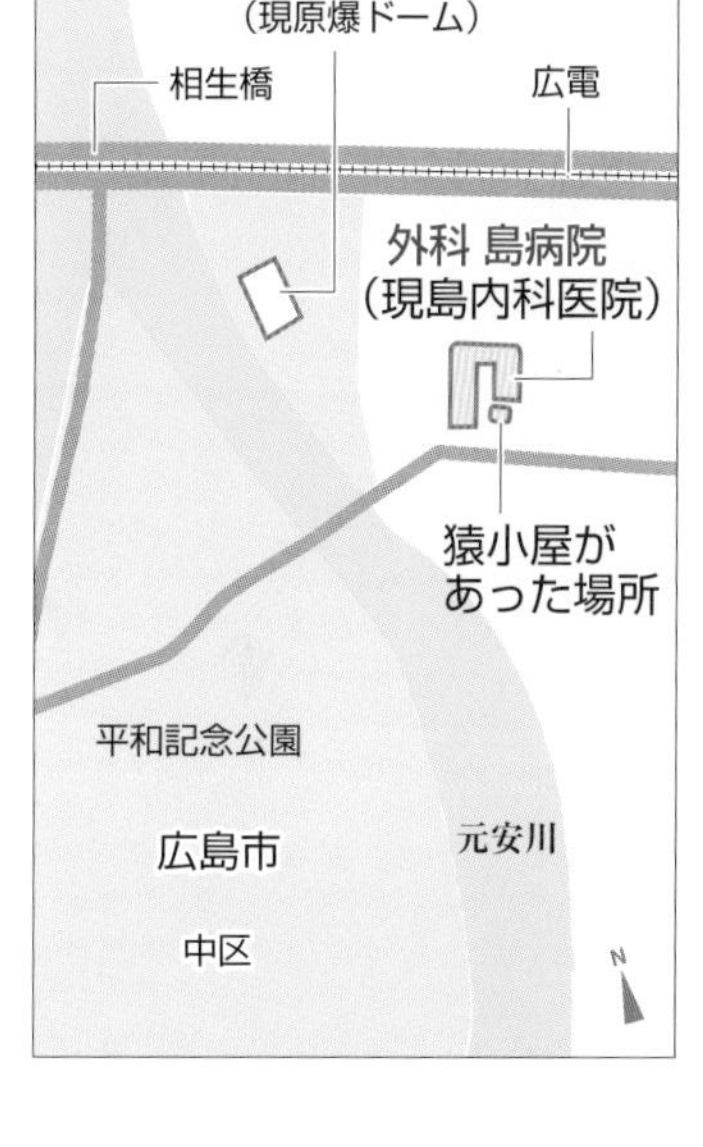

「じーやん」と親しまれた用務員の樋口太三郎さんと赤ん坊の一秀さん。樋口さんは原爆で亡くなった

中庭でくつろぐ看護師たち。住み込みで働いていた

猿に餌をあげる白衣姿の男性。猿小屋は中庭の南側にあった

焼け残った猿小屋を調べる旧文部省の学術調査団。1945年10月撮影（田子恒男さん撮影、原爆資料館提供）

島薫さんが書いた「昭和二十年八月六日　島病院戦災記録」。宿直医師の死亡証明書も合わせて見つかった

〈特集〉日常のカケラ 埋めていく

米国の原爆投下により、広島では市民生活に関わる行政資料などが大量に失われた。街の姿を知ろうにも、現存する被爆前の写真は限られる。ならば、公的機関や個人の手元に奇跡的に残る一枚を寄せ集めて、記録の「空白」を埋めていこう一。中国新聞社が募って以来、商店街の日常や家族との思い出が刻まれた貴重なカットが読者から寄せられている。一方、原爆資料館(中区)が近年新たに入手した米軍による空撮は、徹底的に焼き尽くされた爆心直下と周辺を、広大な「面」として冷徹に記録する。両方の写真を通して、全てが絶たれた「あの日」を思う。

被爆直後

壊滅した旧中島地区(手前右、現中区の平和記念公園)などを東向きに一望したカット。米軍が1945年10月ごろ撮影(ジョン・ピーターソン夫人寄贈、米海軍歴史遺産部所蔵)

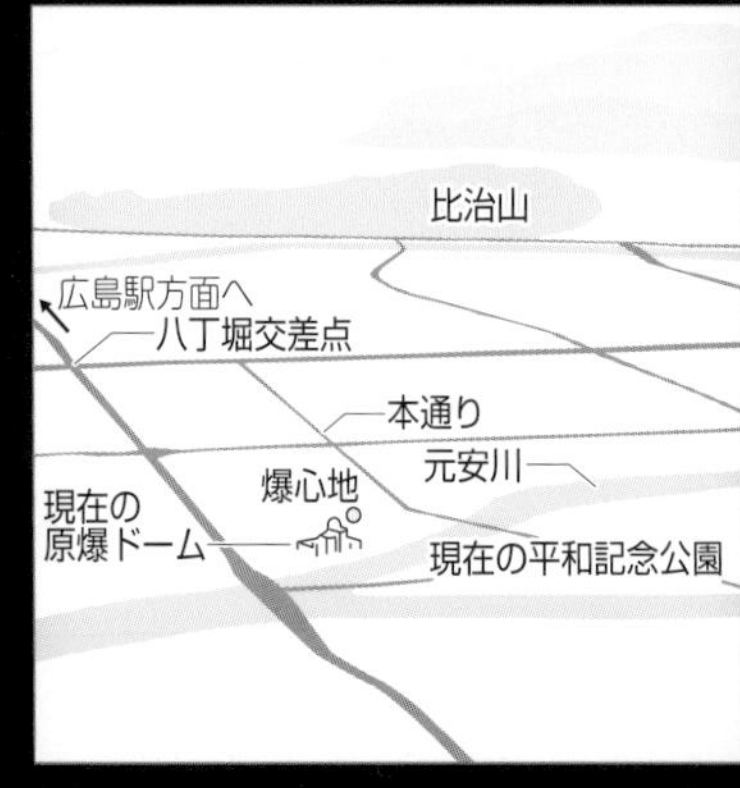

- A 広島県商工経済会(現広島商工会議所)
- B 本川国民学校(現本川小)
- C 燃料会館(現レストハウス)
- D 日本銀行広島支店
- E 芸備銀行(現広島銀行)本店
- F 帝国銀行広島支店(現広島アンデルセン)
- G 大林組広島支店
- H キリンビヤホール
- I 福屋百貨店(現福屋八丁堀本店)
- J 福屋旧館
- K 中国新聞社

❶ 袋町国民学校

袋町国民学校の校庭。1942年撮影(三島温子さん提供)

❷ 喫茶フラウア

1937〜44年ごろ袋町国民学校近くで営業していた「喫茶フラウア」。店主の三島捨一さん(後列右端)、長女千鶴子さん(前列右から2人目)たち家族5人が被爆死した。40年ごろ撮影(三島温子さん提供)

ビール瓶などが並ぶ喫茶フラウアの店内(三島温子さん提供)

❸八丁堀

福屋旧館横の劇場「歌舞伎座」などの看板が並ぶ。右奥は中国新聞社。1938〜40年撮影（豊田正一さん撮影、豊田健二さん提供）

❹金座街

キリンビヤホール北側の金座街の街並み。1942年ごろ撮影（高田勇さん提供）

❺新天地

劇場や食堂が軒を連ねた「新天地」入り口に立つ旧制広島高（現広島大）の学生。右奥には田中眼鏡店（現メガネの田中チェーン）の看板が見える。1935年ごろ撮影（広島大文書館所蔵）

❻紙屋町交差点

左奥から手前に安田生命広島支店、住友銀行広島支店、芸備銀行（現広島銀行）本店、大同生命広島支店が見える。1935年撮影（渡辺襄さん撮影、広島市公文書館所蔵）

❼本通り

1940年の皇紀2600年祝賀行事でにぎわう本通り。「桑原漁具店」や、靴をあしらった「ヤマモト本店」と書かれた看板が見える（益田崇教さん提供）

❽第一県女

県立広島第一高等女学校（現皆実高）の校庭でバスケットボールを楽しむ生徒。同校は原爆で生徒281人を失った。1938年ごろ撮影（中村恭子さん、益田崇教さん提供）

❾元安橋

元安橋の欄干から川を眺める市民。奥に大正屋呉服店（現レストハウス）の看板が見える。鈴木六郎さんが1939年撮影（鈴木恒昭さん提供）

❾元安橋から望む県産業奨励館（現原爆ドーム）

元安橋の下から望む広島県産業奨励館。少年たちがボートで遊んでいる。土井霞さんが1937年に撮影（土井一彦さん提供）

❿県産業奨励館

県産業奨励館の庭園で遊ぶ鈴木英昭さん㊨と妹の公子さん。2人とも被爆死した。父の六郎さんが1939年に撮影（鈴木恒昭さん提供）

家族の形見 思い巡らせる

「見るたび、両親から受けた愛情を感じます」

井上良候さん

「写真を見るたび、両親から受けた愛情をひしひしと感じます。弟は、がんぼ（わんぱく）でねえ」。廿日市市に住む井上良候（よしとき）さん（90）は、唯一の家族写真を中国新聞に寄せた。兄が袋町国民学校（現袋町小、広島市中区）の鉄筋校舎の建設に携わっており、その記念で1941～42年ごろ撮ったという。

実家は旧細工町の「坂井誠美堂」。掛け軸や額の制作・販売をしていた。近所の広島県産業奨励館（現原爆ドーム）の敷地は、友人と竹鉄砲を向け合う「戦争ごっこ」の遊び場だった。原爆が約600メートル真上でさく裂し、爆心地となった島病院（現島内科医院）も同じ町内だ。

3歳年下の弟正信さんと特に仲が良かった。時に兄弟げんかもしたが、家で将棋をするなどいつも一緒だった。

井上さんは45年春に広島師範学校（現広島大）へ進み寮生活を送った。8月5日は日曜日のため、一時帰宅。父の坂井典夫さん＝当時（59）、母ユクさん＝同（55）＝と久々に食卓を囲んだ。県北に集団疎開していた袋町国民学校6年の正信さん＝同（12）＝も、体調を崩して前日から自宅にいた。

その夜のうちに寮に戻った井上さんは、爆心地から4キロの校内で翌朝被爆した。激しい火災で市中心部に近寄れず、一睡もできないまま7日朝に自宅を目指した。「音のない世界。聞こえるのは自分の軍靴の音だけでした」。散乱する死体を避けながら、たどり着いた爆心直下のわが家に、家族の姿はなかった。

廃虚の市内を、ひたすら捜し歩いた。袋町国民学校の鉄筋校舎は外郭のみを残し、窓にむしろが掛けられた無残な姿と化していた。救護所になったと知らず、負傷者を確認せずに通り過ぎたことを今も悔やむ。遺骨は見つからないままだ。

戦後、復員した兄夫婦に学費を捻出してもらって卒業し、小学校教員になった。退職後は、遊び場だった原爆ドームの前で修学旅行生に体験を語ってきた。「弟の疎開中の暮らしぶりを知りたい。今もそう思うんです」。家族写真を多くの人に見てもらうことで、弟の同級生から情報が得られることを願う。

袋町国民学校のすぐ近くの旧西魚屋町で「喫茶フラゥア（フラワー）」を営んでいた三島捨一さんの遺族からも、遺品の写真が取材班に寄せられた。カメラが趣味だったという三島さんが残した古びた茶色のトランクを開くと、被爆前の市内を収めたプリント約100枚が詰まっていた。

袋町国民学校の鉄筋校舎前に立つ井上良候さん（右から2人目）たち。父坂井典夫さん（右から5人目）と母ユクさん（右端）、弟正信さん（右から3人目）は被爆死した。校舎の一部は現在の袋町小平和資料館。1941～42年ごろ撮影（井上さん提供）

故三島捨一さんが残した写真。被爆前の広島市内を収めた約100枚が、トランク（奥）に詰め込まれていた

洋服店や旅館が軒を連ねていた同町の街並みを数多く写し、ビール瓶が並ぶ喫茶フラゥアの店内で店員と客が笑顔を見せるカットもある。原爆資料館によると、繁華街の本通り商店街から南にはずれた筋になるため、絵はがきなどになりにくく、珍しいという。

ほかにも、戦地に赴く兵士を市民が見送る姿や近くの白神社、広島県庁、劇場や火葬場など様々な場所のカットが残っていた。写真は、裏面の検閲印などから30〜44年ごろの間に撮られたとみられる。

三島さんは、古里の瀬戸村（現福山市）の出身者が当時の宇品港から戦地に赴く際は、店で酒やごちそうを振る舞う「壮行会」を開くなど世話好きで知られた。喫茶フラゥアは、戦況悪化に伴って閉店。45年8月6日朝、三島さんは外出中に被爆し、2日後に46歳で亡くなった。長女千鶴子さんのほか、叔父たち親類3人も犠牲になった。

写真が入ったトランクは三島さんが古里に疎開させていたとみられる。三島さんが亡くなった当時3歳で、疎開していた長男健治郎さんが受け継いだ。幼くして引き裂かれ、顔もはっきりと思い出せない父親の形見として、3年前に75歳で亡くなるまで慈しむように保管していたという。

今回、妻の温子さん（74）＝福山市＝が、夫が大切にしていた写真を後世に残したいと申し出てくれた。健次郎さんが生前につづっていた文章も合わせて寄せてくれた。「戦時中も明るく懸命に生きた人達の幸せを原爆は一瞬で奪った。写真は平和へのメッセージ、父からの遺産だと思う」

「平和へのメッセージ、父からの遺産と思う」

被爆前の写真1000枚ウェブで公開　提供も続々

繁華街の本通り（広島市中区）周辺で遊ぶ子どもたち。にぎわう見本市会場は、今の原爆ドーム…。中国新聞社は、原爆で壊滅する前の街と市民の営みを伝える写真を紹介するウェブサイト「ヒロシマの空白　街並み再現」を2020年1月31日に開設した。

1930年前後から原爆が落とされる前日の45年8月5日までに撮影された。専門家の協力を得て撮影場所を特定し、グーグルマップ上に配置している。

戦争中、空襲に備えて家財道具と一緒に郊外へ持ち出されていた個人所蔵の写真も多数。記者たちが被爆者や遺族を訪ね歩き、あるいは読者からの情報提供で見いだしたカットは千枚を超えた。見る者の郷愁をかきたてる、セピア色の風景。しかしそれは、理不尽にも1945年8月6日の朝に焼き尽くされてしまう市民の日常だ。

引き続き写真を募っている。

https://hiroshima75.web.app/

問い合わせ　ヒロシマ平和メディアセンター　TEL.082（236）2801

ヒロシマ　空白　検索

グーグルマップに写真を配置した「ヒロシマの空白　街並み再現」

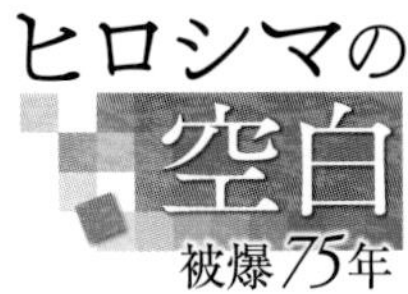

発行日	2021（令和3）年6月23日
著　者	中国新聞社報道センター ヒロシマ平和メディアセンター
発行人	江口 淳（中国新聞社）　田中朋博（ザメディアジョン）
編　集	石川淑直（ザメディアジョン）

中国新聞社　【取材班】　水川恭輔（キャップ）　山本祐司　山下美波　河野 揚
小林可奈　桑島美帆　新山京子　明知隼二　金崎由美（デスク）
吉原圭介（編集局次長、前ヒロシマ平和メディアセンター長）
【写　真】　高橋洋史　河合佑樹　田中慎二　藤井康正　川村奈菜
浜岡 学　山崎 亮　安部慶彦　大川万優　山下悟史
【新聞紙面編集・グラフィックス】
山本庸平　津野陽子　竹本栄二
大友勇人　本井克典　武内宏介
【「街並み再現」WEBサイト構築】　神垣泰宏
【編集協力】　村上昭徳　橘高 章

装丁・デザイン	村田洋子（ザメディアジョン）
D T P	STUDIO RACO
校　閲	大田光悦　菊澤昇吾（ザメディアジョン）
編集アシスタント	森田樹璃（ザメディアジョン）
販　売	細谷芳弘（ザメディアジョン）

発　行　株式会社中国新聞社
〒730-8677 広島市中区土橋町7番1号
TEL.082-236-2250　FAX.082-236-2120

発行・発売　株式会社ザメディアジョン
〒733-0011 広島市西区横川町2丁目5番15号
TEL.082-503-5035　FAX.082-503-5036

印刷・製本　佐川印刷株式会社

ISBN978-4-86250-714-3